오래된 책들의 생각

현자(賢者)들의 글과 말 속에서 오늘을 사는 지혜를 발견하다
오래된 책들의 생각

1판 1쇄 인쇄 2017년 4월 5일
1판 1쇄 발행 2017년 4월 10일

지은이 신동기
펴낸이 송준화
펴낸곳 아틀라스북스
등 록 2014년 8월 26일 제306-2014-16호

편집기획총괄 송준화
마케팅총괄 박진규
디자인 김민정

주소 (12084) 경기도 남양주시 청학로 78 812호(스파빌)
전화 070-8825-6068
팩스 0303-3441-6068
이메일 atlasbooks@naver.com

ISBN 979-11-88194-00-1 (13100)
값 15,000원

저작권자 ⓒ 신동기 2017
이 책의 저작권은 저자에게 있습니다. 서면의 의한 저자의 허락없이
내용의 일부를 인용하거나 발췌하는 것을 금합니다.

이 도서의 국립중앙도서관 출판시도서목록(CIP)은 서지정보유통지원시스템 홈페이지
(http://seoji.nl.go.kr)와 국가자료공동목록시스템(http://www.nl.go.kr/kolisnet)에서
이용하실 수 있습니다.(CIP제어번호 : CIP2017006824)

오래된 책들의 생각

신동기 지음

현자(賢者)들의 글과 말 속에서
오늘을 사는 지혜를 발견하다

들어가는 말

중국 북송시대 문필가이자 정치인인 왕안석王安石, 1021~1086은 '학문을 권하는 글'에서 이렇게 읊었다.

가난한 자는 책으로서 부유해지고
부유한 자는 책으로서 귀해진다.
어리석은 자는 책으로서 현명해지고
현명한 자는 책으로서 이익을 얻는다.
貧者因書富 富者因書貴
愚者得書賢 賢者因書利

가난한 이에게 책이 좋은 벗이며, 부유한 이에게 책이 좋은 벗이며, 어리석은 이에게 책이 좋은 벗이며, 현명한 이에게도 역시 책이 좋은 벗이라는 이야기다. 왕안석은 같은 글에서 또 이렇게 읊었다.

좋은 책은 좀처럼 만나기 어렵고
좋은 책은 진실로 얻기 힘드네.
부디 권하노니 책 읽는 사람들이여

좋은 책은 꼭 마음에 새겨 둘지어다.
好書卒難逢 好書眞難致
奉勸讀書人 好書在心記

좋은 책을 만나기가 쉽지 않으니 좋은 책을 만나면 그 내용을 마음에 잘 새겨 두라는 이야기다. 이 책《오래된 책들의 생각》이 많은 사람들이 좋은 책을 찾아 나서는 데, 좋은 책을 만나는 데 그리고 좋은 책을 마음에 새기는 데 디딤돌이 될 수 있기를.

신동기

차례

들어가는 말 _ 4

1장 리더의 본질_ 리더란 무엇인가

소통은 쌍방향으로 통하는 것 _ 19
위징과 이이, 군주의 소통을 논하다 _21

리더의 무능이 낳은 최측근의 농단 _ 24

쌍방향 의사소통은 제도이자 상식의 영역 _ 25

2장 인간관계_ 쉽게 다가오는 사람은 그 떠남도 쉽다

전투적 인간관계 형성과 인간에 대한 환멸이라는 순환행위 _ 30

쉽게 다가오는 인연에 대한 현자들의 경고 _ 31
번지르르한 낯빛과 말재주로 진실을 농락하는 사람들 _32

사람을 쉽게 믿는 것은 경박스러움의 표시 _ 34

억지로 꾸민 거짓은 오래 지속될 수 없다 _ 35
자기통제력의 소모 – 자기고갈이론 _36 / 거짓의 근육량을 확장시키는 사람들 _37

꾸밈·과장·거짓이 체화된 사람을 구분하는 방법 _ 38

사람의 생각과 태도는 쉽게 변하지 않는다 _ 39

3장 커뮤니케이션_ 커뮤니케이션은 조직의 혈관이다

부하 입장에서 상사와의 갈등을 줄이는 지혜 _ 44
보고나 지시를 받기 전에 갖추어야 할 세 가지 준비 _45 / 조직의 의사결정에 대한 최종적인 책임은 상사에게 있다 _47

상사 입장에서 커뮤니케이션 갈등을 줄이는 지혜 _ 49
자신의 생각이 완벽하지 않음을 인정하는 자세 _51 / 부하의 말과 행동의 속뜻을 들여다보는 지혜 _52

'인(仁)'과 '지(智)'를 기준으로 삼았을 때 생기는 변화 _ 53

4장 삶과 죽음_ 묘비명(墓碑銘)은 살아 있다

석가모니의 마지막 가르침 _ 58

스스로 무너진다 했으나 결코 무너지지 않은 공자의 정신 _ 60

소크라테스가 죽음을 맞는 태도 _ 61

담백했던 삶의 자취가 고스란히 담긴 이황의 묘비명 _ 63

인간의 도덕적 선택을 강조한 칸트의 묘비명 _ 66

현실에서의 자유를 갈구한 니코스 카잔차키스 _ 68

세계사를 뒤흔들어 놓은 마르크스의 묘비명 _ 70
자본주의의 끊임없는 수선을 불러온 마르크스의 선언문 _71 / 능동적·적극적·주도적인 철학의 역할을 강조 _72

결코 가벼울 수 없는 묘비명의 무게와 울림 _ 74

5장 심리학의 유용성_ 내 삶을 결정하는 심리학은 무엇인가

자극을 이용한 행동의 통제 _ 78

서양 철학자들에 의한 인간의 마음 탐구 _ 79

형이상학과 형이하학을 함께 다룬 동양의 심리학 _ 81
공자의 성(性)의 개념에서 발전한 맹자의 성선설 _82 / 성선설과 성악설에 대한 논쟁 _84 / 인간의 마음을 대상으로 한 심리학적 접근 _ 85 / 양명학의 심즉리(心卽理)사상 _87 / 조선에서 벌어진 심성론(心性論) 논쟁 _ 89 / 이황의 주리론(主理論) 대 이이의 주기론(主氣論) _91 / 인간의 속성에 대한 인식 차이 _93

의식 심리학의 정수, 불교의 유식사상(唯識思想) _ 94
8식(八識) - 인간의 마음속에 있는 여덟 가지 영역 _94

인간을 중심으로 한 현대 심리학의 분류 _ 95
프로이트의 정신분석학 _96 / 성리학·양명학 관점에서 본 프로이트의 심리학 _97 / 행동주의 심리학은 인간을 포함한 동물 심리학의 영역 _98 / 인간의 주체적 의지를 중요시한 인본주의 심리학 _98

심리학 선택이 내 삶을 결정한다 _ 101

6장 행복_ 지금 우리에게는 아타락시아(Ataraxia)가 필요하다

성공 행복론은 가장 보편적인 행복론 _ 106

무소유 행복론은 욕심을 줄이는 행복론 _ 107

도덕 행복론은 윤리적 삶을 지향하는 행복론 _ 109

믿음 행복론에서 요구하는 두 가지 종교적 삶 _ 111

이성 행복론의 출발은 나와 나를 둘러싼 환경에 대한 이해 _ 112

이성 행복론은 행복의 폭을 넓혀주는 행복론 _ 113

에피쿠로스가 주장한 아타락시아의 의미 _ 114
물질적 · 육체적 쾌락에는 반드시 고통이 따른다 _115

육체적 쾌락과 정신적 쾌락의 안배를 중요시한 양주(楊朱) _ 117
쾌락은 이기주의를 바탕으로 한다 _119

죽음과 신에 대한 두려움에서 벗어난 쾌락 _ 120
죽음 이후의 세계에 대한 인식 _121 / 신(神)에 대한 인식 _124

정신적 쾌락을 누리기 위한 조건 125
부와 명예는 쾌락을 방해하는 요건 _125 / 쾌락과 행복의 매개체, 철학 · 덕 · 교양 _126

정신적 쾌락의 필수 조건은 철학을 가진 벗 _ 127

물질이 풍요로워질수록 이성 행복론이 중요해지는 이유 _ 130

7장 기회비용_ 부자(富者)와 빈자(貧者)가 바치는 정성(精誠)의 가치가 다른 까닭

불교 경전과 성경에서 이야기하는 정성의 가치 _ 136

두 가지 공정(公正)의 대립 _ 138
물질과 정성이라는 관점에 따라 달라지는 가치의 크기 _138 / 부(富)의 크기에 따라 달라지는 총 부담비용의 크기 _140

기회비용은 명시적 비용과 암묵적 비용의 합 _ 141

오래된 책은 새로운 개념과 이론의 수원지(水源地) _ 143

8장 형식지와 암묵지_ 머리로 배우는 지식과 경험으로 깨닫는 지식

데카르트가 주장한 두 가지 지식의 개념 _ 149

암묵지는 명시지의 한계를 채우는 지식 _ 150

깨달음의 이치를 두고 벌인 명시지 대 암묵지 논쟁 _ 154
암묵지로만 가능한 선종(禪宗)의 깨달음 _154 / 명시지적 입장을 취한 교종(敎宗)의 깨달음 _156

지식이 아닌 지혜를 좇다 보면 우리의 옛것이 보인다 _ 156

9장 동양 고전의 배경_ 이백과 두보는 살아 있다

정신적 자유를 좇은 이백과 시적 완벽을 추구한 두보 _ 164

가풍에 따라 달라진 시의 성격 _ 165

자연과 역사는 문학적 차이를 만드는 가장 큰 배경 _ 166
토양과 기후에 의해 달라지는 사람의 성향 _166 / 남방의 도가(道家)와 북방의 유가(儒家) _167 / 남방문학과 북방문학의 줄기 _168

기후와 풍토가 만들어 낸 문화와 역사의 변곡점 _ 172
남방문화권은 중국 혁명가들의 고향 _173 / 정신적 자유에서 시작된 남방의 낙관주의 _175

10장 문명_ 문명은 도둑질로부터 시작되었다

사람 도둑질로 시작된 일본의 도자기문화 _ 180

약탈해 온 유물들로 채워진 대영박물관과 루브르박물관 _ 181

로마문명의 출발은 사비니족 여인의 강탈 _ 182

인류사 최대의 통 큰 도둑질로 시작된 미국의 역사 _ 183

그리스로마신화에서의 문명 도둑질 _ 186
프로메테우스의 불이 가져다 준 어두운 문명 _187

몰래 따 먹은 선악과에서 시작된 인류의 문화 _ 188

11장 황제의 역사_ 황제, 위대한 절대자의 연원을 찾아서

황제라는 호칭의 역사적 의미 _ 194

이름 그대로의 황제 카이사르가 바꿔 놓은 유럽의 역사 _ 196
유럽의 역사는 카이사르 이전과 이후로 나뉜다 _197 / 내 이름은 왕이 아니라 카이사르요 _198 / 황제의 자리를 뛰어넘어 신의 반열에 오른 절대자 _199

알렉산더, 황제의 칭호를 얻지 못한 제국의 설립자 _ 201

황제의 역사가 곧 유럽의 역사 _ 202
오현제(五賢帝) 이후 흔들린 로마 황제의 지위 _202 / 제국의 분열로 사라진 서로마 황제의 역사 _204

교황의 힘을 빌려 되찾아온 서로마 황제의 관(冠) _ 205
동·서로마 기독교 세력의 분열 _205 / 교황의 필요에 의해 이루어진 서로마 황제의 부활 _206

황제의 역사를 이어받은 신성로마제국의 흥망성쇠 _ 207
교회와 황제 간의 지속적인 영향력 다툼 _208 / 러시아, 동로마 황제의 계승을 선포하다 _209 / 황제의 지위와 권력을 둘러싼 갈등과 제국의 붕괴 _209

유럽의 새로운 황제 나폴레옹의 영광과 몰락 _ 211

황제의 역사는 곧 그 시대 주류의 역사 _ 213

12장 법의 뿌리_ 모든 법은 자연법으로 회귀한다

헌법이 국가와 국민에게 의미하는 것 _ 218

자연법사상은 모든 기본권 논리의 중심 _ 219
아리스토텔레스, 자연법사상의 단초를 제시하다 _220

스토아학파에 의해 등장한, 시대를 초월한 진리법칙 _ 221

기독교적 자연법으로 변신한 중세의 자연법사상 _ 223

로크와 홉스의 자연법 논쟁 _ 225
생명보호와 자유에 대한 홉스의 인식 _225 / 원시자연 상태에 대한 로크의 인식 _227 / 국가와 개인의 역학관계에 대한 인식 차이 _228 / 로크와 같은 입장을 취한 루소의 사회계약론 _228 / 인간의 '기본적' 욕구를 강조한 몽테스키외의 자연법사상 _229

자연법사상은 모든 법을 규정하는 원칙이자 이데아 _ 231

13장 실용_ 시대를 대표하는 학문은 모두 실용을 지향한다

실용적인 학문(實學)이 갖추어야 할 두 가지 영역 _ 239
시대 상황에 따라 달라지는 물질과 정신의 무게중심 _240 / 실용성 판단의 주체는 그 시대의 주도세력 _241

공자에게 실학은 인간으로서의 도리를 따지는 것 _ 241

분서갱유는 사상통일을 이루려 한 진시황제의 실학적 행위 _ 244

훈고학은 산실된 경전 해석을 위한 실용적 연구방식 _ 244

성리학을 중심으로 한 실용적 학문 변화의 흐름 _ 246
의리사상을 연구하는 두 가지 관점, 성리학과 육왕학(양명학) _246 / 우리나라에서 성리학 전에 사장학이 실학이 된 이유 _247

고증학은 현실을 바탕으로 사실을 밝히려 한 연구방식 _ 248
다양한 연구방식의 시도와 태생적 한계 _249

고증학과 서양 학문의 영향을 받아 등장한 조선의 실학 _ 250

실학은 그 시대의 현실적 유용성에 따라 바뀌는 것 _ 252

맹목적인 인문학 숭배에 의해 가려지는 것 _ 253

논어·맹자 공부의 궁극적 목적은 시대적 실용성 _ 255
현대인의 정신적 결핍을 해결하는 고전의 실학적 쓰임새 _255 / 경영철학으로서의 동양 인문학의 역할 _256

14장 이론의 역류(逆流)_ 생산요소는 왜 노동·자본이 아닌, 토지·노동·자본일까?

A. 스미스의 생산의 3요소에 대한 입장 _ 262

차지농업가에 대한 K. 마르크스와 A. 스미스의 생각 _ 263
두 사람의 주장으로 증명되는 생산요소 이론의 비현실성 _265

제조업시대에 그대로 계승된 오래된 이론 _ 266
초기 제조업에는 적절했던 중농주의적 관점 _267

산업자본가시대에 적합한 K. 마르크스의 2요소 관점 _ 269

환경에 따라 달라지는 사회과학의 이론과 지식 _ 270

15장 자유주의와 보호주의_ 곡물법 논쟁을 알면 FTA가 보인다

FTA에서 상품별로 관세조건이 달라지는 이유 _ 277

세 가지로 나누어지는 분업의 유형 _ 278

영국에서 곡물법을 제정하게 된 역사적 배경 _ 280
대륙봉쇄령 해제로 인한 곡가의 폭락 _280 / 곡물법 제정의 의도는 지주의 이익 보호 _282

곡물법을 둘러싼 맬서스와 리카도의 논쟁 _ 283

산업자본가를 옹호하는 리카도의 세 가지 주장 _ 284
노동가치론(Labour value theory) _284 / 비교우위론(Theory of comparative advantage) _284 / 차액지대론(Differential rent theory) _285

맬서스의 입장과 일치하는 우리나라의 FTA 협상조건 _ 286

국가 간 무역자유화의 근거는 리카도의 비교우위론 _ 287
리카도가 자유무역을 주장한 이유 _288 / FTA에 대한 우리나라의 입장 _289

공업후진국들의 환영을 받은 F. 리스트의 유치산업보호론 _ 289

미국의 남북 전쟁을 불러온 농업과 공업 간의 입장 차이 _ 291

국가가 자유주의 또는 보호주의를 선택하는 기준 _ 292

16장 깨달음_ 반야심경 260자에 담긴 삶의 깨달음

반야심경의 핵심 가르침은 '공(空)사상' _ 298

반야심경 공부를 위해 알아야 할 두 가지 지식 _ 301
반야심경은 원시불교의 핵심 사상에 대한 부정 _301 / 의역과 음역의 선택적 사용 _302

'마하반야바라밀다심경' 제목에 담긴 의미 _ 303

'관자재보살 행심반야바라밀다시 조건오온개공 도일체고액'의 의미 _ 305

'사리자 색불이공 공불이색 색즉시공 공즉시색 수상행식역부여시'의 의미 _ 307

'사리자 시제법공상 불생불멸 불구부정 부증불감 시고 공중무색 무수상행식'의 의미 _ 308

'무안이비설신의 무색성향미촉법 무안계 내지 무의식계'의 의미 _ 310

'무무명 역무무명진 내지 무노사 역무노사진'의 의미 _ 311

'무고집멸도 무지역무득'의 의미 _ 314

'이무소득고 보리살타 의반야바라밀다고 심무가애 무가애고 무유공포 원리전도 몽상 구경열반'의 의미 _ 315

'삼세제불 의반야바라밀다고 득아뇩다라삼먁삼보리'의 의미 _ 317

'고지반야바라밀다 시대신주 시대명주 시무상주 시무등등주'의 의미 _ 319

'능제일체고 진실불허 고설반야바라밀다주 즉설주왈'의 의미 _ 320

'아제 아제 바라아제 바라승아제 모지 사바하'의 의미 _ 320

반야심경, 마음공부를 위한 가르침의 정수 _ 321

17장 치명적 유혹_ 그들은 왜 골프라는 팜므파탈에 희생되었나

골프와 사냥의 용어적 친근성 _ 328

골프와 사냥이 품고 있는 치명적 중독성 _ 329

골프는 비즈니스, 사냥은 역사의 변곡이 이루어지는 무대 _ 331
영국 왕조의 역사를 바꾼 사냥터에서의 비극 _332 / 사냥 때문에 무너진 트로이 전쟁 영웅의 신화 _333

소수를 위해 넓은 땅을 쓰는 데 대한 부정적인 인식 _ 334

정직하지 않으면 의미가 없는 자신과의 승부 _ 337

치명적 유혹을 좇는 인간의 태생적 DNA _ 339

18장 신화_ 우리는 지금 신화의 시대에 살고 있다

우리가 신화를 접할 때 기시감이 드는 이유 _ 344

주제에 따라 나누어지는 신화의 유형 _ 345
창조신화 _345 / 건국신화 _346 / 영웅신화 _346 / 문명신화 _346

창조신화의 핵심은 천지창조 _ 347
성경에서의 천지창조 _347 / 그리스로마신화에서의 천지창조 _348 / 이집트신화에서의 천지창조 _349 / 이슬람교 이전 조로아스터교의 창조신화 _350 / 북유럽 게르만신화에서의 천지창조 _351 / 중국신화에서의 천지창조 _352

암수 창조원칙에 대한 신화들의 고민 _ 352
신화들이 암수 창조원칙을 풀어낸 방식 _353

자연과 인간 창조에 대한 신화들의 공통성 _ 354

우리나라의 건국신화 _ 355
단군신화 _355 / 고구려의 건국신화 _355 / 신라의 건국신화 _356 / 금관가야의 건국신화 _358

중국의 건국신화 _ 359
삼황오제 이후 중국 왕조의 건국신화 _359

일본의 건국신화 _ 361

로마의 건국신화 _ 362

건국 주도세력의 정통성 확보를 위한 건국신화의 여러 장치들 _ 364
건국자를 하늘의 신과 연결하는 방식 _364 / 건국자의 신비로운 탄생 _364 / 태어난 건국자를 보호하는 동물들 _365 / 건국자의 죽음에 두는 신성화 장치 _365 / 건국시기의 소급을 이용한 정통성 확보 _366

영웅신화는 고난 극복의 이야기 _ 366
가장 오래된 영웅신화, 길가메시 서사시 _366 / 그리스로마신화에 나오는 다양한 영웅신화 _367 / 우리나라의 영웅신화 _367 / 모세와 여호수아 이야기 _368

문명창조신화는 인간만의 속성을 부여하는 장치 _ 369

최초의 시원(始原), 신화를 향해 치닫는 현대인 _ 370

나가는 말 _ 372

인용 및 참고자료 _ 374

1장
리더의 본질 —

리더란 무엇인가

어느 경영 컨설턴트는 컨설팅을 시작하기 전에 항상 그 회사에 특이한 조건을 제시한다고 한다. 다름 아닌 그 회사에서 하루 동안의 컨설팅 일을 마무리할 때 5분 정도 사장실에 반드시 들를 수 있도록 해 달라는 것이다. 그런데 그 5분간 사장실에서 무엇을 어떻게 해 달라는 구체적인 요구는 없다고 한다. 그날 컨설팅한 내용에 대해 사장과 이야기를 나누어도 좋고, 업무에 대한 협의 없이 차 한 잔만 해도 좋고, 아예 업무협의나 차 한 잔도 없이 그냥 사장실에서 5분간 앉아만 있다 나와도 상관없다는 것이다. 무조건 5분간 사장실에 들렀다 나올 수 있기만 하면 된다는 조건이다. 기업 컨설팅을 하는 것과 매일 그 회사 사장실에 5분간 들르는 것이 무슨 관련이 있는지 얼핏 생각해서는 연결이 잘되지 않는다.

중국 고대 전국시대의 한韓나라 왕족 출신인 한비자韓非子, BC280?~

BC233가 쓴 《한비자》에는 이런 내용이 나온다.

방경은 현령이었는데 시장 관리자를 보내 시장 관리 감독관인 대부를 불러 오게 하여 한동안 그대로 그냥 세워두었다. 그리고는 아무 말 없이 다시 돌아 가게 했다. 시장 관리자들은 현령과 시장 관리 감독관인 대부 사이에 무엇인 가 나눈 말이 있을 것이라 여겨 서로를 믿지 못해 간악한 일을 저지르지 않게 되었다.
龐敬縣令也 遣市者行 而召公大夫而還之 立有間 無以詔之 卒遣行 市者 以爲令與公大夫有言 不相信 以至無姦[1]

앞서 경영 컨설턴트가 하루의 컨설팅 업무를 마무리 할 때 사장실을 5분간 들르게 해 줄 것을 조건으로 내 건 이유가 바로 이 때문이다. 즉, 위의 《한비자》의 내용에서처럼 최고경영자가 지금 진행되고 있는 컨설팅 업무에 큰 관심을 가지고 있다는 것을 그 회사 조직원들에게 보여주기 위해서였다.

경영 컨설턴트가 매일 5분씩 최고경영자와 독대를 하니 당연히 그 회사 직원들은 두 사람이 무엇인가 다른 사람들이 들어서는 안 될 매우 중요한 이야기를 나누고 있구나 하고 생각하게 될 것이다. 또 최고경영자가 현재 진행되고 있는 컨설팅 내용에 대해 크게 관심을 가지고 있다고 생각할 터였다. 그렇게 되면 경영 컨설턴트는 당연히 그 회사 직원들로부터 적극적인 협조를 받아 컨설팅을 주도적·효과적으로 수행할 수 있게 된다.

---

1 한비자, 2011, 한길그레이트북스, 476면

소통은 쌍방향으로 통하는 것

　시대와 장소를 불문하고 조직 또는 조직구성원의 행동방향이나 실적을 결정하는 데 있어서는 리더의 관심이나 기호가 매우 중요하다. 오늘날의 경영학 또는 행정학의 효시라 할 수 있는 법가사상의 경전《한비자》에는 이런 내용들이 나온다.

　월왕이 용감한 것을 좋아하자 사람들 중에 죽음을 가벼이 여기는 자들이 많아졌다. 초나라 영왕이 허리가 가는 여인을 좋아하자 나라에 굶는 사람들이 많아졌다. 제환공이 여자를 좋아하고 자신의 여자에 대한 경계가 심하자 수조가 스스로 거세하고 궁녀들을 관리했다. 환공이 맛있는 음식을 좋아하자 역아가 자기 자식을 삶아 왕에게 바쳤다. 연나라 자쾌가 어진 이를 좋아하자 자지子之가 마치 나라를 물려받지 않을 것처럼 행동했다.
군주가 싫어하는 것을 드러내면 신하들은 군주가 싫어하는 것들을 감추고, 군주가 좋아하는 것을 드러내면 신하들은 그것을 할 수 있는 것처럼 군주를 속인다. 군주가 자기가 바라는 바를 드러내면 신하들은 그것을 할 수 있는 것처럼 태도를 꾸미게 된다.
越王好勇而民多輕死 楚靈王好細腰而國中多餓人 齊桓公妬而好內 故竪刁自宮以治內 桓公好味 易牙蒸其子首而進之 燕子噲好賢 故子之明不受國 故君見惡 則群臣匿端 君見好 則君臣誣能 人主欲見 則君臣之情態得其資矣[2]

송나라 숭문 거리에 사는 사람이 부모상을 치르느라 몸을 돌보지 않아 많이 여위었다. 임금이 부모를 위하는 마음이 깊다고 여겨 높은 벼슬을 내렸다. 이듬해 몸을 돌보지 않아 죽는 이가 한 해에 십여 명이 되었다. 자식이 부모상을 치르는 것은 부모에 대한 애정 때문인데, 그것을 상을 주어 권장한 것이다.
宋崇門之巷人服喪而毁 甚瘠 上以爲慈愛於親 擧以爲官師 明年 人之所以毀死者歲十餘人 子之服親喪者 爲愛之也 而尙可以賞勸也[3]

앞의 내용은 군주가 자신의 관심사항이나 기호를 밖으로 드러내면 모든 사람이 군주의 눈에 들기 위해 과도한 행동을 하게 된다는 지적이고, 뒤의 내용은 인간으로서 당연히 해야 할 자식의 부모 공양에 군주가 필요 이상의 관심을 보이게 되면 이 경우 역시 사람들의 지나친 행동을 불러일으키게 된다는 경고이다.

리더의 관심이 긍정적이든 부정적이든 조직구성원 또는 사회구성원들에게 큰 영향을 미치는 것이 현실이라면, 오늘날의 민주주의사회에서 성과를 내는 조직, 행복한 사회를 만들기 위해 반드시 요구되는 것이 있다. 바로 '올바른 의사소통'이다. 리더의 진정한 뜻이 구성원들에게 제대로 전달되기 위해서 그렇기도 하고, 구성원들이 바라는 바가 리더에게 정확하게 알려지기 위해서도 그렇다.

소통은 의미 그대로 일방적으로 통하는 것이 아니라, 상호 간에 '쌍방향'으로 통하는 것이다. 조직이든 사회든 리더의 관심이 구성원들에게 모두 전달되어야 하고, 구성원들이 약간의 노력만으로 리더의 생각을 알 수 있어야 한다. 또한 조직구성원들의 의견이나 사회구성원들의

---
2 한비자, 2011, 한길그레이트북스, 112면
3 한비자, 2011, 한길그레이트북스, 468면

일반적 생각 역시 리더에게 전달될 수 있어야 한다. 두 방향 중 어느 한 쪽 또는 양쪽 모두가 막히면 그 결과는 조직·사회구성원들의 불행이나 조직·사회 자체의 붕괴로까지 이어질 수 있다.

위징과 이이, 군주의 소통을 논하다

쌍방 간의 의사소통은 오늘날의 민주주의사회에서만 강조된 것이 아니다. 당唐나라 2대 황제인 태종太宗, 재위 626~649의 정치 철학을 기술한 《정관정요》에는 이런 내용이 나온다.

> 지방관의 사자가 업무내용을 아뢰기 위해 입조하여 궁궐 정원에서 볼 것을 기대하고 보고를 올리고자 하여도 용안을 뵐 수가 없으며, 앙청드리고자 해도 배려와 예를 더하지 않고 문제만 집어내어 작은 잘못만 힐난하고 계십니다.
>
> 外官克使 奏事入朝 思覿闕庭 將陳所見欲言則顔色不接 欲請又恩禮不加 間因所短 詰其細過[4]

충신 위징이 초심을 잃고 나태해지는 태종에게 의사소통의 기본자세가 되어 있지 않음을 꾸짖는 장면에서 나오는 내용이다. 초한楚漢쟁패에서 한고조 유방이 마지못해 개한테 먹이 하나 던져주듯 한신을 성의 없이 대장에 앉히려 하자, 유방의 충실한 집사 소하가 반드시 길일을 택해 목욕재계하고 예를 갖추어 한신을 대장에 임명하고, 또 그로부터 천하통일에 대한 비책을 정중하게 구할 것을 요구하는 내용[5]을 떠올리게

---

4 정관정요, 2001, 홍신문화사, 409~410면
5 사기열전 1, 사마천 저, 박일봉 편역, 2003, 육문사, 497~499면 참조

하는 대목이다. 후대에 '정관의 치貞觀之治'라는 정치의 모범을 남긴 당태종도 올바른 의사소통에서 자꾸 삐져나가려 했음을 보여주는 내용이다.

위징이 세상을 떠나고 천 년 뒤, 조선 땅에서 국가의 안위와 백성의 고통을 염려했던 율곡 이이1536~1584는 선조재위 1567~1608를 위해 쓴 자신의 저술《동호문답》에서 군주의 의사소통에 대해 이렇게 서술하고 있다.

> 지금 경연에서만 현명한 신하들을 대하시며 예를 엄하게 하고 말씀은 간략하게 합니다. 신하들은 줄지어 들어왔다가 다시 줄지어 물러날 뿐이니 신하들의 생각이 임금에게 모두 전달되기가 어렵습니다. 임금이 아무리 현명하다 해도 어찌 모든 것들을 비추어 볼 수 있겠습니까? 이처럼 옛 법도만 고수하고 헛되이 형식만을 좇는다면 임금께서는 끝내 신하들의 현명함과 그렇지 않음을 살필 수 없을 것이니 어찌 인재를 얻어 좋은 정치를 할 수 있겠습니까? 지금의 해결책으로는 형식에 치우친 규칙들을 바꾸고 번거로운 절차를 간략히 하여 경연시간 외에도 신하들을 만나 차분하게 여러 계책을 논하면서 정무에 반영하시는 것 이상으로 좋은 것은 없습니다.
>
> 임금께서 침묵하시면서 위엄만 나타내지 마시고 신하들과 함께 메아리가 울리듯이 서로 의견을 주고받으시면 위아래의 생각들이 신뢰와 함께 서로 잘 통하게 될 것입니다.
>
> 이와 같이 하시면 삿된 것과 바른 것이 임금의 판단을 피하기 어렵고, 인재의 등용과 내침이 임금의 저울질에서 안정적으로 이루어질 것이며, 나아가 성덕을 이루시는 데 큰 도움이 될 것입니다. 정자가 말하기를 '군주가 하루 동안 현명한 신하들을 만나는 시간이 많고 환관이나 궁녀들을 가까이 하는 시간이 적으면 좋은 기질을 닦고 훌륭한 덕성을 기를 수 있다'고 했습니다. 이

말은 참으로 만고의 훌륭한 훈계입니다.

只於經筵 接待賢士 禮嚴言簡 隨行而進 逐隊而退 群下之情 難以悉達 聖上之明 豈能悉照乎 若此循途守轍 徒事文具 則群臣之賢否 主上終有所未察矣 安能得人而爲政耶 當今之計 莫若變其常規 略其煩儀 經筵之外 亦接儒臣 從容論道 以及政務 自上不以沈黙爲儀 與之酬酢如響 上下之情 交孚洞達 夫如是 則邪正難逃於天鑑 用捨默定于聖權 而其於成就聖德 大有助焉 程子曰 人主一日之間 接賢士大夫之時多 親宦官宮妾之時少 則可以涵養氣質 薰陶德性 此言眞萬古之藥石也⁶

위아래 상호 의사소통이 중요하며, 원활한 의사소통을 위해서는 격식과 절차를 떠나 편안한 자리를 만들어 수시로 신하들과 함께 어울려야 한다는 이야기다.

선조가 율곡의 충간을 마음 깊이 새겨 동인東人인 통신부사 김성일의 현상유지론뿐만 아니라 서인西人인 통신정사 황윤길의 일본의 조선침략론에도 제대로 귀를 기울이는 올바른 의사소통을 했더라면, 율곡이 몇 년만 더 살아 두 사람이 일본 정세에 대해 선조에게 보고할 때 곁에서 동서남북 붕당을 떠나 의사소통을 제대로 할 수 있게 했더라면 하는 아쉬움을 갖게 하는 내용이다.

---

6 동호문답, 이이 저, 2014, 아카넷, 106면

리더의 무능이 낳은 최측근의 농단

리더와 구성원 간에 의사소통이 제대로 이루어지지 않을 때는 당연히 원인이 있다. 그리고 그 결과도 있다. 이때 그 원인과 결과는 상당히 닮아 있다. 의사소통이 제대로 이루어지지 않는 원인은 리더가 자질상 의사소통을 위한 지적 능력·기술을 비롯한 조직경영 능력에 문제가 있거나, 그 리더를 직접 보좌하고 있는 무리들(예를 들어 환관)이 리더와 구성원들 사이에 견고한 불통의 장막을 치고 있기 때문이다. 즉, 리더의 자질과 최측근의 리더에 대한 접근 차단이 의사소통이 제대로 이루어지지 않게 하는 주요 원인이다.

이로 인해 리더와 구성원 간에 올바른 의사소통이 이루어지지 않게 되면 리더의 의사결정 능력은 현저히 퇴화되고, 최측근의 월권적 활동은 장마 때의 곰팡이처럼 왕성해진다. 의사소통에 문제가 생기면 현장 감각을 갖출 수가 없어 제대로 된 의사결정을 할 수 없고, 자연스레 리더의 생각이나 판단이 최측근의 의견에 좌우될 수밖에 없게 된다.

문제는 일반 조직이든 국가 조직이든 리더의 최측근(과거의 환관, 지금은 리더의 신상과 일상을 챙기는 수행비서 등)이라는 사람들이 모두 선출된 권력이거나 공식적으로 검증된, 즉 공식적으로 책임이 부여된 적도 부여할 수도 없는 이들이라는 것이다. 리더의 최측근이라는 사람들의 역할은 리더의 업무적 의사결정을 돕는 것이 아니라, 주로 리더의 일상사를 챙기는 것이다. 따라서 리더가 의사결정에 있어 이런 최측근의 의견에 영향을 받게 되면, 그것은 바로 최측근이 '공식적인 책임이나 능력' 없이 '비

공식적인 권한과 영향력'만을 갖게 되는 것을 의미한다.

550년의 지난한 성업에 의해 들어선 중국 최초의 통일국가 진秦 왕조를 14년의 역사로 허무하게 끝나게 한 환관 조고趙高나, 420년 역사의 한漢 왕조의 멸망을 재촉한 십상시十常侍와 같은 존재가 바로 그런 최측근들이다. 리더의 의사소통의 부재가 리더의 조직경영 능력 약화와 최측근의 발호, 나아가 국가 멸망이라는 결과를 가져왔다.

리더의 부족한 능력과 최측근이 쌓아놓은 진입장벽이 리더의 의사소통 부족을 가져왔든, 리더의 의사소통 부족이 스스로의 의사결정 능력 약화와 최측근의 발호를 가져왔든, 문제의 핵심은 결국 '리더'이다. 최측근이 리더 주변에 장벽을 높게 견고히 쌓도록 허용한 것도, 의사소통을 적극적으로 하지 않은 것도 결국 리더 자신이기 때문이다.

쌍방향 의사소통은 제도이자 상식의 영역

오늘날의 일반 기업조직이나 국가조직은 오래전의 국가조직과 크게 다르다. 몇 백 년 전의 국가는 군주국가였다. 따라서 의사결정 과정이나 업무집행 방식이 기본적으로 군주를 중심으로 한 '톱다운top-down' 방식이었다. 권한이 군주에게 집중되어 있었으므로 군주가 아랫사람들과 적극적으로 쌍방향 의사소통을 하지 않더라도 그것이 공식적으로 잘못되었다고 보거나, 개별적으로 크게 비난 받을 만한 일이 아니었다. 하지만 그런 1인 권력 집중의 시스템에도 불구하고 군주 자신이 쌍방향 의사소통을 하려고 했음은 물론, 진정 군주를 위하는 신하들 역시 끊임없이 군주와의 쌍방향 의사소통을 위해 노력했다. 그렇게 하는 것이 사직社稷을 오랫동안 보존하고, 백성들이 굶주림의 고통과 전란의 참혹함을 겪지 않도록 하는 데 도움이 되었기 때문이다.

오늘날 합리주의·민주주의시대에는 쌍방향 의사소통을 제도적으로 정하고 있다. 일반 기업조직이든 국가조직이든 권한과 책임의 균형이라는 원칙에 의해 최선의 의사결정과 효과적인 업무·정책 집행이 이루어질 수 있도록 여러 기구와 각각의 역할을 두어 상시적으로 쌍방향 의사소통이 이루어지도록 하고 있다. 그렇게 하는 이유는 수백 년 전과 다르지 않다. 그것이 기업이나 국가조직이 오랫동안 유지되는 길이고, 종업원 또는 국민을 보다 풍요롭고 행복하게 할 수 있는 현명한 방식이기 때문이다.

1인 권력의 군주시대에도 쌍방향 의사소통은 끊임없이 강조되었다. 고도로 합리화되고 민주주의화된 오늘날, 쌍방향 의사소통을 강조하는 것은 새삼스럽다 못해 난센스이기까지 하다. 조직에서의 쌍방형 의사소통은 선택이나 취향의 대상이 아닌 '제도이자 상식의 영역'이다.

앞서 살펴보았듯이 수많은 오래된 책들이 조직의 의사소통이 제대로 이루어지지 않았을 때의 그 파멸적 결과를 잘 보여주고 있다. 550년 성업으로 이루어진 진秦 왕조가 불과 14년 만에 사직을 닫는 것을 통해, 율곡이 세상을 뜨고 8년이 지난 뒤 이 땅에서 벌어진 참혹한 전란戰亂을 통해.

2장
인간관계_

쉽게 다가오는 사람은
그 떠남도 쉽다

현대 사회는 고도로 분업화·개별화되어 있다. 생계를 유지하기 위한 수단인 직장에서는 물론 일반 사회 환경에서도 그렇다. 그러다 보니 사람들은 분업화·개별화된 사회 환경에서의 관계 결핍을 해소하기 위해 거의 전투적으로 인간관계를 형성하려고 한다. 오프라인과 온라인에서, 낮이나 밤이나, 주중이나 주말이나, 일로든 취미로든 쉬지 않고 치열하게 관계를 형성한다.

하지만 관계라는 것은 그 범위를 확대하면 확대할수록 깊이가 얕아질 수밖에 없다. 좀 더 시간을 쪼개 쓰고, 좀 더 부지런히 몸을 움직이고, 최신 정보통신수단을 효율적으로 잘 활용하면 관계의 깊이가 얕아지는 정도를 조금 줄일 수 있을지는 모르겠지만, 대신 그만큼의 시간·에너지·금전적 비용이 더 들어갈 수밖에 없다.

전투적 인간관계 형성과
인간에 대한 환멸이라는 순환행위

그렇기 때문에 사람들은 인간관계의 '넓이'와 '깊이'라는 상호배타적 두 차원 사이에서 적절한 균형을 찾아갈 수밖에 없고, 동시에 인간관계 형성에 들어가는 시간·에너지·돈을 어떻게 하면 가장 효과적·효율적으로 사용할지를 의식적·무의식적으로 끊임없이 고민하고 행동하게 된다. 즉, 넓이와 깊이는 어느 정도 배타적 관계의 상수(넓이 × 깊이 = 일정한 상수)로 주어진 환경이니, 각 개인의 입장에서는 같은 시간과 에너지, 비용을 들이면서 가장 효과적·효율적인 인간관계를 맺는 방법이 무엇인지에 관심을 두고 행동을 하게 된다.

그 결과 사람들은 생전 처음 만난 사람에게 마치 십년지기나 되는 듯이 적극적으로 친근감을 나타내기도 하고, 대화 몇 마디 나누어 보지도 않고 존경을 표하거나 상대방 입장에 적극적으로 공감하기도 하며, 아직 다가오지 않은 앞날의 일에 대해 확신을 보이거나 불확실한 미래를 망설임 없이 약속하곤 한다. 그리고 다음날 또 다른 만남에서도 똑같이 친근감을 보이고, 존경이나 공감을 표시하고, 앞날을 확신하거나 미래를 약속한다.

이런 하루들이 반복되는 과정에서 자연스럽게 앞날의 친근감·존경·공감·확신·약속은 뒷날의 친근감·존경·공감·확신·약속에 의해 밀려나고, 이로 인해 상대방에 대한 불신, 실망, 공허, 심지어는 배신감과 인간 자체에 대한 회의감까지 느끼게 된다. 물론 나를 만났던 타인들 입장도 마찬가지다. 그들도 내가 그들에게 보였던 친근감, 존경, 공감, 확신 그리고 약속이 사실은 별 의미 없는 헛헛한 공기 울림, 지나가는 의례적이고 습관적인 몸짓에 불과했다는 사실을 어느 정도 시간이 지난 뒤 실감하게 된다.

하지만 또 새로운 하루가 시작되면, 그들이나 나나 모두 새로운 전장을 찾아 또 다시 전투적인 인간관계 형성 작업에 나선다. 먹고 살기 위해, 혼자 남겨지지 않기 위해. 그리고 나서 다시 한없는 회의와 실망으로 주저 앉는다. 그리고 또 다시 전투에 나서고 주저앉고 전투에 나서고 주저앉기를 끝없이 반복한다. 시간과 에너지와 비용이 남아 있는 한, 굶주림의 위험과 외로움의 위협이 사람들을 옥죄는 한 전투적 인간관계 형성과 인간에 대한 환멸이라는 자기소모적 순환행위는 좀처럼 그치지 않는다.

쉽게 다가오는 인연에 대한 현자들의 경고

맹자孟子, BC372?~BC289?는 '쉽게 다가오는 사람은 그 떠남도 쉽다(其進銳者 其退速)'[7]라고 말했다. 초면에 보자마자 망설임 없이 친근감·존경·공감·확신·약속을 보였던 사람은, 어느 순간 그 반대의 소원·멸시·비난·무관심·배신으로 갑자기 돌아서기도 쉽다는 의미다.

---

7 맹자 2권, 2009, 학민문화사, 510면

어떤 사람이 나에게 손쉽게 다가오고 서슴없이 나를 떠받든다면 그가 나를 진정으로 좋아하고 나를 진정으로 존중해서가 아니라, 그 사람 자체가 원래 처음 대하는 타인에게 습관적으로 또는 의도적으로 무조건 호감을 보이고 또 어떤 가슴의 울림 없이도 존경한다는 말을 언제라도 쉽게 내뱉을 수 있는 그런 성격·태도의 소유자이기 때문이라는 이야기다.

■ 번지르르한 낯빛과 말재주로 진실을 농락하는 사람들

맹자가 지적한 이러한 성격·태도는 현실에서 동성 간에서든 이성 간에서든 가리지 않고 나타난다. 다만 상대방에게서 기대되는 이익이 크냐 작냐에 따라 정도를 달리하고, 그 사람의 자기향상 욕구가 강하냐 그렇지 않느냐에 따라 강도가 달라질 뿐이다. 이를 두고 공자孔子, BC551~BC479는 일찍이 이렇게 말한 바 있다.

> 듣기 좋게 말을 하고 보기 좋게 얼굴빛을 잘 꾸미는 사람 중에 인仁한 자를 찾아보기 힘들다.
> 巧言令色 鮮矣仁 [8]

> 말 재주가 좋은 자를 나는 미워한다.
> 惡夫佞者 [9]

송나라 때 학자 범조우范祖禹, 1041~1098는 이런 공자의 말에 다음과 같

---

8 논어 3권, 2003, 학민문화사, 367면
9 논어 2권, 2003, 학민문화사, 376면

은 설명을 덧붙였다.

> 말을 잘 하는 이는 옳은 것을 그르다 하고 그른 것을 옳다 하며, 훌륭한 사람을 어리석다 하고 어리석은 이를 훌륭하다 한다.
> 利口之人 以是爲非 以非爲是 以賢爲不肖 以不肖爲賢[10]

오늘날에 이르러 더욱 그렇겠지만, 2,500년 전에도 '자기 이익을 위해 말재주로 사람을 농락하고 사회를 혼란에 빠트리는 일'이 드물지 않았던 모양이다. 하긴 도연명陶淵明, 365~427은 자신이 살던 시대의 세태를 이런 말로 한탄했다.

> 하루 종일 마차를 몰고 이익을 좇을 뿐 진리를 찾는 이는 찾아볼 수가 없구나.
> 終日馳車走 不見所問津[11]

정도의 차이일 뿐, 예나 지금이나 '쉽게 다가오고 또 쉽게 떠나면서', 공자의 말처럼 교언영색巧言令色으로 사람들을 농락하고 사회를 혼란스럽게 하는 이들이 늘 있는 것이라면, 인간 사회에서 그러한 농락과 혼란은 상수常數이다. 즉, 그런 성격과 태도를 가진 이들이 전혀 없는 것이 비정상이고, 오히려 있는 것이 현실적으로 정상이라는 것이다.

---

10 논어 3권, 2003, 학민문화사, 368면
11 고문진보 전집, 황견 엮음, 2004, 을유문화사, 177면

사람을 쉽게 믿는 것은
경박스러움의 표시

《성경》에서는 '사람을 쉽게 믿는 것은 경박스러움의 표시'[12]라고 말한다. 상대방이 친근함을 나타내고 듣기 좋은 소리를 할 때, 그런 행위로 벌어지는 일에 대한 책임이 상대에게 있는 것이 아니라, 그것을 액면 그대로 받아들이는 나 자신에게 있다는 뜻이다. 생각을 깊이 하지 않기 때문에, 즉 경박하기 때문에 그런 말과 행동을 그대로 믿는다는 것이다. 공자도 이와 비슷한 말을 했다.

> 군자는 사람이 말을 잘 한다고 해서 그를 등용치 않고, 사람이 바르지 않다고 해서 그 사람의 말을 모두 버리지 않는다.
> 不以言擧人 不以人廢言[13]

다름 아닌 다음과 같은 《맹자》에서의 '지언(知言)'을 제대로 하지 않으면 안 된다는 지적이다.

> 마음을 다해 사람의 본성을 파악하고, 이 세상 모든 말들에 대해 그 이치를 따져보고 지극히 함으로써 시비득실의 까닭을 알지 못함이 없게 한다.
> 盡心知性 於凡天下之言 無不有以究極其理而識其是非得失之所以然也[14]

---

12 성경 집회서 19:4
13 논어 3권, 2003, 학민문화사, 234면
14 맹자 1권, 2009, 학민문화사, 207~208면

《성경》이 상대의 가벼운 행동과 교언영색을 있는 그대로 받아들이는 사람의 경박을 탓하고 있다면, 공자는 받아주는 이의 합리적·이성적 판단과 함께 공리주의功利主義적 행동까지도 강조하고 있다. 상대방이 하는 말을 액면 그대로 받아들이지도 말고, 또 그 사람의 지금까지의 행실에 대한 선입견도 가져서는 안 된다는 이야기다.

억지로 꾸민 거짓은 오래 지속될 수 없다

사실 현실에서 사람을 가려서 믿고, 그 사람을 객관적으로 평가하는 일이 그리 어렵지는 않다. 아무리 나에게 호감을 나타내고 교언영색을 하더라도 그 사람의 성격·태도가 원래 그렇지 않다면 그 꾸밈이 오래 지속될 수는 없기 때문이다. 《한비자》에서 관중은 이런 말을 통해 '거짓이 오래갈 수는 없다'고 단정했다.

> 억지로 꾸민 거짓은 오래가지 못하고, 속이 빈 것을 덮어 숨기려 해도 그것은 오래 지속될 수 없다.
> 務僞不長 蓋虛不久[15]

---
15 한비자, 2011, 한길그레이트북스, 718면

■ 자기통제력의 소모 - 자기고갈이론

사회심리학에서는 이에 대해 좀 더 구체적인 근거를 제시하고 있다. 사회심리학자인 R. 바우마이스터Roy F. Baumeister와 M. 무라벤Mark Muraven 이 주장한 '자기고갈이론Ego depletion theory'에 의하면, '사람은 육체적 행동을 할 때뿐만 아니라 인지적 활동을 할 때도 에너지를 소모'한다고 한다. 그들은 이러한 에너지를 '자기통제력Self-control'으로 표현하면서, 이에 대해 다음과 같이 설명하고 있다.

> 자기통제력은 무한정 존재하지 않는 한정된 에너지 자원이고, 자기통제력을 사용하면 해당 자원이 고갈되며, 자기 통제를 위한 에너지는 다시 보충되지만 그 속도는 고갈되는 속도보다 느리며, 자기통제를 위한 반복적 훈련을 하면 마치 근력운동을 통해 근육량을 늘릴 수 있듯이 자원의 용량을 확장시킬 수 있다.[16]

바로 꾸민 태도, 거짓된 행위, 거짓말이 오랫동안 지속될 수 없는 근거이다. 즉, 계속해서 태도와 행위를 꾸미고 거짓말을 일관되게 유지하려면 엄청난 자기통제력이라는 에너지가 필요한데, 이 자기통제력이라는 에너지가 무한하지 않고 유한하다는 것이다. 따라서 어느 정도 시간이 지나면 자기통제가 유지될 수 없어 자중지란이 일어나고, 꾸민 태도·행위·말이 저절로 무너지고 말 것이라는 이야기다.

결국 이 이론대로라면, 우리가 약간의 지속적인 주의 깊은 관찰과 조심성만 갖춘다면 대부분의 거짓된 말과 행위들에 대해 그것들이 꾸며

---

16 오메가설득이론, 네이버 지식백과

진 것들임을 그리 어렵지 않게 알아차릴 수 있는 것이다.

■ 거짓의 근육량을 확장시키는 사람들

문제는 위의 자기통제력에 관한 설명 중 네 번째에 해당하는 경우이다.

자기통제를 위한 반복적 훈련을 하면 마치 근력운동을 통해 근육량을 늘릴 수 있듯이 자원의 용량을 확장시킬 수 있다.

이것은 반복적 훈련 또는 반복적 행위의 결과이든, 아니면 양심이 완전히 실종된 상태이든 꾸밈·과장·거짓이 생활화되고 체화되어 아무런 양심의 거리낌을 받지 않는 사람들을 대하는 경우를 말한다. 바우마이스터와 무라벤의 설명처럼, 이런 사람들은 근육량을 늘리면 오래 매달리기나 턱걸이를 더 많이 할 수 있듯이, 자기통제력이 확장되어 보통사람들과는 달리 자기고갈이론이 정상적으로 작동하지 않게 된다. 즉, 지속적인 거짓된 행위와 말들이 자중지란을 불러일으키지도 않고, 저절로 무너지지도 않는 '천연덕스러운' 상태가 된다.

이런 상태가 된 사람을 대할 때는 그 사람의 에너지(자기통제력)가 고갈되어 스스로 지쳐 무너지기를 기다릴 수 없게 된다. 그렇다면 어떻게 해야 할까?

꾸밈·과장·거짓이 체화된 사람을 구분하는 방법

《중용》에서는 학문하는 자세에 대해 이렇게 말하고 있다.

널리 배우고, 자세히 묻고, 신중히 생각하고, 분명하게 판단하고, 성실하게 행동으로 옮긴다.
博學之 審問之 愼思之 明辨之 篤行之[17]

그런데 이 다섯 가지 요소, 즉 박학(博學), 심문(審問), 신사(愼思), 명변(明辨), 독행(篤行)은 학문하는 자세에만 필요한 것이 아니다. 다음과 같이 사람 사귐에 있어서도 똑같이 적용할 수 있다.

널리 사람을 만나되, 그 사람을 자세히 알아보고, 신중하게 생각하고, 명확하게 분별한 뒤, 돈독한 관계를 유지한다.

위의 말처럼 자기 주위 사람들이나 자기와 비슷한 사람들만 만나면 견문을 넓히거나 자기 자신을 향상시킬 수가 없다. 또 초기 만남에서 상대방을 잘 알아보고 상식에 입각해 따져보고 명확하게 분별하지 않으면 올바르지 못한 사람을 사귀게 되어서 인생이 잘못 꼬이거나 낭비될 위험이 있다. 반면에 따지고 분별하는 과정을 제대로 밟아서 상대가

---

17 대학중용, 2000, 학민문화사, 중용 194면

올바른 사람이라는 확신이 든다면, 이때부터는 그 사람과 성실한 관계를 유지하면서 상호 자극과 위로를 주고받으며 서로의 삶을 풍요롭고 의미 있게 만드는 데 도움이 되도록 함께 노력해야 한다.

그렇다면 거짓된 말과 행동이 일상화되어 있는, 즉 자기고갈이론이 적용되지 않는 사람들은 어떻게 분별해야 할까? 이런 사람들은 일반적으로 상대방이 자신의 거짓된 말과 행동에 잘 속아 넘어간다는 확신과 함께, 그러한 자신의 영리함과 순발력에 터무니없는 자신감과 자만심을 갖는 경향이 있다. 하지만 결국 그런 자신감과 자만심이 오히려 독이 되어 자신으로 하여금 의도치 않게 수시로 허점을 노출하게 하고, 거짓의 단서를 여기저기 흘리고 다니게 된다. 따라서 이런 사람들 스스로 '자기고갈'에 의해 무너지지 않더라도, 주위 사람들이 조금만 상식적·객관적·냉정한 입장을 유지하면서 심문審問·신사愼思·명변明辯을 하면 그 사람이 거짓으로 말하고 행동하고 있다는 사실을 의외로 손쉽게 알아차릴 수 있다.

사람의 생각과 태도는 쉽게 변하지 않는다

인간의 먹고 입고 쉬는 방식은 시간과 공간에 따라 많이 바뀌지만 생각이나 태도는 의외로 크게 바뀌지 않는다. 인간의 생각이나 태도는 의식주에 비해 인간의 천연적 속성에 더 크게 영향을 받기 때문이다. 따라서 인간의 속성 중 이기주의와 같은 것이 다른 사람이나 자연과의 관계에서 작용하는 방식(생각과 태도)은 시간과 공간에 따라 크게 바뀌지 않는다.

《중용》에는 이런 말이 나온다.

> 군자의 도는 어렴풋한 듯하지만 시간이 지날수록 뚜렷이 드러나고, 소인의 도는 선명한 듯하지만 시간이 지날수록 사그러진다.
> 君子之道闇然而日章 小人之道的然而日亡[18]

신뢰할 만한 사람일수록 첫 인상이 그저 담담할 뿐이고, 인격이 허약한 사람일수록 첫 만남에서 약한 부분을 감추기 위해 요란하고 화려하게 장식한다는 이야기다.

또《명심보감》에는 이런 말이 있다.

> 군자의 사귐은 물과 같이 담백하고 소인의 사귐은 단술과 같이 달콤하다.
> 君子之交淡如水 小人之交甘若醴[19]

요란하고 화려한 장식에 현혹되고, 단술에 취하면 당연히 제대로 된 심문審問·신사愼思·명변明辯을 할 수 없다. 그 결과는 잘못된 만남, 즉 사업의 실패·우정의 배신·결혼의 파경과 같은 것들이다.

쉽게 다가오는 사람은 그 떠남도 쉽다.

---

18 대학중용, 2000, 학민문화사, 중용 274~275면
19 명심보감, 2002, 혜원출판사, 265면

3장
커뮤니케이션_

커뮤니케이션은
조직의 혈관이다

커뮤니케이션은 조직의 혈관이다. 커뮤니케이션이 기본적으로 원활히 흐르지 않고서는 조직Organization이 유기적Organic으로 작동할 수 없기 때문이다. 조직에 있어서 커뮤니케이션의 기본은 상사와 부하 사이의 의사소통이다. 위임과 수임에 의해서 이루어지는 수직적 관계와 분업에 의해서 이루어지는 수평적 관계가 모두 사람에게 있어 척추와 같은, 이 상하 간의 커뮤니케이션을 중심으로 이루어지기 때문이다.

개인보다 조직을 우선하는 법가法家의 한비자韓非子, BC280?~BC233는 윗사람과 아랫사람 간의 커뮤니케이션 문제를 이렇게 지적했다.

군주의 고민은 아랫사람이 제대로 부응해 주지 못하는 데 있다. 옛말에 한손으로만 손뼉을 치면 손을 빠르게 움직이더라도 소리가 나지 않는다고 했다. 신하된 자의 고민은 윗사람의 지시가 하나로 통일되지 않은 데(또는 한 가지 일에 전념할 수 없게 하는 데) 있다. 옛말에 오른손으로 원을 그리고 왼손으로 네모를 그리면 둘 다 제대로 그려질 수 없다고 했다.

人主之患在莫之應 故曰 一手獨拍 雖疾無聲 人臣之憂在不得一 故曰 右手畫圓 左手畫方 不能兩成[20]

조직에서 상하 간에 갈등이 발생할 경우 윗사람이 갖는 불만은 주로 아랫사람이 업무능력이 없거나, 능력이 있더라도 제때 제대로 상황에 대처하지 못하는 데 있고, 아랫사람이 윗사람에 대해 갖는 불만은 주로 업무지시가 서로 모순되게 내려오거나, 여러 가지를 한꺼번에 지시하여 어느 것 하나 제대로 전념할 수 없게 한다는 데 있다는 이야기다. 오늘날 조직생활에서 윗사람이 아랫사람에게 또는 아랫사람이 윗사람에게 갖는 보편적인 불만과 크게 다르지 않다.

부하 입장에서 상사와의 갈등을 줄이는 지혜

그렇다면 조직에서 상사와 부하 간의 갈등을 줄일 수 있는 구체적인 지혜는 무엇일까? 먼저 부하 입장을 살펴보자. 《소학》에서는 윗사람이 아랫사람을 부를 때 아랫사람이 취해야 할 태도에 대해 다음과 같이 말

---

20 한비자, 이운구 역, 2011, 한길그레이트북스, 431면

한다.

아버지가 부르면 느리게 대답하지 않고, 스승이 불러도 느리게 대답하지 않고, 빨리 대답하고 자리에서 일어선다.
父召無諾 先生召無諾 唯而起[21]

평범하다 못해 진부하기까지 하지만, 사실 조직에서 아랫사람이 윗사람의 기대에 제대로 부응하지 못하는 이유가 바로 이런 사소한 부분에서 시작된다. 상사는 부하직원이 상사인 자신 또는 일에 대해 어떤 생각을 가지고 있느냐와 관계없이 부하직원이 '느리게 대답(諾)'하느냐 '빠르게 대답(唯)'하느냐에 따라서 상사에 대한 태도나 일에 대한 의욕을 판단한다. 대답이 빠르면 상사에 대해 수용적이고 시키는 일에 대해서도 매우 긍정적이라 판단하고, 그 반대면 부하의 태도나 의욕 역시 부정적이라고 생각하는 것이다.

■ 보고나 지시를 받기 전에 갖추어야 할 세 가지 준비

대답을 하고 난 다음은 상사와의 대면이다. 《중용》에서는 상사와의 대면을 위한 부하의 준비 자세에 대해 다음과 같이 말하고 있다

모든 일은 미리 준비하면 제대로 이루어지고, 미리 준비하지 않으면 제대로 이루어질 수 없다. 할 말을 미리 정해 놓으면 차질이 발생하지 않고, 할 일을 미리 정해 놓으면 곤란을 겪지 않게 되고, 할 행동을 미리 정해 놓으면 잘못

---
21 소학, 2002, 홍신문화사, 47면

될 수가 없고, 할 방법을 미리 정해 놓으면 궁할 일이 없다.
凡事 豫則立 不豫則廢 言前定則不跲 事前定則不困 行前定則不疚 道前定則不窮²²

말이든, 일이든, 행동이든 그 무엇이든 간에 미리 준비해 놓으면 일이 잘못되거나 어긋나지 않는다는 이야기다. 앞《중용》의 내용은 상사에게 대면보고 또는 대면지시를 받기 위한 준비 자세에 관해서다. 따라서 상당히 원칙론적이다.

《예기》에서는 부하가 상사에게 보고를 하거나 지시를 받는 요령에 대해 다음과 같이 구체적으로 밝히고 있다.

신하가 임금에게 가려할 때는 하루 전에 목욕재계하고 외침을 하며, 가신이 홀을 올리면 임금에게 진언하고자 생각하는 것과 임금의 물음에 답할 내용, 임금이 명령했던 것들을 기록한다. 그리고 관복을 갖추고 난 뒤 임금 앞에서의 행동거지와 패옥 울리는 것을 미리 연습하고 난 다음 집을 나선다.
將適公所 宿齋戒居外寢沐浴 史進象笏 書思對命 既服 習容觀玉聲 乃出²³

임금에게 보고를 하거나 지시를 받으러 갈 때 미리 몸과 마음 자세를 갖추고, '제안할 말(思)', '나올 만한 질문에 대한 예상 답변(對)' 그리고 '지난번 명령 받았던 것에 대한 조치보고(命)'를 미리 준비한다는 것이다. 그리고 난 다음 복장을 갖추고 예행연습을 한 뒤 집을 나선다는 것이다.

---

22 대학중용, 2000, 학민문화사, 중용 185면
23 예기, 2003, 명문당, 814면

물론 오늘날의 조직에서 새로운 프로젝트에 대해 경영진 앞에서 프레젠테이션을 하는 등의 특별한 경우를 제외하고는, 상사와 부하 간의 일상적인 보고와 지시에서 이 정도까지 장중한 절차를 밟을 필요는 없다. 하지만 일상적인 보고와 지시라도 그 전에 아랫사람이 갖춰야 할 핵심 행동수칙만큼은 이와 크게 다르지 않다. 즉, 보고를 하거나 지시를 받으러 가기 전에는 '제안할 새로운 아이디어'와 '예상 질문 및 예상 질문에 대한 답변 준비' 그리고 '지난번 지시에 대한 경과보고'라는 세 가지를 미리 준비해 짧은 시간이라도 간단하게 예행연습을 해 보아야 한다. 또 최종적으로 거울을 보면서 얼굴이나 옷차림새를 살피고 심호흡을 하고 나서 상사에게 가야 한다.

사실 이 세 가지를 갖추는 것이 상사와 부하 간 원활한 커뮤니케이션 또는 갈등 해소에 있어 핵심이다. '제안할 아이디어(思)', '예상 답변(對)', '지시에 대한 경과보고(命)' 세 가지가 '미리 준비(豫)'되어 있다면, 이 단계 이후 상사와 부하 간에 갈등이 발생할 확률은 급격히 낮아진다.

■조직의 의사결정에 대한 최종적인 책임은 상사에게 있다

물론 그렇다고 해서 갈등의 소지 자체가 완전히 없어지는 것은 아니다. '자신의 생각(思)'과 '상사의 생각(思)'이 일치되지 않거나, 합리적으로 조정이 되지 않는 경우가 있을 수 있다. 부하가 아무리 사(思)·대(對)·명(命)을 미리 잘 준비(豫)했다 할지라도 상사의 시각이 부하와 크게 차이가 나는 경우, 특히 여기에 상사의 사고가 매우 불합리한 경우에는 조정이 매우 어렵게 된다. 실제 조직 현장에서는 이런 경우 때문에 상사와 부하가, 특히 부하 입장에서 힘들어 하는 경우가 많다. 이럴 때는 어떻게 할 것인가? 《예기》에서는 이에 대해 다음과 같이 조언하고 있다.

의심스런 사항에 대해서는 자신이 바로잡아 결정을 내리려 하지 말고, 자신의 의견을 정직하게 개진할 뿐 자신의 견해를 고집해서는 안 된다.
疑事毋質 直而勿有[24]

오늘날 조직의 경영원칙과 다르지 않다. 부하는 상사로부터 권한을 위임받은 입장이다. 상사에게 일 처리에 대한 자신의 의견을 내놓을 수는 있지만, 그 최종 결정은 어디까지나 상사의 몫이다. 그리고 상사는 결정 권한을 갖는 만큼 그에 대한 책임도 전적으로 본인이 져야 한다. 그 일 처리에 대한 상사의 결정이 잘못된 결과를 가져왔을 때 부하에게 책임을 물을 수 없다. 그런 잘못된 결과에 대해서는 그 결정을 내린 상사와 그런 의사결정 능력을 가진 사람을 그 자리에 앉힌 그 위 상사에게 책임이 있다. 바로 위 상사의 의사결정 능력과 그 위 상사의 인사평가 능력에 문제가 있는 것이다.

업무현장에서는 위와 같이 상사의 결정으로 잘못된 결과가 나왔을 때 해당 상사가 부하에게 '왜 너의 의견을 끝까지 관철하지 않았느냐'고 사후약방문식의 비난을 하는 경우가 심심찮게 벌어진다. 이런 비난은 의사결정권자인 상사와 그 인물을 책임 있는 자리에 앉힌 그 위 상사의 책임회피성 몰지각에 불과하다.

오늘날 조직은 '책임과 권한 균형의 원칙'에 의해 이루어져 있다. 부하에게는 그 직책에 맞는 권한 및 그것과 균형을 이루는 책임이 있고, 상사 역시 그 직책에 맞는 권한과 그에 따른 책임이 있다. 권한은 바로 '의사결정'에 대한 권한이다. 상사와 부하 간에 끝까지 의견이 조정되

---

24 예기, 이상옥 역저, 2003, 명문당, 40면

지 않을 경우 결국 최종 결정은 상사의 의견대로 될 수밖에 없다. 그것은 조직 원리상 정당하다. 의견이 다를 경우 부하가 끝까지 자기 입장이 맞다고 우기는 것이 오히려 부당하다. 부하가 최종 책임을 질 수 없는 조직 원리에서 상사의 의사결정 권한을 부하 자신이 취하려는 것은 부당하다.

상사 입장에서 커뮤니케이션 갈등을 줄이는 지혜

갈등은 양쪽이 부딪힐 때 발생한다. 그렇다면 상사 입장에서는 어떻게 해야 할까? 사람은 넘치거나 부족한 경우가 대부분이다. 지나치게 나대지도 않으면서 그렇다고 지나치게 소극적이지도 않은, 적절한 사람은 언제나 소수이다. 그래서 동양뿐 아니라 서양의 아리스토텔레스도 '적절한 균형 잡힌 행동'을 미덕으로 생각했다.

한 명의 상사는 여러 명의 부하들과 일을 한다. 그런 부하들을 일률적으로 대할 수는 없다. 《논어》를 보면 '공자는 맹의자가 이해하지 못하면 더 묻지를 않았다(夫子以懿子未達而不能問)'[25]는 내용이 나온다. 또 정이천은 《논어》에서 공자의 가르치는 방식에 대해 이렇게 말하고 있다.

---

25 논어 1권, 2003, 학민문화사, 132면

공자는 사람들을 가르칠 때 눈높이를 맞추는 것이 이와 같았으니, 사람들이 너무 어렵다 하여 자신을 멀리할까 염려해서였다.

聖人之敎人 俯就之若此 猶恐衆人以爲高遠而不親也[26]

공자가 사람들을 가르칠 때 항상 그들이 '이해할 수 있는 수준에서 묻고(能問)', 자신을 그들의 '눈높이에 맞췄다(俯就)'는 이야기다.

상사와 부하는 경험과 지식, 안목 등에서 대체로 차이가 있다. 일에 대한 경력이 오래된 상사가 일반적으로 그런 모든 면에서 더 많고 높고 깊을 수밖에 없다. 따라서 상사가 부하에게 일을 시킬 때는 시간과 에너지가 허락하는 한 가급적 부하들의 능력과 차이를 고려해 일을 시켜야 한다.

그렇게 해야 하는 이유는 간단하다. 그렇게 하지 않는 것보다 그렇게 하는 것이 조직의 효과성과 효율성을 더 높일 수 있기 때문이다. 공자 역시 그렇게 '눈높이 가르침(俯就)'을 하는 것이 결과적으로 사람을 더 많이 향상시키고 사회를 더 낫게 할 수 있다고 생각했던 것이다.

중국 상고시대 정치를 다룬 《서경》에 이런 말이 나온다.

그대는 아래 신하가 미련하다고 화내거나 미워하지 말고 사람이 완전하기를 바라지 마시오. 반드시 참을성이 있어야 성공할 것이며 너그러움이 있어야 덕이 커질 것이오.

爾無忿疾于頑 無求備于一夫 必有忍 其乃有濟 有容 德乃大[27]

---

26 논어 2권, 2003, 학민문화사, 195면
27 서경, 권덕주 역해, 혜원출판사, 407면

경험과 지식 등의 차이를 떠나 리더된 자는 기본적으로 참을성과 너그러움을 덕목으로 지녀야 한다는 가르침이다.

■ **자신의 생각이 완벽하지 않음을 인정하는 자세**

또한 조직의 상사는 항상 자신의 생각이 완벽하지 않다는 것을, 즉 자신에게 더 향상시켜야 할 빈 공간이 있다는 것을, 잘못된 의사결정을 할 가능성이 있다는 것을 염두에 두어야 한다. 정치의 모범인 '정관의 치'를 가져왔다는 당태종 역시 다음과 같은 말로 스스로 잘못된 결정을 내릴 수 있음을 경계했다.

> 모든 사형사건은 내가 즉결처형을 명령하더라도 반드시 다섯 번 반대 상소를 올리도록 하시오.
> 凡有死刑 雖令卽決 皆須五覆奏[28]

또 《서경》에는 주周나라 목왕이 신하들에게 이렇게 당부했다는 내용이 나온다.

> 처벌하란다고 해서 덮어놓고 무조건 처벌하지 말고, 용서하란다고 해서 덮어놓고 무조건 용서하지 마시오.
> 雖畏勿畏 雖休勿休[29]

당태종이나 목왕 모두 자신은 완벽한 인간이 아닐 뿐 아니라, 항상

---
28 정관정요, 2001, 홍신문화사, 326면
29 서경, 권덕주 역해, 혜원출판사, 448면

이성적·합리적일 수도 없음을 신하들에게 주지시키고 있다. 절대군주 시대의 임금이 신하들에게 임금 자신의 판단을 절대화하지 말 것을 명령하고 있는 것이다. 절대권력이 자신의 부족함을 스스로 인정하고 있는 만큼, 그렇지 않은 경우에 비해 커뮤니케이션 갈등이 당연히 줄어들 수밖에 없다.

■ 부하의 말과 행동의 속뜻을 들여다보는 지혜

남의 윗사람이, 그것도 조직에서 남의 윗사람이 된다는 것은 만만한 일이 아니다. 상당한 소양과 자질을 갖추고 있지 않으면 조직에는 돌이킬 수 없는 재앙을, 수많은 사람들에게는 지옥 같은 삶을 가져다 줄 수 있다.

맹자는 '말을 안다'는 의미의 '知言(지언)'을 중요하게 생각했다. 그가 말한 '말을 안다(知言)'의 의미는 이런 것이다.

> 편벽한 말에 가려진 바를 알고, 방탕한 말에 빠져있는 바를 알고, 간사한 말에 괴리된 바를 알며, 빠져나가고자 하는 말에 궁색한 바를 안다.
> 詖辭 知其所蔽 淫辭 知其所陷 邪辭 知其所離 遁辭 知其所窮[30]

조직의 상사가 실무적인 세세한 사항까지 모두 알 필요는 없다. 하지만 부하가 무슨 말을 하는지, 무엇을 감추고자 하는지, 무엇을 회피하고자 하는지 등에 대해서는 알 수 있어야 한다. 그렇지 못할 때 상사는 자신의 부족함을 감추기 위해 논리가 아닌, 새로운 관점이 아닌, 큰 목소

---

30 맹자 1권, 2009, 학민문화사, 230면

리와 달아오른 얼굴로 부하를 대하게 된다. 이를 두고 《중용》에서는 이렇게 경고했다.

> 음성과 안색으로 백성을 교화하려 하는 것이 가장 말단의 방법이다.
> 聲色之於以化民 末也[31]

'인(仁)'과 '지(智)'를 기준으로 삼았을 때 생기는 변화

사람관계는 상호관계이다. 그 의미는 남 탓만 하고 갈등 상태 위에 그냥 뭉개고 있을 것이 아니라, 먼저 나를 돌아보고 조금이라도 바꿀 부분이 있다면 내가 먼저 스스로를 바꾸어 볼 필요가 있다는 것이다. 그렇게 함으로써 과거보다 조금이라도 더 관계가 나아질 수 있다는 것이다. 물론 위아래가 모두 그렇게 자신을 돌아볼 수 있다면 그것은 당연히 더할 나위 없다.

> 상대방을 사랑해도 상대방이 가까워하려 하지 않거든 자신의 인(仁)을 돌아보고, 다른 사람을 다스리려 해도 다스려지지 않거든 자신의 지(智)를 돌아보라.
> 愛人不親 反其仁 治人不治 反其智[32]

---

31 대학중용, 2000, 학민문화사, 중용 285면
32 맹자 1권, 2009, 학민문화사, 525면

위의 맹자의 말에서 인仁은 '측은지심惻隱之心', 즉 상대방의 입장에 서서 상대방이 어떤 느낌인가를 느껴보는 것이다. 지智는 '시비지심是非之心', 즉 자신의 생각대로, 멋대로 판단할 것이 아니라 '옳고 그름'을 가지고 판단하라는 것이다.

상사와 부하 간에 갈등이 있는 경우 부하는 상사에게 '仁'해 보아야 한다. 즉, 상사 입장에 서서 상황을 살펴보고, 부하인 자신을 봐 보아야 한다. 상사 역시 자신만의 생각이 아닌, 논리와 사실에 입각해 옳고 그름을 기준으로 자신의 기존 판단을 다시 따져보는 '智'를 해 보아야 한다. 이 일을 추진하게 된 목적과 의의가 무엇인지, 그 목적과 의의를 달성하기 위한 가장 적절한 절차는 무엇인지, 그리고 자신과의 친소親疎(친하고 친하지 않음) 또는 이해관계를 떠나 그 일을 가장 잘해 낼 수 있는 최적임자가 누구인지 등을 따져 보아야 한다. 맹자의 지적처럼 부하와 상사 각자가 '仁'과 '智'를 기준으로 삼으면 분명 기존의 입장이나 생각에 변화가 있을 것이다. 그리고 그 각자의 변화된 입장과 생각은 분명 기존보다 서로 더 가까워져 있을 것이다.

경영학의 역사는 100년이지만, 경영의 역사는 인류의 등장에서부터 지금까지다. 두 사람 이상이 분업과 협업을 하는 과정에서 그 결과를 더 낫게 하려는 생각과 태도, 행위가 다름 아닌 경영이기 때문이다. 오늘날의 경영학은 '지식'이지만, 인류가 등장한 이래 지금까지 전해져 온 경영 이야기는 '지혜'이다. 지혜는 바로 수많은 다양한 사람들의 삶과 오랜 시간의 검증을 견뎌낸 '지식'이다. 천 년, 이천 년의 시간 차이를 두고도 오래된 지혜가 가슴에 와 닿고 머리에 꽂히는 이유이다.

4장
삶과 죽음

묘비명(墓碑銘)은
살아 있다

공자의 제자 증자曾子, BC506~BC436는 '새가 죽음을 앞두면 그 울음소리가 구슬퍼지고 사람이 죽음을 앞두면 그 말이 착해진다(鳥之將死 其鳴也哀 人之將死 其言也善)'[33]고 했다.

죽음은 생명 있는 존재에게 가장 큰 사건이고, 기억과 상상력을 가진 인간에게는 더할 나위 없는 고통이다. 죽음을 앞둔 새가 구슬퍼지지 않을 수 없고, 그런 고통을 앞에 둔 인간이 진실해지지 않을 수가 없다. 사람이 가장 진실해지는 순간이 죽음을 앞둔 때라면, 한 사람에 대한 평가가 가장 공정할 때는 아마 죽음 이후일 것이다. 따라서 사람이 죽기 전에 남기는 유언 또는 죽은 뒤 묘비에 새겨지는 비명碑銘은 가장 진실하고 공정할 것이다.

---

33 논어 2권, 2003, 학민문화사, 120면

거기에 더해 그런 유언이나 묘비명은 매우 인간적일 것이다. 인간적이라는 것은 명예나 지위 또는 타인의 생각을 의식하지 않은, 단순한 '한 명의 인간으로서의 회귀'를 의미한다. 태어날 때 홀로 벌거벗고 이 세상에 왔듯이 죽음을 앞둔 인간은 그렇게 또 혼자 먼 길을 떠나야 한다. 그런 그에게 타인의 생각이 무슨 의미가 있고, 지위가 무슨 소용이 있고 명예가 무슨 도움이 되겠는가. 따라서 죽음을 앞두고 남긴 마지막 한마디, 특히 100년이 안 되는 삶 동안 누구보다도 끊임없이 자신을 연단하고 또 의미 있는 성취를 이룬 이들이 남긴 한마디는 그 울림도 클 것이다.

사후 남겨진 묘비명 역시 본인이 미리 준비한 것이든 후인들이 평가한 것이든 과장과 의식적 꾸밈만 없다면 가슴에 와 닿는 것이 적지 않을 것이다. 일상에 매몰되어 천년만년 살 것처럼 부산을 떨고 먼지를 피우는 우리들에게 잠깐이라도 현재를 관조하고 남은 삶과 그 이후를 살펴보게 할 것이다.

석가모니의 마지막 가르침

불교를 창시한 석가모니BC624~BC544가 죽음을 얼마 남기지 않고 제자들에게 한 말은 이것이다.

자신을 등불삼아 스스로를 의지하고, 진리를 등불삼아 진리를 의지하라.
自燈明 法燈明[34]

1세기 전후로 대승불교가 등장하면서 관세음보살 등 여러 보살들에 의존해 깨달음을 얻고자 하는 타력 종교적인 성향이 강해졌지만, 불교는 기본적으로 '자력自力 종교'이다. 기독교처럼 신에 의지해 천당을 가는 방식이 아닌, 앞서 시범을 보인 석가모니를 따라 각자가 자기 스스로의 노력으로 깨달음을 얻어 해탈에 이르는 종교이다. 그런데 죽음에 임박한 스승(석가모니)을 앞에 두고 제자들이 목자 잃은 양떼처럼 불안한 모습을 보이자, 석가모니가 깨우침이란 외부에 의존하지 않고 '자기 스스로 또는 진리에 의존하는 것'이라고 마지막 가르침을 준 것이다. 초전법륜 이후 45년 동안 행했던 가르침의 마침표였다.

이런 석가모니의 마지막 가르침은 17세기에 서양에서 시작된 계몽주의의 핵심과 일치한다. F. 베이컨Francis Bacon, 1561~1626은 '인간은 종족의 우상, 동굴의 우상, 시장의 우상, 극장의 우상을 없애야 이성적 존재가 될 수 있다'고 했는데, 이런 잘못된 우상들을 없애는 것이 바로 석가모니가 말한 '자기 스스로 또는 진리에 의존하는' 태도이다.

석가모니가 말한 이런 태도(自燈明 法燈明)는 1세기의 인도나 17세기의 서양에서만 유효한 것이 아니다. 매체가 퍼트리는 감각적 유행어가 사람들의 의식과 행동을 지배하고, 융단폭격식의 광고가 사람들의 소비와 철학을 규정하고, 주변의 일반적 인식에 자신의 판단을 기대는 지금의 21세기 사회에서 오히려 더 유효하다.

---

34 불교와의 만남, 강건기 저, 2002, 불지사, 118면 참조

스스로 무너진다 했으나
결코 무너지지 않은 공자의 정신

공자孔子, BC551~BC479는 자신의 삶이 얼마 남지 않음을 알고 제자들에게 이런 말을 남겼다.

태산이 무너지는구나, 대들보가 쓰러지는구나, 철인이 시드는구나.
泰山其頹乎 梁木其壞乎 哲人其萎乎[35]

공자는 중국 고대 혼란기인 춘추시대BC771~BC403를 살았던 귀족 출신이다. 춘추시대는 주周 왕조BC1046~BC221 후반기로, 한마디로 사회적 혼란이 끊이지 않은 난세이기도 했지만, 위아래 질서를 근간으로 하는 주 왕조 초기의 봉건제가 붕괴되는 시기이기도 했다. 이처럼 무너지는 질서를 다시 바로 세워야 한다는 것이 공자의 입장이었다. 그 방법이 바로 '자기 사욕을 이겨내고 예禮로 돌아가는 것이 바로 인仁이다(克己復禮爲仁)'[36]에서의 예禮였고, 인仁이었다.

공자는 하늘이 그런 역사적 사명을 그 누구도 아닌 바로 자신에게 부여했다는 사명감을 가지고 있었다. 그래서 광匡 땅에서 양호라는 인물로 오인되어서 목숨을 잃을 위험에 처했을 때도 '광 땅 사람들이 감히 나를 어찌할 수 있겠는가(匡人 其如予何)?'[37] 하고 호기를 부릴 수 있었다.

---

35 예기, 2003, 명문당, 226면
36 논어 2권, 2003, 학민문화사, 401면
37 논어 2권, 2003, 학민문화사, 189면

사명감을 넘어선 천명의식과 하늘을 찌르는 자부심을 읽을 수 있는 대목이다. 하늘이 자신을 이 땅에 내린 것은 세상 사람들을 깨우치라는 큰 뜻이 있어서이니, 어느 누구도 하늘의 동의 없인 자신의 털끝 하나 건들 수 없다는 대단한 자신감이었다.

하지만 자신에게 주어진 천명을 제대로 펼칠 기회를 끝내 잡지 못한 공자이니 만큼, 삶을 놓아야 하는 순간에 그 좌절은 클 수밖에 없다. 그 좌절의 한탄이 바로 '태산이 무너지는구나, 대들보가 쓰러지는구나, 철인이 시드는구나'였던 것이다.

하지만 예수가 부활했던 것처럼 공자 역시 부활한다. 공자의 사상은 BC136년에 한漢 왕조의 동중서董仲舒, BC170?~BC120?에 의해 관학官學으로서 다시 살아났다. 그리고 시간이 지나면서 화려하게 만개해 공자는 신神에 버금가는 성인이 되고, 동양사상의 대들보로 우뚝 서고, 나아가 인류의 태산으로 자리 잡아 가고 있다.

자신이 태산이고 대들보이고 또 철인이라는 것은 자신했지만, 그 철인, 대들보, 태산이 결코 무너지지 않고 다시 세워져 인류의 정신 속에 영생하리라는 것은 공자 본인도 알지 못했던 셈이다.

소크라테스가 죽음을 맞는 태도

고대 그리스에서 자연철학시대를 마치고 인간철학시대를 연 소크라

테스Socrates, BC469~BC399가 남긴 마지막 말은 이것이다.

> 크리톤, 아스클레피오스에게 내가 닭 한 마리 빚진 것이 있네. 기억해 두었다가 갚아 주겠나?[38]

아스클레피오스는 그리스신화에 나오는 '의술의 신'이다. 고대 그리스인들은 병이 나으면 감사의 표시로 아스클레피오스에게 닭을 바쳤다. 과거에 병이 나은 뒤 닭을 바치지 않은 적이 있는지, 또는 독배를 들이켜고 영혼이 육체의 구속을 영원히 벗어나고 있는 것에 대한 감사 표시로 신에게 닭 한 마리를 바치겠다는 의도인지 망자의 속마음을 알 길은 없다. 다만 중요한 것은 한 인간이 죽음을 앞두고 어떻게 그렇게 작은 일까지 모두 챙기면서 초연한 자세를 취할 수 있었느냐 하는 것이다.

소크라테스는 '영혼불멸론'을 믿었다. 죽는다는 것은 육체만 없어질 뿐 영혼은 그대로 남는 것이며, 영혼은 자신의 선한 주인인 신에게로 돌아가는 것이라고 확신했다. 그리고 영혼의 활동인 사유思惟를 통해 지혜를 추구하는 철학자에게 사유를 방해하는 육체와 물질이 존재하지 않는 세계로 가는 것은 슬퍼할 일이 아니라 오히려 기뻐해야 할 일이라고 생각했다.[39]

소크라테스의 죽음을 맞는 태도는 후인들에게 주는 의미가 크다. 어떻게 살 것인가 또 어떻게 죽을 것인가에 대해 깊이 생각해 보게 하기 때문이다. 신을 믿는 이들에게는 특히 그렇다. 소크라테스는, 진실로 신

---

38 향연 · 파이돈 · 니코마코스 윤리학, 플라톤 · 아리스토텔레스 저, 최명관 역, 2001, 을유문화사, 193면
39 향연 · 파이돈 · 니코마코스 윤리학, 플라톤 · 아리스토텔레스 저, 최명관 역, 2001, 을유문화사, 120~126면

을 믿고 진실로 천당이 있다는 것을 확신하는 진실한 신자라면, 그 사람에게 있어서 '죽음은 슬픔이 아니라 오히려 기쁨'이어야 한다는 것을 실천을 통해 보여 주었다.

일신교도 아닌 다신교 사회에서 소크라테스는 진실로 신의 존재를 믿고 또 사후세계를 확신했다. 타인에게 신을 믿으라고 권하는 것이, 자칭 독실한 신자라고 나서는 것이 무엇을 의미하며, 또 뒤따라야 할 실천적 행동이 무엇인지를 소크라테스가 평화로운 유언과 초연한 죽음으로써 보여준 것이다. 그리고 그의 제자 플라톤이 그것을 우리에게 기록으로 남겨주었다. 고대 로마시대에 카이사르에게 맞서다 가장 고귀한 죽음을 맞은 자유인이자 공화주의자인 카토Marcus Porcius Cato, BC95~BC46는 자결하기 직전 영혼의 문제를 다룬 플라톤의 책을 두 번이나 읽었다고 한다.[40] 플라톤의 《대화편》 중 아마도 앞의 영혼에 대한 내용이 나오는 《파이돈》이었을 것으로 생각된다.

담백했던 삶의 자취가 고스란히 담긴 이황의 묘비명

동방의 주자朱子로 불리며 조선 성리학의 기초를 다진 이황1501~1570은 다음과 같은 자신의 묘비명을 생전에 직접 지어 두었다.

---
40 플루타르크 영웅전, 이성규 역, 2000, 현대지성사, 1,448~1,450면 참조

태어나길 어리석고 자라면서 병도 많았네

生而大癡 壯而多疾

어쩌다 학문 좋아해 뒤늦게 벼슬도 받았네

中何嗜學 晚何叨爵

학문의 길은 아득하고 벼슬은 사양해도 더 주어지네

學求猶邈 爵辭愈嬰

나아가면 엎어지고 물러서 은일하면 곧아지네

進行之跲 退藏之貞

나라 은혜에 심히 부끄럽고 성인 말씀 진실로 두렵네

深慙國恩 亶畏聖言

산은 찌를 듯이 높고 물은 한량없이 깊네

有山嶷嶷 有水源源

벼슬을 떠나서야 뭇사람들의 비방을 벗어났네

婆娑初服 脫略衆訕

내 마음 이렇게 막혀 있으니 누가 나를 편해 할까

我懷伊阻 我佩誰玩

생각건대 옛사람은 내 마음 확실히 아시겠고

我思古人 實獲我心

뒷날 후인들 어찌 지금의 일 모를 리 있겠는가

寧知來世 不獲今兮

근심 가운데 즐거움 있고 즐거움 가운데 근심 있네

憂中有樂 樂中有憂

이제 세상을 떠나 무로 돌아가니 다시 무엇을 욕심내랴

乘化歸盡 復何求兮

담백하고 겸손하고 솔직하다. 이황이 묘비명을 미리 직접 써 둔 이유는 자신이 죽고 난 뒤 기대승1527~1572과 같은 논적論敵이자 후학에게 자신의 묘비명을 맡길 경우 분명 과장과 예찬이 있을 것이라고 생각했기 때문이다.

이황의 담백하고 겸손한 태도는 묘비명에만 나타난 것이 아니었다. 그는 자신의 장례를 국장國葬으로 하지 말고 비석도 큰 것으로 하지 말라는 유언을 남겼다. 물론 속인들은 그런 대학자의 담백한 뜻을 감당하지 못했다.

오늘날 유명 정치인을 비롯해 일반인들 사이에서 자신의 묘비명을 미리 작성하는 것이 유행이라 한다. 이황이 자신의 묘비명을 직접 작성한 이유는 다름 아닌 자신에 대한 과찬과 미화를 경계해서이다. 지금의 사람들처럼 자신의 삶을 멋들어지게 포장하기 위해서, 과찬과 미화를 하기 위해서가 아니다. 과찬과 미화는 본인의 몫이 아니다.

존경하는 선배의 뜻보다 그 영원한 떠남을 더 감당키 어려웠던 기대승은 선배의 유언을 거스르고 기필코 추모의 글을 남기고야 말았다. 그 내용은 이렇다.

> 세월이 흐르면 언젠가 산도 허물어져 낮아지고
> 돌도 삭아 부스러지겠지만
> 선생의 명성은 하늘과 땅과 더불어 영원하리라.[41]

결국 기대승의 말대로 되었다. 하지만 오늘날 이황이 여전히 살아 있

---

41 퇴계처럼, 김병일 저, 2013, 글항아리, 213면

도록 한 것은 그의 묘비명이 아니다. 그의 담백한 삶 그것이다.

인간의 도덕적 선택을 강조한 칸트의 묘비명

I. 칸트Immanuel Kant, 1724~1804의 묘비명은 이렇게 되어 있다.

그에 대해서 자주 그리고 계속해서 숙고하면 할수록, 점점 더 새롭고 점점 큰 경탄과 외경으로 마음을 채우는 두 가지 것이 있다. 그것은 내 위의 별이 빛나는 하늘과 내 안의 도덕법칙이다.[42]

바로 그의 역저《실천이성비판》맺음말 첫 구절에 나오는 내용이다. 이 묘비명은 칸트가 선택한 것이 아니고, 그의 저술내용 중에서 후인들이 그를 기리는 데 가장 적절하다고 생각되는 문구를 선택해서 새긴 것으로 생각된다.

칸트는 인간을 '자유로운 존재'로 보았다. 여기에서의 자유는 다름 아닌 '이성의 속성으로서의 자유'이다. 동물은 본능만을 가지고 있어서 환경에 의해 인과관계적으로, 즉 기계적으로 움직이지만, 인간은 사고기능인 이성을 가지고 있어서 환경과 상관없이 자신이 선택하고 자기 의

---

42 실천이성비판, 임마누엘 칸트 저, 백종현 역, 2009, 아카넷, 271면

지에 따라 움직일 수 있는 존재라는 의미다.

따라서 인간은 악惡을 선택할 수도 있고 선善을 선택할 수도 있는데, 악을 선택하는 경우 인간은 단순히 본능에 따라 행동할 뿐인 동물보다 더 추악한 존재로 전락하고 만다. 반대로 선인 도덕적 선택을 하는 경우에는 이 세상에서 가장 존귀한 존재가 된다. 이기주의적 경향성을 극복하고 자기 의지에 따라 스스로 옳은 것을 선택한 존엄한 행동을 했기 때문이다. 이때 도덕적 선택을 한 인간은, 다시 말해 '내 안의 도덕법칙'은 신神을 의미하는 '별이 빛나는 하늘'과 버금할 정도로 존귀한 존재가 된다.

악을 저지르기 쉬운 이기주의는 동물의 속성이고, 도덕적 행위는 신의 속성이다. 또한 본능은 피조물의 속성이고, 자유는 신의 속성이다. 신이 또는 어떤 조물주가 맨 처음 이 세상에 생명이 있게 할 때 오직 인간에게만 신의 속성인 '자유', 즉 '이성'을 나누어 주었다면 거기에는 이유가 있을 것이다. 설마 그 기능을, 즉 신의 속성을 개나 돼지가 되는 데 사용하라고 주지는 않았을 것이다. 당연히 신을 닮는 데 사용하라고 주었을 것이다. 따라서 칸트의 주장을 떠나더라도, 왜 이 세상 모든 생명체 중에서 오로지 인간에게만 이성이 주어졌을까를 곰곰이 따져 보면 칸트와 같은 결론에 이르게 된다. '의지'이자 '선택기능'인 이성을 신의 속성과 반대되는 악에 쓰라고 준 것은 아닐 것이라는 결론에.

오늘날 사회는, 물질은 신의 영역을 위협할 정도의 바벨탑이 되어 가고 있다. 반면에 정신 영역인 도덕은 과거보다 퇴락했다. '부끄러움'은 천연기념물이 되어가고, '뻔뻔함'은 서로 질세라 여기저기서 경쟁을 하며 기세를 올린다. 맹자의 '사람에게 있어 부끄러움은 매우 중요하다(恥之於人 大矣)'라는 말을 주희는 이렇게 풀고 있다.

이것을 보존하면 성현의 길로 들어설 수 있고, 이것을 잃으면 짐승의 길로 들어서게 된다.

存之則進於聖賢 失之則入於禽獸[43]

인성상실시대에 단순히 선한 행동을 앵무새처럼 강조하는 것은 의미가 없다. 그렇게 하지 않으면 안 되는 이유를 공감하게 해야 한다. 개가 되지 않기 위해, 돼지가 되지 않기 위해 사람은 도덕적이어야 한다. 칸트의 묘비명이 그렇게 말하고 있다.

현실에서의 자유를 갈구한 니코스 카잔차키스

《그리스인 조르바》라는 작품으로 우리에게 익숙한 작가 니코스 카잔차키스Nikos Kazantzakis, 1883~1957의 묘비명은 이렇게 되어 있다.

나는 아무것도 바라지 않는다. 나는 아무것도 두려워하지 않는다. 나는 자유이므로.[44]

간결하지만 품고 있는 의미가 크다. '아무것도 바라지 않는다'라고 할

---
43 맹자 2권, 2009, 학민문화사, 418면
44 그리스인 조르바, 니코스 카잔차키스 저, 이윤기 역, 2002, 열린책들, 499면

때 그 '아무것도'의 대상은 뭉뚱그려 '쾌락'이다. '아무것도 두려워하지 않는다'라고 할 때 그 대상은 한마디로 '고통'이다.

쾌락과 고통은 이성이 없는 존재든 이성을 가진 존재든 모든 생명체를 움직이는 근원이다. 동물은 물론 식물도 '고통'은 피하려 하고, '쾌락'은 취하려 한다. 이성적 존재인 인간 역시 기본적인 행동원칙에 있어서 다른 생명체와 다르지 않다. 유아나 성인, 지위가 낮은 사람이나 높은 사람, 돈이 적은 사람이나 많은 사람 모두 이 '고통과 쾌락의 법칙'에 의해 움직인다. 법체계나 기업의 급여체계를 비롯한 모든 보상체계 역시 당연히 이 '고통과 쾌락의 법칙'에 근거한다.

카잔차키스의 묘비명은 바로 이 '고통과 쾌락의 법칙'이 자신에게는 적용되지 않는다고 말하고 있다. 바라는 쾌락도, 두려워할 고통도 없다는 이야기다. 결론은 무엇인가? 그 어떤 힘 있는 사람도, 그 어떤 환경도 그를 강제할 수 없다는 의미다. 인간을 강제할 수 있는 수단이 '고통'과 '쾌락'일진데 그 수단이 먹혀들지 않는다는 것이니, 어느 누구도 그를 유혹하거나 제재할 수 없다.

결과는 당연히 '자유'이다. 실존 인물이었던, 카잔차키스의 소설 속 주인공 조르바가 현실에서 어느 정도나 바라는 것이 없었고, 또 두려운 것이 없었는지는 알 길이 없다. 하지만 현실에서 바라는 것(쾌락)과 두려운 것(고통)에서 완전히 벗어난 삶을 살기는 사실 불가능하다. 다만 삶을 대하는 각자의 철학에 따라 어느 정도 가능할 뿐이다.[45]

카잔차키스의 묘비명은 살아생전 그의 현실이라기보다는 평소의 마음속 간절한 바람, 또는 영원한 휴식에 들어간 자신의 현재 상황이 그

---

45 생각여행, 신동기 저, 2014, 티핑포인트, 278~290면 참조

렇다는 의미로 이해할 수 있다. 사람들이 바라는 것은 '현실에서의 자유'이다. 죽은 뒤의 자유는, 최소한 무신론자에게는 아무런 의미가 없다. 하지만 현실에서의 완전한 자유는 그 누구에게도 가능하지 않다. 카잔차키스는 긍정적이다. 그의 묘비명에는 현실이 그렇더라도 '자유롭기'를 완전히 포기하지는 말라는 메시지가 담겨 있다. 그 방법은 소설 속의 조르바처럼 자신의 감정에 충실한 것일 수도 있겠고, 이성을 활용한 지혜로 세상을 관조하는 철학하기일 수도 있겠다.

세계사를 뒤흔들어 놓은 마르크스의 묘비명

격동의 20세기에 가장 큰 영향력을 미친 K. 마르크스_{Karl Marx,}
1818~1883의 묘비명은 다음 두 가지 내용으로 되어 있다.

> 만국의 프롤레타리아여, 단결하라!
> Workers of all lands, Unite![46]

> 철학자들은 세계를 단지 다양하게 해석해 왔을 뿐이다. 하지만 중요한 것은 세상을 변화시키는 것이다.

---

46 칼 맑스 프리드리히 엥겔스 저작 선집 1권, 2003, 박종철출판사, 433면

> The philosophers have only interpreted the world in various ways;
> The point, however, is to change it.⁴⁷

앞의 내용은 1848년에 마르크스와 엥겔스가 함께 작성한《공산당 선언》마지막에 나오는 문구이고, 뒤의 내용은 1845년에 마르크스가 쓴《포이에르바하에 관한 테제들》열한 번째에 등장하는 문구이다.

■ **자본주의의 끊임없는 수선을 불러온 마르크스의 선언문**

마르크스는 인류의 역사를 '계급투쟁의 역사'로 파악했다. 고대 노예제는 자유민과 노예, 중세 봉건제는 영주와 농노, 자본주의는 유산자(부르조아)와 무산자(프롤레타리아)의 투쟁이라는 것이다.⁴⁸

아울러 마르크스는 '노동자들은 조국이 없다'⁴⁹고 인식했다. 오늘날 3권 분립 등 국가체제의 중요 개념을 마련한 J. 로크 John Locke, 1632~1704 는 국가와 개인 간의 관계에 대해 이렇게 이야기했다.

> 재산의 보존이 정부의 목적이고 오직 그 목적을 위해서 인간이 사회에 들어간다는 사실은, 필연적으로 인민이 재산을 가지고 있다는 것을 상정한다.⁵⁰

사람들이 원시자연 상태에서의 무한대 자유를 포기하면서 '국가'라는 것을 만들어서 국가의 간섭과 강제를 감수하겠다고 나선 이유는 다름 아닌 '개인의 재산 보존' 때문이라는 이야기다. 이 말은 뒤집으면 '지

---

47 칼 맑스 프리드리히 엥겔스 저작 선집, 2003, 박종철출판사, 189면
48 칼 맑스 프리드리히 엥겔스 저작 선집, 2003, 박종철출판사, 400면
49 칼 맑스 프리드리히 엥겔스 저작 선집, 2003, 박종철출판사, 418면
50 통치론, 존 로크 저, 강정인·문지영 역, 2006, 까치, 133면

켜야 할 재산이 없으면 사람들은 국가라는 것의 필요성을 별로 느끼지 못한다'는 의미가 된다.

'노동자들은 조국이 없다'는 마르크스의 말은 바로 로크의 이 '국가의 국민 재산보호 역할'에 근거한 주장이다. 아무런 재산도 가지지 못한 노동자(프롤레타리아)에게 '조국'이라는 것은 특별한 의미를 지닐 수 없다는 것이다. 여기에 계급투쟁 관점을 더하면, '조국'이라는 것이 별 의미가 없는 노동자(프롤레타리아)들은 국적을 떠나 모두 한데 뭉쳐야 한다는 것이다. 그것이 바로 '만국의 프롤레타리아여, 단결하라!'라는 선언의 의미다.

자본주의가 끊임없는 수선을 통해 지금의 상태로 발전해 오는 데 있어서 가장 기여한 인물은 사실 마르크스이다. 자본주의는 '마르크스가 원하는 상황을 초래하지 않기 위해' 그가 지적한 자본주의의 문제점을 끊임없이 수정·보완해 왔다. 모든 사회구성원이 자신의 재산을 가질 수 있도록 경제정책을 펴고, 가급적 중산층을 두텁게 하려고 하는 것 등이 모두 노동자(프롤레타리아)가 '계급'보다 '국가'를 더 우선하도록 하기 위한 수정·보완책들 중 일부이다. 양극화가 심해져서 또는 부富가 상위 1퍼센트에 몰려서 자신이 지킬 재산이 없는 상황이 되지 않도록, 국가의 필요성을 느끼지 못하는 상태가 되지 않도록 하기 위한 노력들인 것이다.

■ **능동적·적극적·주도적인 철학의 역할을 강조**

마르크스의 두 번째 비명인 '철학자들은 세계를 단지 다양하게 해석해 왔을 뿐이다. 하지만 중요한 것은 세상을 변화시키는 것이다'라는 말의 의미는 다름 아닌 '철학자는 단순히 지난 역사를 해석하는 데 그치지 않고 역사를 만들어 가는 추동력이 되어야 한다'는 것이다. 바로 헤 겔Georg Wilhelm Friedrich Hegel, 1770~1831의 철학 역할론에 대한 반발이다. 헤 겔은 그의 책《법철학》에서 철학의 역할에 대해 이렇게 말하고 있다.

> 미네르바의 부엉이는 황혼이 깃들 무렵에야 비로소 날기 시작한다.[51]

미네르바는 로마신화에 나오는 지혜의 여신으로, '철학'을 비유한 것이고, 부엉이는 미네르바를 따라 다니는 미네르바의 상징이다. 따라서 위의 헤겔이 쓴 문장의 의미는 이 정도로 해석해 볼 수 있다.

> 철학은 역사가 지나가고 난 다음, 그 의미를 해석하는 역할을 한다.

이런 수동적·소극적인 철학의 역할을 부정하고 능동적·적극적·주도적인 철학의 역할을 강조한 것이 바로 마르크스의 '철학자들은 세계를 단지 다양하게 해석해 왔을 뿐이다. 하지만 중요한 것은 세상을 변화시키는 것이다'라는 묘비명이다.

그의 묘비명대로 1883년에 그가 죽은 뒤 100년 동안 세계사는 그의 사상을 중심으로 격동의 한 세기를 보냈다. 그리고 그 결과 '혼합경제Mixed economy'라는 혼혈을 낳게 되었다. 순수 자본주의도 아닌, 그가 그린 이상향의 공산주의도 아닌 정正·반反·합合의 '합'이었다. 마르크스 자신은 런던 교외 하이게이트의 조용한 숲속에서 안식에 들었지만, 어찌 되었든 그의 비명은 유럽을 넘어 지구 위 온 세계를 구석구석 배회하며

---

51 법철학, 헤겔 저, 임석진 역, 2012, 한길그레이트북스, 54면

세상을 바꾸어 놓았다.

결코 가벼울 수 없는 묘비명의 무게와 울림

　유언과 묘비명은 한 인간의 삶의 마침표이자 마무리다. 내용은 짧지만 그 무게와 울림이 결코 가벼울 수 없다. 삶을 10년을 남겨둔 사람과 10분을 남겨둔 사람의 시간 가치가 같을 수 없으니, 그 마지막 순간이 얼마나 절실하겠으며, 떠나고 난 뒤 자신을 대신해 자신의 삶을 말해 줄 묘비명이니 이 또한 얼마나 숙연하지 않을 수 있겠는가. 얄팍한 마음이 일어날 여지가 없고 사악한 가식이 끼어들 틈이 없다. 태어날 때처럼 마지막으로 그리고 전적으로 나를 맡기는 그 순간은 절대 진실, 절대 순결일 수밖에 없다.
　자, 그렇다면 나의 마지막 말은, 묘비명은 무엇으로 할 것인가? 아니 정확히 말하면, 나의 삶을 무엇으로, 어떤 메시지로 남길 것인가? 오래된 책 속의 유언과 묘비명들이 우리에게 던지는 질문이다.

5장
심리학의 유용성

내 삶을 결정하는
심리학은 무엇인가

　S. 프로이트Sigmund Freud, 1856~1939의 심리학 내용을 처음 접했을 때 당혹해 했던 기억이 있다. 엄마의 젖을 빨고 있는 해맑은 갓난아이가 성적 욕망을 가지고 있다니. 그것도 입에서 항문으로 그리고 성기로 성감대를 바꿔 가면서. 해괴망측하기 이를 데 없었다.

　그러다 오이디푸스 콤플렉스Oedipus complex에 이르러서는 아예 충격 자체였다. 해괴망측 정도가 아니라 낯이 뜨거워지고 불쾌해지고 심지어 분노까지 치밀었다. 어린 사내아이가 자기를 낳은 엄마를 성적 상대로 생각하고 아빠를 경쟁자로 여기다니. 도덕적으로는 말할 것도 없고 도저히 수긍할 수 없는 내용이었다. 어떻게 이런 내용이 교과서에 실릴 수 있었을까? 게다가 이런 내용들이 심리학뿐만 아니라 철학, 예술, 종교, 문화 등 우리 생활 거의 모든 분야에 막대한 영향을 미쳤다니. 진짜 미쳤다.

자극을 이용한 행동의 통제

특별히 심리학에 관심을 두지 않은 사람이라도 개를 대상으로 한 I. P. 파블로프Ivan Petrovich Pavlov, 1849~1936의 실험내용 정도는 한 번쯤 들어보았을 것이다. 바로 개에게 음식을 줄 때마다 종을 울리는 실험을 여러 차례 반복하다가, 나중에 종소리만 들려주었더니 개가 음식을 주면서 종을 울렸을 때와 마찬가지로 침을 흘렸다는 내용이다.

파블로프는 이 실험을 통해 '침을 흘리는 것과 아무런 관계가 없는 종소리(중성 자극)'가 '침을 흘리게 하는 음식(무조건 자극)'과 함께 반복적으로 주어지면, 나중에는 '침을 흘리는 것과 아무런 관계가 없는 종소리(중성 자극)'만 들려주어도 개가 침을 흘리는 반응을 보인다는 사실을 입증했다. 즉, '중성 자극(아무런 인과관계가 없는 자극)'을 '무조건 자극(훈련 없이도 반응을 유발하는 자극)'과 연합해 반복해서 가하게 되면 나중에는 무조건 자극 없이 중성 자극만 주어져도 반응을 보이는 상태가 된다는 것이다. 한마디로 '중성 자극(종소리)'이 '조건 자극(훈련에 의해 반응을 보이게 되는 자극)'으로 바뀐다는 것이다. 바로 심리학 기초이론에 등장하는 '고전적 조건 형성Classical conditioning 이론'이다.

B. F. 스키너Burrhus Frederic Skinner, 1904~1990의 실험은 여기서 한 단계 더 나아간다. 스키너는 고전적 조건 형성처럼 대상의 수동적인 반응의 변화를 통제하지 않고, 개 대신 쥐를 이용해서 대상의 능동적인 역할 변화를 통제하는 실험을 했다. 그는 한쪽 벽에 먹이를 나오게 하는 지렛대 장치를 설치한 상자 안에 굶긴 쥐를 넣었다. 굶주린 쥐는 여러 가지 행

동을 하다 지렛대를 누르면 먹이가 나온다는 사실을 알게 되었고, 이후 배가 고플 때마다 곧바로 지렛대를 눌렀다. 이 실험은 바로 쥐의 '능동적인 행동'에 따라 먹이를 줌으로써 쥐의 행동을 통제하고 강화시킬 수 있다는 사실을 증명했다. 즉, 굶주린 쥐에게 제공하는 먹이와 같이 강화물 reinforcer(반응할 확률을 높이는 자극)을 통해 대상의 반응(행동)을 통제할 수 있다는 이야기다. 바로 '조작적 조건 형성 Operant conditioning 이론'이다.

서양 철학자들에 의한 인간의 마음 탐구

인간의 행동과 심리과정을 연구하는 심리학은 1879년 W. M. 분트 Wilhelm Max Wundt, 1832~1920의 실험 심리학을 계기로 독립된 과학의 길로 들어섰다. 기존의 철학의 일부로서의 심리학이 분트를 경계로 '과학으로서의 심리학'으로 독립선언을 한 것이다. 현대 심리학의 출발이다.

철학의 일부로서의 심리학의 역사는 짧지 않다. 고대 그리스에서 중세에 이르는 동안 서양의 심리학은 주로 인간의 '마음 탐구'에 머물렀다. 심리학(Psychology)의 어원이 '마음(psyche)'과 '이성 또는 법칙(logos)'의 합성인 만큼, 마음 탐구에서도 '마음을 구성하고 있는 실체는 무엇일까?' 하는 문제에 주로 집중되었다. 이른바 영혼 심리학이다.

먼저 고대 그리스의 원자론자인 데모크리토스 Democritos, BC460?~BC370?의 주장을 들어보자.

일반 물질은 물론 인간의 영혼 그리고 사고작용 자체도 모두 원자로 이루어져 있다.[52]

얼핏 극단적인 유물론자다운 주장으로 여길 수 있지만, 오늘날 눈부시게 발전하고 있는 뇌 생리학Cerebral physiology 측면에서 생각해보면 '사고작용이 원자로 이루어져 있다'와 같은 데모크리토스의 주장은 대단히 예리한 통찰이었다고 할 수 있다.

플라톤Plato, BC428?~BC348?은 객관적 관념론의 창시자답게 유물론자인 데모크리토스와 달리 '인간의 정신은 이성과 열정과 욕망으로 되어 있다'[53]고 말했다.

아리스토텔레스Aristoteles, BC384~BC322는 비육체적 영역을 '영혼(soul)'과 '정신(mind)'으로 구분했다. 그러면서 그는 사유하는 힘인 '정신'을 육체의 형상인 '영혼'보다 높은 단계로 인식했다. 육신의 구속을 많이 받는 영혼에 비해 정신은 영혼 속에 깃들어 있으면서도 육체로부터 독립적인 실체라고 생각했기 때문이다. 따라서 육신의 구속을 받는 영혼은 육체와 분리될 수 없어 육체가 소멸할 때 함께 소멸된다고 생각했다. 하지만 아리스토텔레스는 사유하는 능력인 '정신'의 근거는 찾아내지 못했다고 고백하고 있다.[54]

중세로 넘어와 중세 후반 스콜라철학의 대표적 신학자였던 T. 아퀴나스Thomas Aquinas, 1225?~1274는 인간의 영혼과 육체의 관계에 대해 이렇게 주장했다.

---

52 The History of Western Philosophy, Bertrand Russell, 1972, A Touchstone Book, 72p 참조
53 국가론, 플라톤 저, 이병길 역, 2002, 박영사, 185면 참조
54 The History of Western Philosophy, Bertrand Russell, 1972, A Touchstone Book, 170p 참조

인간은 영혼(anima)과 육체로 이루어져 있으며, 영혼은 질료인 육체의 형상으로서 육체로부터 독립해 존재한다.

그러면서 그는 영혼은 다섯 가지 기능을 갖는데, 바로 생장기능, 감각기능, 욕구기능, 장소이동기능, 지성적 기능[55]이라고 주장했다.

근대 철학의 문을 연 R. 데카르트René Descartes, 1596~1650는 다음과 같이 영혼의 구체적인 역할을 정의하기도 했다.

인간은 신체와 영혼(anima) 둘로 이루어져 있으며, 영혼은 영양을 섭취하고, 걷고, 감각하고, 사유하는 활동에 관여한다.[56]

형이상학과 형이하학을 함께 다룬 동양의 심리학

위와 같이 근대까지의 서양 심리학이 주로 형이상학의 영혼 심리학이었다면, 동양의 심리학은 형이상학과 형이하학이 함께하는 의식 심리학, 작용 심리학이었다. 마음을 구성하는 의식구조와 외부와 연결되는 마음의 작용을 주로 다루었다.

공자孔子, BC551~BC479는 사람들이 인간의 도리를 제대로 알지 못해 올

---
55 신학대전요약, G. 달 사쏘 등 편찬, 이재룡 등 옮김, 2001, 가톨릭대학교출판부, 94~98면 참조
56 성찰, 르네 데카르트 저, 이현복 역, 2011, 문예출판사, 45면 참조

바른 행동을 할 수 없었던 시대를 살았던 인물이다. 그는 그러한 시대 상황적으로 시급한 인간의 도리, 즉 윤리 설파에 칠십 평생을 보냈다. '마음'과 같은 한정적 주제를 깊이 파고들 상황이 못 되었던 것이다.

■ 공자의 성(性)의 개념에서 발전한 맹자의 성선설

공자는 사람들은 '성性은 서로 비슷하나 습관에 의해 서로 차이가 난다(性相根也, 習相遠也)'[57]라는 가르침에서, 뒷날 동양 사회 심리학의 핵심 화두가 되는 '성性'(이하 '性'이라고 표기함)을 언급했다. 이런 공자의 性에 대해 그의 손자 자사子思, BC483?~BC402?는 '하늘이 내린 것이 性이다(天命之謂性)'[58]라는 말로써 性의 연원을 밝혔다.

공자보다 200년 가까이 늦게 태어난 맹자孟子, BC372?~BC289?는 다음과 같이 性의 개념을 좀 더 구체화했다.

> 자신의 마음을 다하는 자는 性을 알게 되고 性을 알면 하늘을 알게 된다.
> 盡其心者 知其性也 知其性則知天矣[59]

그러면서 그는 '性은 선하다(性善)'[60]라고 주장했다. 주희朱熹/朱子, 1130~1200는 이런 맹자의 주장에 대해 이런 설명을 덧붙였다.

> 性은 사람이 태어날 때 하늘에서 받고 태어난 이치이니 완벽하게 선하여 악함이 있을 수가 없다.

---

57 논어 3권, 2003, 학민문화사, 321면
58 대학중용, 2000, 학민문화사, 중용 26면
59 맹자 2권, 2009, 학민문화사, 397면
60 맹자 1권, 2009, 학민문화사, 357면

性者 人所稟於天以生之理也 渾然至善 未嘗有惡[61]

주희의 해설은, 공자가 말한 性은 바로 '하늘이 인간에게 심어준 마음의 이치'이며 '하늘이 부여해 준 속성'인 만큼 性은 완벽하게 선하다는 이야기다.

맹자는 또한 사단(四端)으로서 사람의 타고난 마음인 '인의예지(仁義禮智)'[62]를 찾아냈다. 바로《맹자》에 나오는 다음 내용을 통해서다.

측은해 하는 마음은 인仁의 드러남이요, 부끄러워 하는 마음은 의義의 드러남이요, 사양하는 마음은 예禮의 드러남이요, 옳고 그름을 따지는 마음은 지智의 드러남이다.
惻隱之心 仁之端也 羞惡之心 義之端也 辭讓之心 禮之端也 是非之心 智之端也[63]

아울러 맹자는 다음과 같은 주장을 통해 '양지(良知)'라는 새로운 심리학 개념을 내놓기도 했다.

사람들이 배우지 않고도 할 수 있는 것이 양능良能이고 생각해 보지 않아도 알 수 있는 것이 양지良知다.
人之所不學而能者 其良能也 所不慮而知者 其良知也[64]

---

61 맹자 1권, 2009, 학민문화사, 357면
62 맹자 1권, 2009, 학민문화사, 271면
63 맹자 1권, 2009, 학민문화사, 271면
64 맹자 2권, 2009, 학민문화사, 436면

■ 성선설과 성악설에 대한 논쟁

맹자보다 70여 년 늦게 태어난 순자苟子, BC298?~BC238?는 다음과 같이 性과 구분되는 '정情'(이하 '情'이라고 표기함)의 개념을 내놓았다.

> 나면서부터 그러한 것을 性이라 하는데, 性의 조화된 상태가 내외의 정묘한 감응을 받아 자연적으로 일어나는 작용 역시 性이라 하며, 性의 호오희노애락의 감정을 情이라 한다.
> 生之所以然者 謂之性 性之和所生 精合感應 不事而自然 謂之性 性之好惡喜怒哀樂謂之情[65]

그러면서 그는 맹자의 성선설에 대립해 다음과 같이 '성악설(性惡說)'을 주장했다.

> 인간의 본성은 악하다. 선한 것은 인위적으로 된 것이다.
> 人之性惡 其善者僞也[66]

당唐시대를 살았던 이고李翶, 770?~841?는 이런 말을 통해 맹자와 같이 性을 선한 것으로 파악하면서, 순자와 같이 情의 개념을 내놓았다.

> 사람이 성인이 되는 근거는 바로 性으로 인해서이다. 사람들이 자신의 본성을 미혹시키는 것은 情 때문이다. 희·노·애·구·애·오·욕 일곱 가지는 모두 情의 작용이다. 情이 혼란스러워지면 性도 어그러지게 된다. (중략) 情이 일

---

65 순자, 최대림 역해, 1991, 홍성신서, 308면
66 순자, 최대림 역해, 1991, 홍성신서, 323면

어나지 않으면 性은 충실해진다.
人之所以爲聖人者 性也 人之所以惑其性者 情也 喜怒哀懼愛惡欲七者 皆 情之所爲也 情旣昏 性斯溺矣 (중략) 情不作 性斯充矣[67]

이고의 情은 악한 속성으로서 性의 선한 속성과 대립적·대체적 관계를 이루고 있다. 다만 희·노·애·구·애·오·욕의 情 개념은 이고 이전에 《예기》의 다음 내용에서 먼저 등장했었다.

무엇이 사람의 情인가? 기뻐하고, 화내고, 슬퍼하고, 두려워하고, 사랑하고, 미워하고, 욕심내는 것이다. 이 일곱 가지는 따로 배우지 않아도 누구나 갖추고 있다.
何謂人情 喜怒哀懼愛惡欲 七者 弗學而能[68]

■ 인간의 마음을 대상으로 한 심리학적 접근

주희는 《중용》 서문과 해설에서 각각 다음과 같이 주장함으로써 맹자의 인의예지와 사단四端에 근거해 인간의 마음을 '속성'과 '작용'으로 구분하는 심리체계를 제시했다.

사람에게 형체가 있지 않음이 없으므로 인격이 뛰어난 사람이라 할지라도 잘못된 마음이 전혀 없을 수 없고, 또한 性을 지니고 있지 않은 사람이 없으므로 아무리 어리석은 사람이라 할지라도 반듯한 마음을 전혀 갖고 있지 않을 수 없다.

---

67 중국철학사(하), 풍우란 저, 박성규 역, 2005, 까치글방, 423면 재인용
68 예기, 2003, 명문당, 639면

人莫不有是形故 雖上智 不能無人心 亦莫不有是性故 雖下愚 不能無道心.[69]

희로애락은 情이며 이 희로애락이 나타나지 않은 것이 性이다.
喜怒哀樂情也 氣未發 則性也.[70]

주희는 이를 통해 '性은 하늘이 인간에게 부여한 선한 것이지만 사람은 누구나 육체를 가지고 있기 때문에 외부와의 작용에서까지 性이 순수하게 드러나기는 어렵다'는 점을 밝히면서, '외부로 드러나는 희로애락과 같은 마음의 작용'을 情으로, '사람의 내부에 순수하게 보존되는 마음'을 性으로 구분했다. 또한 그는 맹자의 사단四端과 인의예지에 대해 다음과 같이 해설함으로써 마음의 작용인 情과 마음의 본질적 속성인 性을 선명하게 구분하고, '마음(心)은 속성(性)과 작용(情)으로 이루어져 있다(心統性情)'는 점을 분명하게 정리했다.

측은·수오·사양·시비는 情이고, 인·의·예·지는 性이며, 마음(心)은 性과 情을 통합한다.
惻隱羞惡辭讓是非 情也 仁義禮智 性也 心統性情者也[71]

이처럼 주희는 性을 맹자나 이고와 같이 인간의 타고난 선한 속성으로 보았지만, 이고는 性과 情의 관계를 '선한 것'과 '악한 것'으로 인

---
69 대학중용, 2000, 학민문화사, 중용 11~12면
70 대학중용, 2000, 학민문화사, 중용 46면
71 맹자 1권, 2009, 학민문화사, 271면

식해 대립적·대체적인 관계로 파악한 데 반해, 주희는 그 관계를 마음의 본질적 '속성'과 마음의 외부적 '작용'으로 구분하고 있다. 따라서 주희의 관점에서는 측은지심·수오지심·사양지심·시비지심과 같은 인·의·예·지의 '작용'인 사단四端이 마음의 '작용'인 만큼 분명히 '情'에 해당된다. 이에 반해 이고 관점에서는 이것들이 情에 해당되는지 性에 해당되는지가 다소 애매해진다.

■ 양명학의 심즉리(心卽理)사상

왕양명王陽明, 1472~1529이 창시한 양명학陽明學에서의 심리학은 학문은 물론 이 세상 모든 것들을 다 아우르고 있다. 다음과 같은 그의 말처럼 양명학은 곧 모든 것들이 마음心으로 환원되는 유심론唯心論, Spiritualism이기 때문이다.

> 마음이 곧 하늘의 이치다. 이 세상에 어찌 마음 밖에 일이 있고 마음 밖에 이치가 있을 수 있겠는가?
> 心卽理也 天下又有心外之事 心外之理乎[72]

그는 한 사람이 바위 위에 핀 꽃을 가리키며 '이 세상에 마음 밖에 사물이 있을 수 없다면 깊은 산중에서 저 홀로 피고 지는 꽃은 내 마음과 어떤 관계입니까?(天下無心外之物 如此花樹在深山中自開自落 於我心亦何相關)'라고 묻자 이렇게 답했다.

---

72 전습록, 왕양명 저, 2010, 신원문화사, 19면

네가 이 꽃을 보기 전까지 이 꽃은 네 마음과 같이 그냥 적막한 상태였다. 네가 이 꽃을 보았을 때 꽃은 자신의 모습을 분명하게 드러냈다. 곧 이 꽃은 네 마음 밖에 있는 것이 아니라는 것을 알 수 있다.
你未看此花時 此花與汝心同歸於寂 你來看此花時 則此花顏色一時明白起來 便知此花不在你的心外[73]

그의 '심즉리心卽理' 사상의 진수를 드러내는 내용이다. 마음(心)이 하늘이 내린 이치(理)이고, 모든 것은 오로지 마음속에 존재할 뿐이라는 '유심론'이다. 모든 것이 마음속에 존재하는 만큼 왕양명은 배움을 주희처럼 밖에서 찾지 않고 마음 안에서 찾아야 한다고 주장했다. 양지론良知論의 출발이다. 맹자에게서 가져온 양지良知에 대해 왕양명은 이렇게 말했다.

안다는 것은 마음이 근원이다. 마음은 저절로 알 수가 있어 아버지를 보면 저절로 효도를 떠올리고 형을 보면 저절로 공경을 떠올리고 어린아이가 우물 속으로 들어가려는 것을 보면 저절로 측은한 마음이 생긴다. 이것이 바로 양지良知로, 양지良知는 밖에서 구하는 것이 아니다.
知是心之本體 心自然會知 見父自然知孝 見兄自然知弟 見孺子入井 自然知惻隱 此便是良知 不假外求[74]

선도 없고 악도 없는 것이 마음의 본체이고, 선도 있고 악도 있는 것이 마음의 움직임이고, 선을 알고 악을 아는 것이 양지良知이고, 선을 행하고 악을 없애는 것이 격물이다.

---
73 전습록, 왕양명 저, 2010, 신원문화사, 522면
74 전습록, 왕양명 저, 2010, 신원문화사, 40면

無善無惡是心之體 有善有惡是意之動 知善知惡是良知 爲善去惡是格物[75]

'오로지 마음밖에 없다'는 유심론唯心論의 입장에서 맹자가 말한 양지良知 역시 각자의 마음속에 존재한다는 주장은 당연한 결론이다. 왕양명은 위의 두 문장을 통해서 '양지良知의 의미는 다름 아닌 선악을 판단하는, 즉 무엇이 옳고 무엇이 그른지를 판단하는 잣대로서 인간은 태어날 때부터 이미 자기 마음속에 이 잣대를 모두 가지고 있다'고 주장한 것이다. 따라서 그에게 있어서 심리학은 사람의 마음에 한정되지 않고 이 세상 모든 것을 포괄하는 것이다. 그리고 사람은 누구나 마음의 역할 중 가장 중요한, 옳고 그름에 대한 판단능력을 천부적으로 가지게 된다는 것이다.

■ 조선에서 벌어진 심성론(心性論) 논쟁

유교의 본격적인 심리학적 논쟁은 사실 중국이 아닌 조선에서 진행되었다. 바로 이황·성혼과 기대승·이이 간에 벌어진 '심성론 논쟁'이었다. 논쟁의 핵심은 사단칠정四端七情에 대한 관점 차이에 있었다. 즉, 인의예지의 외부적 표출인 측은지심·수오지심·사양지심·시비지심 사단四端과, 외부 사물과 접할 때 인간이 드러내는 자연스런 감정인 희·노·애·구·애·오·욕 칠정七情을 둘러싼 논쟁이었다.

더 구체적으로는, 원리인 형이상학의 이理(이하 '理'라고 표기함)와 물질인 형이하학의 기氣(이하 '氣'라고 표기함)로 구분하는 이기론理氣論 관점에서 인간의 마음을 들여다 볼 때, 사단四端이 理에 속하는가, 氣에 속하는

---

75 전습록, 왕양명 저, 2010, 신원문화사, 564면

가 하는 것과 理가 과연 밖으로 드러날 수 있는가에 대한 문제였다.

존재론적 차원의 '理(인간에게 있어서는 性)'와 '氣(인간에게 있어서는 마음의 작용인 情)'를 x축에, 도덕론적 차원의 '선善(도심道心)'과 '악惡(인심人心)'을 y축에 두고 4분면으로 나누어 인간의 마음을 일반 자연론에 비추어 볼 때, '성性&선善' 분면과 '정情&악惡' 분면은 논란의 여지가 없다. 태어날 때 부여받은 性은 선善(이하 '善'이라고 표기함)하고, 살아가면서 작용하는 마음인 정情(이하 '情'이라고 표기함)은 이기주의로 악惡(이하 '惡'이라고 표기함)하게 나타나기 쉽기 때문이다. 또한 '性&惡' 분면은 현실적으로 존재하지 않는다. 맹자에 따르면 性은 善하기 때문이다.

결국 논란의 여지가 있는 것은 '情&善' 분면이다. 이것은 바로 性인 인의예지가 측은지심 등으로 밖으로 드러날 때, 이 밖으로 드러난 사단四端을 어떻게 규정해야 하는가 하는 문제이다. 또한 여기에 존재론적(자연) 이기론理氣論에서는 理가 원리로서 물체에 내포되어 존재할 뿐이라고 했는데, 인간에게 있어서는 예외적으로 이 理가 밖으로도 드러날 수 있다고 보아야 하는가에 대한 문제도 있었다.

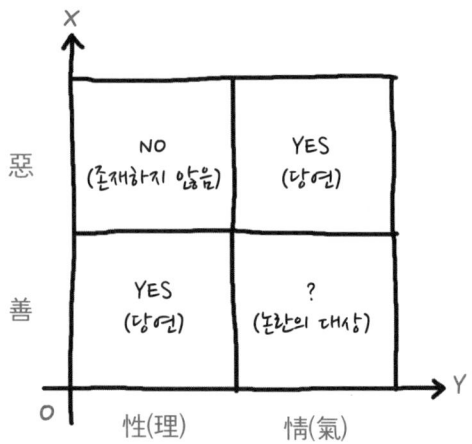

■ 이황의 주리론(主理論) 대 이이의 주기론(主氣論)

만일 인간에게 있어서는 理가 밖으로 드러날 수 있다고 본다면 이기론理氣論은 '존재론적(자연) 이기론'과 '도덕론적(인간) 이기론'으로 갈라서게 된다. 이에 대해 이황1501~1570은 이렇게 주장했다.

> 사단四端은 理가 드러날 때 氣가 따르는 것이고, 칠정七情은 氣가 드러날 때 理가 거기에 실려 있는 것이다.
> 四端 理發而氣隨之 七情 氣發而理乘之

다소 복잡하게 표현하고 있지만, 그는 理가 밖으로 드러날 수 있다고 말하고 있다. '마음에 있어 理는 곧 性이니(性卽理), 性이 마음의 '원리'로서만 있지 않고 마음의 '작용'이기도 하다'는 주장이다. '밖으로 드러나지 않는 것은 性이고 드러나는 것은 情이다'라고 한 주희의 성정론性情論이 무너졌다. 아울러 자연과 인간 사이의 이기론理氣論적 일관성도 무너졌다.

이에 반해 이이1536~1584는 이런 주장을 펼쳤다.

> 氣가 드러나고 理는 거기에 실려 있을 뿐이다.
> 氣發理乘

사단四端도 밖으로 드러난 것인 이상 氣로서, 당연히 칠정七情에 포함될 뿐이라는 입장이다. 주희의 성정론性情論은 물론, '理는 밖으로 드러날 수 없다'는 존재론적(자연) 이기론을 그대로 유지하고 있다. 하지만 이이의 주장에서는 '측은지심 등의 사단四端을 통해 환원적으로 인의예지의 존재를 확인'한 맹자의 성선설性善說적 입장이 다소 흔들리게 되었다.

지금까지 살펴본 것처럼, 理의 존재를 '원리'에서 '작용'으로까지 확대시킨 이황의 입장이 주리론主理論이었다면, 이기론을 유지하면서 현실에서의 모든 작용은 氣의 역할이라는 입장을 취한 이이의 입장은 주기론主氣論이었다.

사단칠정에 대한 이황과 이이의 관점 차이를 서양에 비교하면, 이황의 주리론은 T. 아퀴나스의 '영혼·육체 독립설'과, 이이의 주기론은 아리스토텔레스의 '영혼·육체 일체설'과 닮았다.

먼저, 理가 먼저 드러날 수도 있고 氣가 먼저 드러날 수도 있다는 이황의 주장은 심성心性작용에 있어서 理와 氣가 별개라는 것으로서, 아퀴나스의 '영혼은 육체로부터 독립해 있다'는 주장과 닮았다.

반면에 심성작용에 있어서 理는 언제나 氣에 붙어 함께 존재한다는 이이의 주장은 아리스토텔레스의 '영혼과 육체는 함께 존재하고 함께 소멸한다'는 관점과 닮았다.

또한 이황의 성정론性情論은 앞서 이야기한 이고의 입장과도 닮았다. 이고는 주희에 비해 性과 情을 구분하는 기준을 善惡 관점에 더 무게를 두고 있는데, 이황 역시 '밖으로 드러나는' '착한 마음'인 사단四端을 '착한 마음'에만 무게를 두어서 理가 '밖으로 드러나고 마는' '존재론적(자연) 이기론理氣論에서의 이탈'을 허용하고 있다.

이에 반해 이이의 성정론性情論은 앞서 이야기한 주희의 입장을 유지하고 있다. 주희의 성정론性情論은 性은 '원리'이고 情은 '작용'이라는 기능 관점인데, 이이 역시 마음의 理, 즉 性은 밖으로 드러날 수 없고, 밖으로 드러나는 것은 사단四端이든 무엇이든 모두 氣가 드러난 것인 情이라는 입장을 견지하고 있다.

■ **인간의 속성에 대한 인식 차이**

이황과 이이가 각각 주리론과 주기론을 주장하며 논쟁을 벌인 근본 원인은 결국 일반 자연과는 다른 인간의 속성에 대한 인식 차이에 있었다.

이기理氣 패러다임, 즉 '눈에 보이지 않는 원리'인 형이상학의 '理'와 '눈에 보이는 물질'인 형이하학의 '氣' 관점으로 인간을 볼 때, 理와 氣로 이루어져 있다는 기본 틀에 있어서는 인간과 자연이 동일하지만 理의 속성에 있어서는 서로 다르다. 생명이 없는 돌이나, 생명은 있으나 움직임은 없는 식물, 생명과 움직임은 있으나 이성은 없는 동물과 같은 자연은 맨 처음 주어진 물리법칙 또는 본능인 理에 따라 기계적으로 움직인다. 반면에 이성적 존재인 인간은 처음 주어진 속성인 理와 그 理의 현실에서의 작용이 당연히 다르게 나타난다. 따라서 자연과 인간을 어디까지 같은 자연물로 인식하고, 또 어디서부터 본능적 존재와 이성적 존재로 구별하여 인식할 것인지는 관점에 따라 서로 달라질 수밖에 없다.

이처럼 인간 심리학은 자연과 공통부분도 존재하고 다른 부분도 존재한다. 이황과 이이 사이에서 벌어진 사단칠정론四端七情論 논쟁은 바로 이 인간 심리학과 자연과의 공통부분과 차이를 둘러싼 논쟁이자, 조선 심리학에 있어서 학문적 논리를 세우기 위해 벌어진 치열한 학자적 논전論戰이었다. I. P. 파블로프의 고전적 조건 형성이나 B. F. 스키너의 조작적 조건 형성에서와 같이 자연(개, 쥐)에서의 심리학을 인간 심리학과 처음부터 동일시하고 들어가는 이성적 존재(인간)의 존엄성에 대한 무례가 저질러지지 않았다.

의식 심리학의 정수, 불교의 유식사상(唯識思想)

　의식 심리학 또는 작용 심리학의 정수는 사실 불교의 '유식唯識사상'이다. 3~4세기 무렵 인도의 대승불교에서 시작된 유식사상에서는 '우주의 궁극적 실체는 오직 마음뿐으로, 마음 바깥에 존재하는 것들은 모두 마음의 작용에 의해 나타난 거짓 존재에 불과하다'고 본다.

▪ 8식(八識) – 인간의 마음속에 있는 여덟 가지 영역

　유식사상에서 보는 범부凡夫(지혜가 얕고 우둔한 중생)로서의 인간의 마음(인식)은 다음 여덟 가지 영역(8식)으로 되어 있다.

　① 안식(眼識) ② 이식(耳識) ③ 비식(鼻識) ④ 설식(舌識) ⑤ 신식(身識)
　⑥ 의식(意識) ⑦ 말라식 ⑧ 아뢰야식[76]

　깨달음을 얻는다는 것은 곧 자신의 마음을 알고 다스리는 것으로, 불교는 깨달음을 추구하는 종교이니만큼 인간의 의식에 대해 일반 심리학에서보다 세밀하고 특별하게 다룰 수밖에 없다.

　8식은 크게 네 부류로 나눌 수 있다. 바로 눈·귀·코·혀·몸 오감에 의해 갖게 되는 마음(① 안식~⑤ 신식), 생각하는 마음(⑥ 의식), 자아에 집착하는 마음(⑦ 말라식), 과거의 경험과 인식을 축적하고 이 축적에서 새

---

76 반야심경, 지뿌 저, 현장법사 원역, 김진무 역, 2015, 일빛, 361면 참조

로운 경험과 인식을 만들어내는 마음(⑧ 아뢰야식)이다.

유식사상에서는 안(眼)·이(耳)·비(鼻)·설(舌)·신(身)이라는 다섯 가지 인간의 감각을 감각기관으로 인식하는 데 그치지 않고, 그 각각의 기능을 마음의 일부로 인식한다. 따라서 위에서 이야기한 네 부류의 마음은 유교의 사단칠정론에 있어서의 '마음작용'과 이렇게 짝지어 볼 수 있다.

① 안식~⑤ 신식에 의해 갖게 되는 다섯 가지 → 희·노·애·구·애·오·욕의 칠정(七情)

⑥ 의식 → 측은지심·수오지심·사양지심·시비지심의 사단(四端)

⑦ 말라식 → 모든 번뇌가 비롯되는 의식

⑧ 아뢰야식 → 마음 바깥에 존재하는 모든 허상들을 만들어 내는 원천

여기에서 ⑦ 말라식과 ⑧ 아뢰야식 두 영역은 이 세상 모든 존재들을 연기緣起에 의해 존재하는 공空한 것으로 보는 대승불교 특유의 관점이 반영된 심층 심리학 영역으로 정리할 수 있다.

인간을 중심으로 한 현대 심리학의 분류

앞서 언급한 분트로부터 시작된 현대 심리학은 인간을 자연과 같은 관점에서 수동적 존재로 볼 것인가, 이성적 존재 관점에서 주체적 존

재로 볼 것인가에 따라 크게 '결정론적 심리학'과 '의지론적 심리학'으로 나누어 볼 수 있다. 또한 주장의 근거를 관찰이 불가능한 내부의 마음작용에 두고 있는가, 관찰 가능한 외부의 행동에 두고 있는가에 따라 '주관적 심리학'과 '객관적 심리학'으로 나누어 볼 수 있다.

■ 프로이트의 정신분석학

프로이트의 정신분석학Psychoanalysis은 인간을 의지의 주체가 아닌 '무의식의 포로'로 본다는 차원에서 결정론적 심리학인 동시에 주관적 심리학으로 구분할 수 있다.

프로이트는 인간의 마음에 무의식이 존재한다는 사실을 알아내고 '자유연상법Free association'을 개발해서 히스테리 환자에게 무의식 속의 트라우마를 상기하게 함으로써 병을 치료했다. '정신분석'으로 명명된 이 치료법은 나중에 프로이트가 수립한 심리학체계 자체를 가리키는 말이 되었다.

프로이트는 인간의 인격이 세 부분, 즉 쾌락의 원리를 좇는 무의식의 '이드(Id)', 현실을 고려하고 현실의 원칙에 지배되는 '자아(Ego)', 이드를 통제하는 무의식의 '초자아(Superego)'로 이루어져 있다고 주장했다. 그리고 자신이 심리의 기초로 인식한 본능에는 자신을 보존하고자 하는 '자아 본능'과 자손을 잇고자 하는 '성 본능' 두 가지가 대립 상태로 존재하며, 성 본능의 에너지인 '리비도(libido)'는 2~6.5세 사이에 사내아이가 아빠를 증오하고 무의식적으로 엄마에게 성적 애착을 갖는 '오이디푸스 콤플렉스Oedipus complex'로 나타난다고 주장했다.

프로이트는 말년에 인간의 본능에 대한 자신의 의견을 바꿨다. '자아 본능'과 '성 본능'을 결합을 추구하는 '삶의 본능(Eros)' 하나로 묶고, 이에 대립해 해체를 추구하는 '죽음의 본능(Thanatos)' 두 가지로 인간의 본능을 인식한 것이다.

■ 성리학·양명학 관점에서 본 프로이트의 심리학

위에서 살펴보았듯이 프로이트 심리학은 인간의 의식구조와 그 작용을 대상으로 한다는 점에서, 마찬가지로 인간의 의식과 그 작용에 주로 초점을 맞혀온 동양 심리학과 잘 어울린다.

프로이트의 3단계 인격구조를 동양의 성리학·양명학의 심리학에 비추어 보면, 善惡 관점에서 이드와 자아는 성리학의 情으로, 초자아는 성리학의 性으로 구분해 볼 수 있다. 또 초자아는 양명학의 '양지良知'에 해당한다고 볼 수 있다. 性은 타고난 절대선이고 양지는 善惡을 구분하는 타고난 능력으로 초자아의 속성 및 역할과 동일하고, 情은 감각에 의존하고 생존을 위한 이기주의에 근거한다는 점에서 자아 및 이드의 속성과 닮았기 때문이다.

불교의 유식사상에 비추어 보면 인식 차원에서 이드는 '말라식' 및 '아뢰야식'에 속하고, 자아는 안·이·비·설·신·의 '육식六識', 초자아는 모든 존재가 품고 있는 '불성佛性'에 해당된다. 곧 말라식은 모든 악의 원인인 자신에 대한 집착의식이고, 아뢰야식은 모든 허상을 만들어 내는 무의식이므로 이드의 속성 및 역할과 같고, 육식은 현실 속의 외부와 직접 접촉하는 기관으로써 자아와 같은 역할을 하고 있다. 그리고 불성은 앞의 8식(① 안식~⑧ 아뢰야식)과는 대립·대체관계로써, 부처와 같이 '깨달은 이들에 한해서만 밖으로 드러나는 최고의 지혜'라는 속성상 초자아와 같다.

■ **행동주의 심리학은 인간을 포함한 동물 심리학의 영역**

행동주의 심리학Behavioristic psychology은 외부적으로 객관적 관찰이 가능한 '행동'을 통해 대상의 반응을 연구한다는 차원에서 결정론적 심리학인 동시에 객관적 심리학으로 볼 수 있다. 1950년대에 미국의 주류 심리학으로 등장한 행동주의 심리학은 앞서 언급한 파블로프(78쪽 참조)의 조건반사학의 영향을 받은 J. B. 왓슨John Broadus Watson, 1878~1958에 의해 시작되었다.

행동주의 심리학은 정신분석학과 같이 '의식을 대상으로 하는 심리학은 주관적이고 비과학적'이라는 비판으로부터 시작한 만큼, 의식이 아닌 '관찰 가능한 행동'을 대상으로 동물과 사람의 심리를 연구했다. 동물이나 사람의 모든 행동을 '자극(Stimuli, 독립변수)-반응(Response, 종속변수)의 관계'로 환원하는 행동주의 심리학은 앞서 개와 쥐를 이용한 파블로프와 스키너의 실험(78~79쪽 참조)과 같이 '중성 자극의 조건 자극화'나 '강화수단에 의한 조작적Operant 행위 유도'를 증명해냄으로써 교육·훈련 분야 및 기업의 생산성 향상에 많이 응용되었다.

하지만 행동주의 심리학은 '자극(S)-반응(R) 관계'를 비롯한 여러 원리들이 인간의 주체적 의지보다는 수동적인 동물적 본능을 대상으로 한다는 점에서 인간 심리학이라기보다는 인간을 포함한 동물 심리학 또는 동물 행동과학의 영역이라고 할 수 있다.

■ **인간의 주체적 의지를 중요시한 인본주의 심리학**

인본주의 심리학Humanistic psychology은 말 그대로 '인간의 주체적 의지'를 중요시하는 심리학이다. 따라서 인본주의 심리학은 의지론적 심리학인 동시에 주관적 심리학이다. 인본주의 심리학은 인간의 행동이 무의식의 영향을 받는다는 정신분석학과, 외부 자극에 반응을 보이는 것이라는 행동주의 심리학의 결정론적 입장에 대한 반발로 등장한 만큼 '인간의 자유의지와 자아실현에 대한 욕구'를 강조했다. 인본주의 심리학에서는 인간을 자신의 행동에 책임을 지며, 자신의 의지로 스스로를 창조적으로 변화시킬 수 있는 존재로 인식했다.

인본주의 심리학의 대표적인 학자인 A. H. 매슬로우Abraham H. Maslow, 1908~1970는 인간의 욕구를 다음 다섯 가지로 정리했다.

① 생리적 욕구(Physiological needs)
② 안전의 욕구(Safety needs)
③ 애정과 소속의 욕구(Need for love and belonging)
④ 존중받고자 하는 욕구(Need for esteem/respect)
⑤ 자아실현 욕구(Self-actualization needs)

위의 다섯 가지 욕구는 위계적(계층적) 관계로 ① 생리적 욕구에 가까울수록 동물적 생존에 필요한 필수 조건이 되고, ⑤ 자아실현 욕구에 가까울수록 이성적 존재가 되기 위한 충분 조건이 된다. 그래서 매슬로우는 사람들이 이 5단계를 아래부터 차례대로(① → ⑤) 채워 나간다고 설명했다.

다섯 가지 욕구 중 가장 높은 단계인 자아실현 욕구는 인간이 이성적 존재로서 가지는 가장 '인간다운' 욕구이다. 모든 존재의 존재이유는 자신의 잠재력을 모두 실현시키는 데 있다. 그런데 인간을 제외한 생물은 본능에 의해, 무생물은 물리적 법칙에 의해 '기계적으로' 자신의 잠재력을 실현시킨다. 이에 비해 불완전하나마 이성적 존재인 그리고 부분적으로 창조적 존재인 인간에게만은 각 개인에게 자신의 존재이유인 자아실현이 맡겨져 있다. 모든 생명체 중 인간만이 유일하게 '자유의지'를 가진 존재이기 때문이다. 따라서 자유의지를 가진 이성적 존재로서의 자기완성인 자아실현은 인간에게 주어진 선택 없는 운명이자 가치다.

지나치게 성 본능을 중시한 프로이트에 반발해 그의 정신분석학파로부터 갈라져 나온 A. 아들러Alfred Adler, 1870~1937의 심리학도 인본주의에 해당한다. 아들러의 개인 심리학Individual psychology은 성性적 동기가 아닌 사회적 동기를 중요시하고, 인간의 행동을 열등감과 무력감을 극복하기 위한 또는 우월한 위치로 가기 위한 목적 지향적 행위로 이해했다. 즉, 인간의 창의성과 자율성을 인정하는 만큼 개인의 의지를 중요시하는 주관적 심리학이었다.

M. 베르트하이머Max Wertheimer, 1880~1943 등의 독일학자들에 의해 시작된 게슈탈트 심리학Gestalt psychology도 일정 부분 인본주의 심리학에 해당된다고 할 수 있다. 인간 행동을 기계적으로 해석한 행동주의 심리학에 반대하는 입장이었을 뿐 아니라, 개인의 지각을 중요시하기 때문이다.

게슈탈트 심리학은 한마디로 '전체는 부분의 합 이상이다'라는 입장이다. 애니메이션은 여러 장의 만화로 이루어진다. 하지만 우리는 애니메이션을 '여러 장의 만화'가 아닌 '하나의 동영상'으로서 인식한다. 즉, '만화 한 장 한 장의 합'으로 인식하는 것이 아니라 '움직이는 영상이라는 하나의 전체 단위'로 인식하는 것이다. 분명 '전체'가 '부분의 합'과 다르다. 게슈탈트 심리학에서는 이런 현상에 착안하여 인간의 심리에는 다음과 같은 세 가지 '지각 체제화 원리'가 작동한다고 주장한다.

① **지각적 조직화** : 물리적 현실을 지각이 그대로 따르지 않고 작은 부분들을

하나의 전체로 체제화하려는 경향
② **지각적 분리** : 전경前景, figure과 배경背景, ground을 분리해 인식하려는 경향
③ **행동적 환경과 정신물리학적 동형이성**同形異性, Isomorphism : 지각 시 감각기관의 정보에만 의존하지 않고 개인의 과거 경험과 학습, 지식, 동기, 기대, 성격 등이 영향을 미친다는 원리

'만화 한 장 한 장의 합'을 '움직이는 영상이라는 하나의 전체 단위'로 인식하는 착시를 '가현운동假現運動, Apparent movement'이라고 하는데, 게슈탈트 심리학에서는 가현운동 등을 일으키는 위의 세 가지 원리가 직접적 경험과는 무관한, 유전에 의한 일종의 내재적인 법칙이라 이해했다. 칸트Immanuel Kant, 1724~1804의 열네 가지 지성 개념을 떠오르게 하는 내용이다. 주관적 심리학의 한계가 드러나는 대목이기도 하다.

심리학 선택이 내 삶을 결정한다

모든 것은 '유용성'이 있으므로 존재한다. 심리학의 유용성은 사람의 심리와 행동을 이해하고 사람의 미래 행동을 기대하기 위한 것이다. 사람에는 타인과 나 자신이 있다. 따라서 심리학의 사용은 과거지향적/미래지향적, 외부지향적/내부지향적으로 나누어진다. 심리학을 사용해서 타인의 행동을 이해하는 것은 과거지향적-외부지향적이며, 타인이 앞

으로 할 행동에 대해 기대하는 것은 미래지향적-외부지향적이다. 반대로 심리학을 사용해서 나 자신이 이미 한 행동을 반성하는 것은 과거지향적-내부지향적이며, 내가 앞으로 할 행동을 기대하고 추진하는 것은 미래지향적-내부지향적이다.

타인의 과거 행동에 대한 것은 정신분석학이나 행동주의의 결정론적 심리학으로 이해하는 것이 지혜롭다. 사람들에 대한 실망을 줄일 수 있기 때문이다. 타인의 미래 행동에 대해서는, 그 사람을 진실로 아끼고 사랑한다면 인본주의의 의지론적 심리학으로 기대하는 것이 맞다. 그것이 인간이 인간을 진심으로 존중하는 방식이니까.

자신의 기존 행동과 앞으로 할 행동에 대해서는, 자존감을 소중하게 생각하고 자신의 삶을 진심으로 아낀다면 마찬가지로 인본주의의 의지론적 심리학으로 반성하고 또 고민하는 것이 맞다. 그래야만 자신의 존재이유를 찾을 수 있으니까.

혹시 파블로프의 개 실험이나 스키너의 쥐 실험에 대한 내용을 처음 접했을 때 무엇인가 유쾌하지 않은 느낌이 스쳤던 기억이 있다면, 당신은 바로 의지론적 심리학을 선택한 것이다.

심리학 선택이 내 삶을 결정한다.

6장
행복

지금 우리에게는
아타락시아(Ataraxia)가 필요하다

　사람은 의식적이든 무의식적이든 누구나 행복을 지향한다. 하지만 대부분 '어떤 상태'가 자신이 '진정으로' 바라는 '행복'인지에 대한 '그림'은 없다. 자신이 바라는 행복한 상태에 대한 구체적인 그림이 없으면 행복은 무지개가 되기 쉽다. 쫓아가 보면 저만큼 멀어지고 또 쫓아가 보면 저만큼 멀어지는 무지개처럼, 막상 그 상태에 이르고 보면 자신이 원했던 것이 아니기 쉽다.

　파일럿은 구체적인 도착지를 정하고 네비게이터를 따라 비행을 한다. 행복에 이르는 방법도 마찬가지다. 자신이 진정 원하는 상태 또는 도착점을 정하고 그곳을 향해 나아가야 한다. 이때 제일 중요한 것은 '자신'과 '현실의 환경'을 고려하여 '진정 자신이 원하는 상태 또는 도착점'이 무엇인지를 정하는 것이다.

　많은 사람들이 선택한 길이라는 이유로 '자신'을 내팽개치고 무작정

나설 일이 아니고, 우주의 힘을 빌리겠다는 태도로 '현실의 환경'을 쉽사리 무시할 일도 아니다. '자신'을 내팽개치면 결국 남의 삶을 살게 되기 쉽고 '현실의 환경'을 무시하면 불행을 자초하기 쉽다. 물론 '현실의 환경'에는 자신의 노력과 의지의 강도도 함께 고려되어야 한다.

행복론은 사람들이 어떤 상태일 때 행복을 느끼는가에 따라 크게 다섯 가지로 나누어 볼 수 있다. 바로 성공 행복론, 무소유 행복론, 도덕 행복론, 믿음 행복론, 이성 행복론이다.

성공 행복론은 가장 보편적인 행복론

성공 행복론은 자기계발서나 위인전이 보여주는 가장 보편적인 행복론이다. 현실에서 '성공'의 일반적인 의미는 다름 아니다. 많은 돈을 벌거나, 명예로운 자리에 오르거나, 경쟁에서 일등을 하거나 하는 것들이다. 그런데 성공 행복론을 지향하는 사람이 '과정'이 아닌 '결과'를 행복이라 여긴다면 그 사람의 행복은 무지개가 될 가능성이 높다. 성경에 이런 말이 있다.

> 돈을 사랑하는 사람치고 돈으로 만족하는 사람이 없다.[77]

---

77 성경, 전도서 5:10

이 성경 말씀에서 '돈'의 자리에 '지위'나 '명예' 또는 '메달의 색깔'을 넣어도 어색하지 않다. 실제로 우리 주변을 보면 가난한 사람이 백만장자를 꿈꾸고, 백만장자는 억만장자를 부러워하고, 더 이상 이룰 명예나 자리가 없으면 신(神)적 존재가 되기를 희망하는 경우가 많다. 또 운동선수가 올림픽에서 금메달을 따고 나서 더 이상 추구할 목표가 없다는 사실에 상심하고 삶의 균형을 잃는 모습을 심심치 않게 볼 수 있다.

반면에 '결과'가 아닌, 성공으로 가는 '더 나아지는 과정'을 행복으로 규정한 사람이라면 이야기가 달라진다. 이때는 결과의 어느 한 순간이 아닌 과정을 행복의 대상으로 한 만큼, 노력을 통한 향상이 있으면 누구나 행복해질 수 있다.

무소유 행복론은 욕심을 줄이는 행복론

무소유 행복론은 한마디로 욕심을 줄이는 행복론이다. 하지만 현실에서 욕심을 줄이는 데는 한계가 있다. 사람은 누구나 생계를 유지하고 가족을 부양하고, 자녀를 교육시키고, 최소한의 문화생활을 유지해야 한다. 이렇듯 최소한의 인간적인 삶을 유지하는 데도 적지 않은 소유가 필요하다. 실제로 수많은 사람들이 인간적인 삶의 경계선상에서 가까스로 버티고 있는 것이 현실이기도 하다. 그리고 이런 무소유 행복론이 유지되기 위해서는 무소유 행복론에 대한 '무소유의 철학'이 '무소유'의

위로에 취해 흥분했을 때 또는 감동받았을 때만이 아닌 지속적이어야 한다.

다음은 공자孔子, BC551~BC479가 자신의 수제자 안회顔回, BC521~?를 칭찬하면서 했다는 말이다.

> 어질구나 회야. 이런 누추한 곳에서 대바구니의 밥 한 덩어리와 표주박의 물 한 잔으로 배를 채우는 삶을 다른 사람들은 감당하지 못할진데, 회는 변치 않고 삶을 즐기니 어질구나 회야.
> 賢哉 回也 一簞食 一瓢飮 在陋巷 人不堪其憂 回也不改其樂 賢哉 回也[78]

이 말에서 드러나듯이, 무소유 행복론이 마음의 흔들림 없이 언제나 굳건히 유지되기 위해서는 삶의 자세가 아성亞聖(성인에 버금가는 사람)으로 불리는 안회에 버금갈 정도는 되어야 한다. 그렇지 않으면 무소유 행복론은 삶에 혼란만 가중시키거나 '욕심'이 아닌 '노력'만 줄이는 결과를 가져오기 쉽다.

---

78 논어 1권, 2003, 학민문화사, 456면

도덕 행복론은 윤리적 삶을 지향하는 행복론

도덕 행복론은 도덕적이고 윤리적으로 살면 행복할 것이라는 주장이다. 이런 도덕적·윤리적 삶에 대해 I. 칸트Immanuel Kant, 1724~1804는 이렇게 말하고 있다.

> 너의 의지의 준칙이 항상 동시에 보편적 법칙 수립의 원리로서 타당할 수 있도록, 그렇게 행위하라.[79]

> 너 자신의 인격에서나 다른 모든 사람의 인격에서 인간성을 항상 동시에 목적으로서 대하고, 결코 한낱 수단으로 대하지 않도록, 그렇게 행위하라.[80]

전자는 다름 아닌 공자의 이런 가르침 그대로다.

> 네가 원하지 않는 것을 다른 사람에게도 하지 말라.
> 己所不欲 勿施於人[81]

즉, 다른 사람을 자신을 대하듯 하라는 이야기다.
후자 역시 다음과 같은 공자의 가르침과 그 정신이 통하고 있다.

---

79 실천이성비판, 임마누엘 칸트 저, 백종현 역, 2009, 아카넷, 370면
80 실천이성비판, 임마누엘 칸트 저, 백종현 역, 2009, 아카넷, 378면
81 논어 3권, 2003, 학민문화사, 234면

오래 되어도 변치 않고 그 사람을 공경한다.
久而敬之[82]

다른 사람을 수단으로 삼지 말고, 자기 자신 역시 다른 사람의 수단으로 이용되어서는 안 된다는 이야기다.

사람은 누구나 도덕적이고 윤리적으로 행동했을 때 마음이 편하고 그 누구에게도 당당할 수 있었던 기억들을 가지고 있다. 행복이 마음의 편안함이라면 윤리·도덕적 행위는 분명 우리를 행복하게 만든다. 하지만 사람들이 항상 윤리적이고 도덕적이기는 어렵다. 윤리와 도덕에는 대체로 자기희생이 따르기 때문이다. 자기희생이 따르지 않는다면, 사람들이 일부러 윤리적·도덕적 행위를 선택하지 않을 이유가 없다.

사람들이 윤리·도덕적 행위를 통해 느끼는 행복은 마음의 편안함에서 비롯되기도 하지만, 자기희생을 감수하고 도덕적 행동을 한 자기우월감에 기인하는 부분도 있다. 현실에서 도덕 행복론은 사실 '자기행복'과 '자기희생'을 교환하고 있는 셈이다. 그 결과 도덕 행복론은 사람들에게서 말로는 언제나 환영을 받지만 행동으로는 말만큼 환영받지를 못한다.

---

82 논어 1권, 2003, 학민문화사, 378면

믿음 행복론에서 요구하는 두 가지 종교적 삶

믿음 행복론은 한마디로 종교를 통해 자신을 행복하게 하는 행복론이다. '종교인으로서 산다는 것'은 두 가지 차원으로 나누어 생각해 볼 수 있다. 하나는 신이 원하는 삶의 방식으로 사는 것, 다른 하나는 신을 믿는, 즉 신에게 자신을 맡기는 믿음으로 사는 것이다.

물론 종교에서는 이 두 가지, '신의 가르침대로 사는 것'과 '신을 믿는 것'을 모두 갖출 것을 요구한다. 하지만 현실에서 종교인들의 삶은 적지 않게 분화한다. 행동 따로 믿음 따로이다. 신을 믿는다는 사람들은 밤하늘의 별만큼이나 많지만 그 가르침대로 사는 이를 발견하는 일은 밤하늘에서 별똥별을 보는 것만큼이나 드물다. 2천 년 전에 신이 그토록 증오했던 율법학자들의 후예가 이 성전 저 성전에 차고 넘친다.

사실 믿음은 내밀內密한 것이다. 즉, '믿음'은 각자의 마음속에 존재하는 것이다. 이에 반해 '행위'는 모든 사람의 이목 앞에 드러난다. 외부로 확인 가능한 행동은 신의 가르침에 반하게 하면서, 확인 불가능한 믿음, 즉 자신의 마음속에만 존재하는 신에 대한 순전한 믿음을 믿어 달라고 떠벌이는 것은 신에 대한 배신이고 인간에 대한 죄악이다. 이것은 말과 행동을 일치시키라는 신의 핵심 가르침을 저버리는 일인 동시에, 신을 팔아 세상을 희롱함으로써 사람들에게 신성神聖에 대한 환멸을 초래하는 일이기 때문이다.

따라서 혹시라도 둘 중 하나만 굳이 선택하겠다면, 종교인은 '마음'이 아닌 '실천'을, '말'이 아닌 '행동'을 선택할 일이다. 그렇게 했을 때, 최고의 이성인 '순수이성(Pure reason)' 자체인 신에게서 환영받을 것이고, 또 세상을 더 낫게 그리고 사람들을 더 행복하게 만드는 데 조금이라도 도움이 된다.

이성 행복론의 출발은 나와 나를 둘러싼 환경에 대한 이해

이성 행복론은 인간에게 주어진 '이성'을 활용하여 '현실에서' '가장 현명하게' 행복을 추구하는 행복론이다. 이성 행복론의 출발은 인간, 특히 나 자신에 대한 분석과 인간을 둘러싼 환경에 대한 이해로부터 출발한다.

대부분의 인간은 100년을 채 살지 못한다. 그리고 인간은 사회적 존재이자 이성적 존재이다. 환경적으로는 자원이 제약되어 있다. 즉, 먹을 것, 입을 것, 쉴 공간을 내가 원한다고 해서 언제든지 모두 가질 수 없다. 따라서 결론적으로 이성 행복론자의 삶이란 100년이 안 되는 전체 시간 동안 총 행복량이 최대가 될 수 있도록 나와 환경 간의 관계를 이성적으로 조절하며 살아가는 삶을 말한다. 다시 말해 동물적 존재로서 생명을 유지하면서, 사회적 존재로서 외롭지 않도록 하고, 이성적 존재로서 자신의 이성을 최대한 활용하면서 살아가는 방식이다.

이성 행복론은 행복의 폭을 넓혀주는 행복론

이 다섯 가지 행복론 중 어느 것이 가장 좋은 모델일까? 당연히 그것은 각자의 생각과 환경에 따라 다르다.

대부분의 사람들에게 성공 행복론과 무소유 행복론은 익숙하다. 대부분의 자기계발서에서 다루는 주제이자, 사회에서 일반적으로 강조되는 것이 바로 성공 행복론이고, 무소유 행복론 역시 일부 종교의 가르침과 궤를 같이 하면서 수많은 사람들에게 청량감과 위로를 제공해 왔기 때문이다.

도덕 행복론 역시 그리 낯설지 않다. 학교 다니는 내내 귀가 따갑게 들어왔고, 사람이라면 누구나 자신의 삶 속 일부로 지니고 있는 것이 도덕 행복론이기 때문이다.

믿음 행복론은 종교인과 비종교인 간에 경계가 있기는 하지만, 종교인이라면 누구나 기본적으로 믿음 행복론을 추구한다.

이성 행복론은 위의 네 가지 행복론과는 달리 사람들에게 익숙하지 않다. 특히 감성 행복론에 익숙한 이들에게는 더욱 그렇다. 행복은 감성이지 이성이 아니라고 생각하는 이들에게는 반발심마저 들 수 있다. 하지만 행복에 이르는 수단이 하나 더 추가되는 것은 즐거운 일이다. 선택의 폭이 늘어나기 때문에. 그리고 새로운 행복론이 현실적으로 실행 가능성이 높고 게다가 나와 궁합이 맞는다면 그야말로 행운이다.

에피쿠로스가 주장한 아타락시아의 의미

헬레니즘시대의 철학자 에피쿠로스Epikuros, BC342?~BC271는 '쾌락주의Hedonism'를 주장했다. 그는 쾌락을 이렇게 정의했다.

> 쾌락은 축복받은 삶의 처음이자 마지막이다.
> Pleasure is the beginning and end of the blessed life.[83]

이러한 정의처럼 에피쿠로스에게 있어서 인생의 목적은 다름 아닌 '쾌락의 향유'였다. 그런데 '아타락시아(Ataraxia)'로 불리는 그의 쾌락은 철저하게 논리와 사실에 입각한 '이성 행복론'이었다. 즉, 우리가 흔히 생각하는 육체적·물질적 쾌락이 아닌 '정신적·정적인 쾌락'으로, 마음의 평정을 얻는 것을 중요시하는 쾌락이었다. 이것은 《장자》에 등장하는 동양의 정신적 쾌락의 극치인 '소요유逍遙遊(슬슬 거닐며 노닐다)'[84] 사상이나, 《논어》에서 공자의 제자 증석이 공자에게 했다는 다음 말에서 느껴지는 분위기와 통하는 정신적 쾌락이었다.

> 늦은 봄 따뜻한 날에 새로 마련한 봄옷을 입고 어른 5,6명, 아이들 6,7명과 함께 기수에서 목욕을 하고 기우제 지내는 제단 옆에서 바람을 쐬고 노래를 부르며 돌아오고 싶습니다.

---

83 The History of Western Philosophy, Bertrand Russell, 1972, A Touchstone Book, 243p
84 시경, 김학주 역, 2002, 명문당, 191면

莫春者 春服旣成 冠者五六人童子六七人 浴乎沂 風乎舞雩 詠而歸[85]

■ 물질적 · 육체적 쾌락에는 반드시 고통이 따른다

그렇다면 에피쿠로스에게 육체적·물질적 쾌락은 처음부터 아예 논외의 대상이었을까? 다음 에피쿠로스의 말을 들어보면 꼭 그렇지는 않음을 알 수 있다.

만일 미각에서 오는 쾌락이나 사랑의 쾌락 그리고 청각·시각을 통해 느끼는 쾌락을 제외한다면 선善이란 것을 어떻게 생각해야 할지 나는 알 수가 없다.
I know not how I can conceive the good, if I withdraw the pleasures of taste and withdraw the pleasures of love and those of hearing and sight.[86]

그럼에도 불구하고 왜 그는 정신적 쾌락만을 추구했을까? 그 이유는 바로 다음과 같은 그 스스로의 주장처럼, 물질적 쾌락이나 육체적 쾌락에는 거기에 상응하는 대가·비용·불편이라는 '고통'이 따르기 때문이다.

나는 빵과 물만으로 생활할 때 몸에서 쾌락을 느낀다. 그리고 내가 사치스런 쾌락에 눈도 돌리지 않는 것은 쾌락 자체를 싫어하기 때문이 아니다. 그 쾌락에 따르는 불편함 때문이다.
I am thrilled with pleasure in the body when I live on bread and water, and I spit on luxurious pleasures, not for their own sake, but

---

85 논어 2권, 2003, 학민문화사, 384~385면
86 The History of Western Philosophy, Bertrand Russell, 1972, A Touchstone Book, 243p

because of the inconveniences that follow them.[87]

물질적 또는 육체적 쾌락을 향유하는 데 있어서 그와 똑같은 무게의 고통을 치러야 한다면 결과적으로 우리에게 추가되는 '순純 쾌락'은 아무것도 없다. 예를 들어 하루 노동으로 10만 원을 벌어서 10만 원어치의 등심을 사먹었다고 해 보자. 그런데 그로 인해 미각으로 느끼는 '쾌락'의 크기가 10만 원을 벌기 위한 노동에서 느끼는 '고통'의 크기와 같아 서로 상쇄된다면, '쾌락-고통=0'이 된다. 결코 현명한 쾌락 추구라 할 수 없다.

이런 현명하지 못한 물질적·육체적 쾌락의 문제를 간파한 이는 에피쿠로스에 그치지 않는다. 자본주의의 바이블인 《국부론》을 저술한 A. 스미스Adam Smith, 1723~1790 역시 이렇게 비슷한 주장을 했다.

> 사실 쾌락도 때로는 회피되어야 할 대상인 것처럼 보이기도 하는데, 그 이유는, 그것이 쾌락이기 때문이어서가 아니라, 그런 쾌락을 향유하면 다른 더욱 큰 쾌락을 포기해야 되기 때문이거나, 또는 그것을 향유하게 되면 그 쾌락을 갈구하는 정도보다 더 많이 회피하려는 대상인 고통에 우리 자신을 노출시킬 우려가 있기 때문이다.
> 마찬가지로 고통 역시 때로는 바람직한 것처럼 보이기도 하는데, 그 이유는, 그것이 고통이기 때문이어서가 아니라, 그 고통을 감수함으로써 더 많은 고통을 회피할 수 있거나, 또는 훨씬 더 중요한 쾌락을 획득할 수 있기 때문이다.[88]

---

87 The History of Western Philosophy, Bertrand Russell, 1972, A Touchstone Book, 242p
88 도덕감정론, 애덤 스미스 저, 박세일·민경국 공역, 2010, 비봉출판사, 562~563면

'쾌락'(여기서의 쾌락은 물질적·육체적 쾌락에 한정된다. 정신적 쾌락은 해당되지 않는다)에는 언제나 '고통'이 함께하기 때문에 무조건 '쾌락'을 추구하거나 무조건 '고통'을 회피할 수만은 없다는 이야기다.

육체적 쾌락과 정신적 쾌락의 안배를 중요시한 양주(楊朱)

동양의 에피쿠로스라 할 수 있는 양주楊朱, BC440?~BC360?는 이렇게 말했다.

물질을 가벼이 여기고 생명을 소중히 하라.
輕物重生[89]

여기서 그가 '물질을 가벼이 여기라'고 한 이유는 바로 물질에 너무 욕심을 내다 보면 자연히 몸을 괴롭히게 되기 때문이다. '물질적·육체적 쾌락에는 그에 상응하는 고통이 따른다'는 에피쿠로스의 주장과 맞닿아 있다.

노장사상에 영향을 미친 양주는 사람이 누리는 쾌락, 즉 욕망의 대상을 다음 여섯 가지로 보았다.

---

[89] 중국철학사(상), 풍우란 저, 박성규 역, 2005, 까치, 217면

① 성(聲, 좋은 소리) ② 색(色, 좋은 색) ③ 의(衣, 좋은 옷)
④ 향(香, 좋은 냄새) ⑤ 미(味, 맛있는 음식) ⑥ 실(室, 좋은 집)

그러면서 사람의 삶을 좋은 것에서 안 좋은 것 순으로 이렇게 네 가지로 구분했다.

① 전생(全生) → ② 휴생(虧生) → ③ 미생(未生) → ④ 박생(迫生)

전생全生은 앞의 여섯 가지 욕망(쾌락)이 적절하게 충족된 삶이다. 휴생虧生은 일부만 충족되는 삶, 미생未生은 죽는 것, 박생迫生은 여섯 가지 쾌락 중 어떤 것도 누리지 못하는 삶을 의미한다.[90]

박생을 미생보다 뒤에 둔 까닭은 성·색·의·향·미·실 여섯 가지 쾌락을 조금도 향유할 수 없는 삶이라면 차라리 죽는 게 낫다고 보았기 때문이다. 사실 현실에서 사람이 위의 여섯 가지 쾌락 중 어느 한 가지도 누릴 수 없는 상황이라면 죽는 것이 낫다고 생각하기 전에 이미 생존할 수가 없다.

양주는 물질적·육체적 쾌락을 추구하면서도, 이것들을 매우 이성적으로 추구했다. 쾌락을 얻기 위한 수단인 물질을 확보하는 데 지나치게 힘쓰다 보면 몸이 상하고 생명이 단축되어, 살아 있는 동안 즐길 수 있는 쾌락의 생애 총량은 오히려 줄어든다는 것이 양주의 생각이었다. 따라서 욕망을 자제하면서 여섯 가지 쾌락을 오랫동안 꾸준하게 즐길 수 있도록 사는 것이 양주가 생각한 가장 현명한 삶의 방식이었다.

---

90 중국철학사(상), 펑우란 저, 박성규 옮김, 2005, 까치, 225면 참조

▪ 쾌락은 이기주의를 바탕으로 한다

쾌락 추구는 기본적으로 '이기주의'에 바탕을 두고 있다. 양주는 쾌락의 의미와 방법론에서 한 걸음 더 들어가 그 바탕이 되는 이기주의를 날카롭게 정의했다. 이것이 바로 다음 말로 대변되는 그의 '위아설爲我說' 또는 '귀기론貴己論'이다.

(자신의) 털 하나를 뽑으면 온 천하가 이롭게 된다고 해도 그렇게 하지 않겠다.
拔一毛而利天下 不爲也[91]

인간의 이기주의에 근거하여 자신의 모든 주장을 전개한 A. 스미스와, 공리주의功利主義자로 평가받는 경험론 철학자 D. 흄 David Hume, 1711~1776이 각각 다음과 같이 말했다는 것은, 이기주의에 대한 양주의 날카로운 정의가 결코 지나친 억측이 아니라는 사실을 보여주고 있다.

- 아담 스미스 : 1억이나 되는 이웃 형제들의 파멸이 있더라도, 만약 그가 직접 그것을 보지 않는다면, 그는 깊은 안도감을 가지고 코를 골며 잘 것이다. 그에게 있어서는 이 거대한 대중의 파멸은 분명히 그 자신의 하찮은 비운보다 관심을 끌지 못하는 대상인 것으로 보인다.[92]

- 데이비드 흄 : 내 손가락에 상처를 내기보다는 차라리 세상이 전부 파멸되

---

91 중국철학사(상), 풍우란 저, 박성규 옮김, 2005, 까치, 217면 재인용
92 도덕감정론, 애덤 스미스 저, 박세일 · 민경국 공역, 2010, 비봉출판사, 252면

기를 바라는 것은 이성에 반하는 것은 아니다.[93]

에피쿠로스는 고통을 줄이기 위해 아예 물질적·육체적 쾌락은 피하고 정신적 쾌락에 치중하라고 말했다. 반면에 양주는 물질적·육체적 쾌락의 생애 총량이 최대가 될 수 있도록 고통과 쾌락을 현명하게 안배하라고 강조했다. 한쪽은 물질과 육체를 아예 배제하고, 다른 한쪽은 여전히 물질과 육체에 머무르고 있다는 차이가 있지만, 양쪽 모두 철저하게 '이성적으로' 쾌락을 추구한 이성 행복론이었다.

죽음과 신에 대한 두려움에서 벗어난 쾌락

다른 동물들과 달리 상상력을 가진 인간들은 일찍부터 삶을 '현재의 삶'과 '죽음 이후의 삶'으로 나누어 인식했다. 그리고 죽음 이후의 삶은 전적으로 신이 관장한다고 생각했다. 그렇기 때문에 인간이 가장 두려워하는 것은 바로 '자신이 통제할 수 없는 죽음'과 그것을 관장하는 '신神'이었다. 따라서 참으로 현명한 쾌락 추구이자 행복 추구라면 한 사람의 전체의 삶, 즉 현재의 삶뿐만 아니라 죽음 이후의 삶까지도 포함한 쾌락이고 행복이어야 한다.

---

93 도덕감정론, 애덤 스미스 저, 박세일·민경국 공역, 2010, 비봉출판사, 252면 재인용

■ 죽음 이후의 세계에 대한 인식

그런데 에피쿠로스는 대부분의 동시대인이나 오늘날의 종교인들과는 달리 '죽음 이후의 삶은 없다'고 확신했다. 이런 확신의 근거는 바로 그에 앞서 살았던 철학자 데모크리토스Democritos, BC460?~BC370?의 '원자론Atomism'이었다. 데모크리토스는 '이 세상은 물리적으로 더 이상 분할할 수 없는 원자와 공간으로 되어 있다'고 했으며, '모든 감각적 존재들은 물론 영혼까지도 원자로 되어 있다'고 주장했다.[94]

데모크리토스의 원자론을 이어받은 에피쿠로스는 이렇게 주장했다.

> 죽음은 우리에게 아무것도 아니다. 왜냐하면 우리의 육체가 흩어지면 감각할 수 없고 감각할 수 없다면 그것은 우리에게 아무것도 아니기 때문이다.
> Death is nothing to us; for that which is dissolved, is without sensation, and that which lacks sensation is nothing to us.[95]

죽음은 육체와 영혼을 이루고 있던 원자들이 모두 흩어지는 것이니 죽음 이후에는 생명도 의식도 존재하지 않는다는 이야기다.

에피쿠로스와 마찬가지로 개인의 행복에만 관심을 두었던 동양의 도가道家에서 신화 속의 임금인 황제黃帝가 했다는 다음 말에서도 같은 관점을 엿볼 수 있다.

> 삶이란 죽음을 따르고 죽음은 삶의 시작이지만 누가 그 법칙의 까닭을 알 수 있으리오. 사람의 생명이란 기가 모이는 것이니 기가 모이면 생겨나고 기가

---

[94] The History of Western Philosophy, Bertrand Russell, 1972, A Touchstone Book, 65p, 72p 참조
[95] The History of Western Philosophy, Bertrand Russell, 1972, A Touchstone Book, 247p

흩어지면 죽는 것이다. 죽고 사는 것이 서로 이어진다면 우리가 애타 할 것이 무엇 있으리오.
生也死之徒 死也生之始 孰知其紀 人之生氣之聚也 聚則爲生 散則爲死 若死生爲徒 吾又何患[96]

또한 장자莊子, BC369~BC289?가 죽은 아내의 관을 앞에 두고 쟁반을 두드리며 노래를 부르다 그를 힐난하는 혜자에게 했다는 다음 말에서도 같은 관점을 찾을 수 있다.

아내가 막 죽었을 때 어찌 나도 슬프지 않았겠는가. 그런데 삶의 시초를 곰곰이 생각해 보니 생명이란 원래 존재하지 않았으니 인간이란 단지 무에서 나온 것 아니겠으며, 본래 형체도 없었으니 무형에서 나온 것 아니겠는가.
또 형체를 이루는 기氣도 본래 없었네. 혼돈 사이에 섞여 있다 변하여 기가 생기고 기가 변하여 형체가 생기고 형체가 변하여 생명이 생기고 지금 또 그 생명이 변하여 죽음이 되었네. 삶이란 것이 곧 춘하추동의 사계와 같이 흘러가는 것 아니겠나.
이제 아내가 천하라는 큰 집에 누워 쉬려고 하는데 내가 큰 소리를 내며 울어댄다면 그것은 천명을 깨닫지 못한 행동이 되는 거지. 그래서 우는 것을 멈췄네.
是其始死也 我獨何能无槩然 察其始 而本无生 非徒无生也 而本无形 非徒无形也 而本无氣 雜乎芒芴之間 變而有氣 氣變而有形 形變而有生 今又變而之死 是相與爲春秋冬夏四時行也 人且偃然寢於巨室 而我噭噭然

---

96 장자 외편, 2012, 홍신문화사, 413~414면

隨而哭之 自以爲不通乎命 故 止也[97]

이처럼 에피쿠로스와 황제, 장자 모두에게 죽음 이후에는 어떤 세계도 의식도 없으니 죽음은 두려워할 대상이 아니었다. 세 사람의 죽음에 대한 입장을 조금 더 확장하면, 심지어 죽음은 인간에게 현실의 고통을 벗어날 수 있는 도피처로 인식될 수도 있다. 신神의 존재에 대한 부정과 유물론 철학으로 K. 마르크스Karl Marx, 1818~1883에게 크게 영향을 미친 L. 포이어바흐Ludwig Feuerbach, 1804~1872가 이렇게 말한 것이나,

죽음이란 우리에게서 삶과 함께 선하고 미적이고 즐거운 느낌이나 의식을 박탈한다는 의미에서 물론 나쁜 것이지만, 지각이나 의식을 박탈하면서 모든 해악, 고통, 통증으로부터 우리를 해방시켜 준다는 의미에서 좋은 것이기도 하다.[98]

《장자》의 우화에서 해골이 장자에게 이렇게 말한 것처럼.

죽음의 세계에서는 위로 군주가 없고 아래로는 신하도 없으며 또한 사계절도 없어 그냥 온 천지가 봄, 가을이라 생각하면 되지. 많은 신하를 거느린 왕의 즐거움이라 할지라도 이 죽음의 세계의 즐거움보다는 못하지.
死无君於上 无臣於下 亦无四時之事 從然以天地爲春秋 雖南面王樂 不能過也[99]

---
[97] 장자 외편, 2012, 홍신문화사, 293면
[98] 종교의 본질에 대하여, 루트비히 포이어바흐 저, 강대석 역, 2006, 한길사, 400면
[99] 장자 외편, 2012, 홍신문화사, 298면

■ 신(神)에 대한 인식

그렇다면 에피쿠로스는 신神도 죽음 이후의 세계처럼 존재하지 않는다고 인식했을까? 그렇지는 않았다. 신 존재는 인정했다. 하지만 신이 인간사에 관여할 일은 없다고 보았다. '신은 고도로 이지적理智的인 쾌락주의자일 것이기 때문에 인간사를 통치하는 것과 같은 골치 아픈 일로 스스로를 괴롭히는 어리석은 일은 하지 않을 것'이라는 이유에서다. 다음과 같은 니체의 문구를 떠올려 보면 '인간사에 대한 신의 불간섭'이라는 에피쿠로스의 주장은 상당히 타당해 보인다.

> 신에게도 지옥이 있으니 인간에 대한 사랑이 그것이라.
> Even God has his hell: it is his love for man.[100]

결국 '신은 존재하긴 하지만 자신의 완전한 축복된 삶을 누리는 데 관심이 있을 뿐 인간사는 관여하지 않을 것이기 때문에, 인간은 신을 두려워할 이유가 없다는 것'이 에피쿠로스의 신에 대한 입장이었다. 그가 살았던 시대에서나 지금이나 인간에게 있어서 가장 큰 일인 '죽음과 신에 대한 두려움'이 그의 철학에서는 존재하지 않았던 것이다.

---

100 Thus spoke Zarathustra, Friedrich Nietzsche, Translated by R. J. Hollingdale, 2003, Penguin Classics, 114p

정신적 쾌락을 누리기 위한 조건

에피쿠로스의 입장처럼 죽음과 신에 대한 두려움이 없다면, 이제 인간에게 남은 과제는 '살아있는 동안 잘 사는 것'이다. 몸을 괴롭히지 않고 정신적인 쾌락을 누리면서.

■ 부와 명예는 쾌락을 방해하는 요건

그렇다면 어떻게 살면 정신적인 쾌락을 잘 누릴 수 있을까? 이에 대한 에피쿠로스철학의 입장은 이런 것이다.

> 부귀나 명예와 같은 것을 욕심내는 것은 헛된 일이다. 왜냐하면 그런 것들은 사람이 만족을 느끼고 있는 그 순간에도 언제나 사람들을 불안하게 만들기 때문이다.
> Such desires as those for wealth and honour are futile, because they make a man restless when he might be contented.[101]

부귀와 명예가 사람들을 편히 쉴 수 없게 만든다는 이야기다. 맹자는 다음 말을 통해, 부와 명예의 무의미를 주장한 에피쿠로스철학의 입장에 더해 부의 용도나 명예가 별것 아니라는 것을 강조했다.

---

101 The History of Western Philosophy, Bertrand Russell, 1972, A Touchstone Book, 244p

억만금이 있다고 해서 그것이 나에게 무엇을 가져다주겠는가? 기껏해야 집을 호화롭게 꾸미는 것, 처첩을 거느리는 것 또는 가난한 자가 나에게 고마움 마음을 갖게 하는 것, 그 정도이지 않겠는가?

萬鍾 於我何加焉 爲宮室之美 妻妾之奉 所識窮乏者得我與[102]

■ 쾌락과 행복의 매개체, 철학·덕·교양

문제는 현실에서 사람들이 에피쿠로스철학과 맹자의 주장에 대해 머릿속으로는 수긍하더라도 좀처럼 행동으로는 옮기지 못한다는 것이다. 논리적 생각이 행동으로까지 이어지려면 중간에 매개체가 필요하다.

에피쿠로스학파는 '철학은 행복한 삶을 살기 위한 실천체계(Philosophy is a practical system designed to secure a happy life)'라고 인식했다. 다음과 같은 동양의 증자(曾子, BC 506~BC 436)와 서양의 A. 스미스가 한 주장들과 통하고 있다.

- **증자** : 부는 집을 호화롭게 할 뿐이고 덕은 사람을 빛나게 한다. 마음에 걸리는 것이 없으면 몸이 편해진다. 그래서 군자는 그 뜻을 성실히 해야 한다.

    富潤屋 德潤身 心廣體胖 故 君子 必誠其意[103]

- **아담 스미스** : 일상적인 모든 상황에서 교양 있는 사람은 마찬가지로 평온하고, 마찬가지로 기뻐하고, 마찬가지로 만족할 수 있다는 사실을 알 수 있다.[104]

---

102 맹자 2권, 2009, 학민문화사, 294면
103 대학집주, 2000, 학민문화사, 대학 100면
104 도덕감정론, 애덤 스미스 저, 박세일·민경국 공역, 2010, 비봉출판사, 276면

이러한 주장들은 모두 행복한 삶과 마음의 평온함을 갖기 위해서는 철학, 덕, 교양이 필요하다는 의미를 담고 있다. 이것들이 먼저 갖추어져 있지 않으면 에피쿠로스의 이성 행복론에서 추구하는 정신적 쾌락, 즉 마음의 평정은 얻을 수 없다는 이야기다. 철학이나 덕 또는 교양을 갖추는 것은 정신적 쾌락, 즉 아타락시아Ataraxia를 얻기 위한 전제조건이다.

정신적 쾌락의 필수 조건은 철학을 가진 벗

그렇다면 정신적 쾌락 자체는 어떻게 추구해 나갈까? 에피쿠로스는 이런 말로서 '우정Friendship'이 정신적 쾌락에 필수임을 강조했다.

> 우정은 쾌락과 불가분의 관계이다. 따라서 우정은 키워 나가야 한다. 왜냐하면 인간은 우정 없이는 불안을 느끼지 않고 안전하게 살 수 없으며 기쁜 마음으로 살 수도 없기 때문이다.
> Friendship cannot be divorced from pleasure, and for that reason must be cultivated, because without it neither can we live in safety and without fear, nor even pleasantly.[105]

---

105 The History of Western Philosophy, Bertrand Russell, 1972, A Touchstone Book, 245p

그렇다면 에피쿠로스가 말한 우정을 나누는 벗은 어떤 이들이어야 할까? 그 벗은 앞에서 이야기한 '철학은 행복한 삶을 살기 위한 실천체계다'라는 에피쿠로스학파의 인식에 따라 당연히 '철학을 가진' 이들이어야 할 것이다. 그래야 그 벗도 아타락시아가 가능하고, 서로 간의 우정도 가능할 것이기 때문이다.

공자는 유익한 벗에 대해 이렇게 말했다.

> 유익한 벗이 셋이니, 올곧은 벗, 성실한 벗 그리고 아는 것이 많은 벗이다.
> 益者三友 友直 友諒 友多聞[106]

에피쿠로스에게 있어 철학을 가진 벗들 역시 구체적으로 보았을 때 공자가 정의한 '올곧고 성실하고 아는 것이 많은 벗'의 틀에서 크게 벗어나지는 않아야 할 것이다. 바로 철학이나 덕 또는 교양을 갖춘 벗들이다. 빵과 물 등 최소한의 물질적 조건에 만족하면서 은일隱逸한 생활 속에서 철학이나 덕 또는 교양을 갖춘 소수의 이들과 함께 어울리는 것, 그것이 바로 에피쿠로스의 정신적 쾌락이다.

당나라 때 문장가 한유韓愈, 768~824는 '취증장비서(醉贈張秘書)'란 시에서 이렇게 읊고 있다.

> 사람들이 모두 내게 술을 권했지만　人皆勸我酒
> 나는 못들은 척 했네.　我若耳不聞
> 하지만 오늘 그대 집에 와서는　今日到君家

---

106 논어 3권, 2003, 학민문화사, 286면

술 청해 그대에게 술을 권하네.　呼酒持勸君
이 자리에 있는 사람들은 물론　爲此座上客
나도 글을 할 줄 알기 때문이지.　及余各能文
(중략)
장안의 수많은 부잣집 자제들은　長安衆富兒
큰 쟁반에 산해진미 늘어놓고 술을 마시지만　盤饌羅羶葷
글 하는 즐거움은 모르고 술에 취하고　不解文字飮
여인들과의 희롱에만 취할 뿐이라네.　惟能醉紅裙
잠깐의 향락을 얻을 수는 있겠지만　雖得一餉樂
그것은 모기떼가 모여 노는 것과 진배없다네.　有如聚飛蚊[107]

은일한 삶, 술과 소찬, 격조 높은 대화 그리고 친구로 이루어진 즐거운 삶을 노래한 것이다.

에피쿠로스가 주장한 정신적 쾌락인 아타락시아는 위진남북조시대 221~589 때 청담淸談을 즐겼던 죽림칠현竹林七賢의 삶과 닮았다. 은일한 삶이 그렇고, 가까운 소수의 벗들과 대화를 즐기는 삶이 그렇다.

하지만 차이도 있다. 에피쿠로스의 충실한 후계자인 시인 루크레티우스Lucretius, BC94?~BC55?는 자신의 시에서 '그리스인 중 최초로 종교에 도전한 사람이 바로 에피쿠로스'[108]라고 읊었다. 이 시구詩句처럼 에피쿠로스는 자신이 주장한 새로운 행복론인 아타락시아를 세상으로부터의 도피에서 찾은 것이 아니라, 기성 권위에 대한 도전과 극복에서 가져왔다. 물질이 아닌 정신을 추구하고, 번다煩多한 교류보다는 몇몇의 소중

---
107 고문진보 전집, 황견 엮음, 2004, 을유문화사, 226~230면
108 The History of Western Philosophy, Bertrand Russell, 1972, A Touchstone Book, 248p 참조

한 우정을 중요시하는 아타락시아는 소극적 행복론이 아닌 자기 철학과 이성에 기반한 '적극적 행복론'이었던 것이다.

물질이 풍요로워질수록 이성 행복론이 중요해지는 이유

오늘날 분업과 협업으로 모두가, 또 모든 것들이 서로 연결되는 자본주의 환경에서 에피쿠로스의 행복론을 원형 그대로 적용하기는 어려울 것이다. 하지만 응용할 여지는 많다. 생애 전체를 기준으로 '어떻게 사는 것이 가장 좋은 삶일까?'를 고민해 볼 때, 생각의 시간과 자기 철학을 갖고, 물질 소비와 함께 생산에 종사하는 시간을 줄이고, 가족 및 몇몇의 좋은 친구들과 깊은 이성적 대화를 즐기면서 함께 어울려 사는 것은 분명 괜찮은 삶이다.

얼핏 생각하면 성공 행복론이 자본주의 환경과 가장 궁합이 잘 맞아 보일지 모른다. 하지만 그것은 사회 전체 입장에서 그럴 뿐이지, 개인 입장에서는 꼭 그렇지 않다. 사회구성원 모두가 성공을 향해 매진할 때 사회 전체적으로는 분명 물질적 풍요가 커지겠지만, 개인에게는 우열優劣만 남고 우정은 상실되고, 물질은 넘치지만 정신은 쭉정이가 되기 쉽다.

《맹자》에는 양혜왕이 연못가의 기러기와 사슴을 둘러보며 맹자에게 '현자도 이런 것을 즐기는가'라고 물었을 때 맹자가 이렇게 답했다는 내용이 나온다.

어진 자여야만이 이런 것을 즐길 수 있으니 어질지 못한 자는 비록 이것들을 소유하고 있다 할지라도 제대로 즐길 수가 없습니다.
賢者以後 樂此 不賢者 雖有此 不樂也[109]

맹자의 가르침처럼 물질이 풍요로울수록 그것을 제대로 즐기려면 생각과 마음의 평정이 필요하고, 우정 어린 친구가 필요하다. 자본주의의 시조인 A. 스미스조차도 이렇게 말했다.

행복은 마음의 평정과 향유 가운데 있다. 평정 없이는 향유할 수 없고, 완전한 평정이 있는 곳에는 향유할 수 없는 것이란 있을 수 없다.[110]

에피쿠로스의 이성 행복론인 정신적 쾌락, 즉 아타락시아가 지금 이 시대에 필요한 이유이다.

---

109 맹자 1권, 2009, 학민문화사, 29면
110 도덕감정론, 애덤 스미스 저, 박세일 · 민경국 공역, 2010, 비봉출판사, 275면

7장
기회비용

부자(富者)와 빈자(貧者)가 바치는
정성(精誠)의 가치가 다른 까닭

 2011년 이명박 정부 당시, 정부와 당시 여당이었던 한나라당이 공동으로 추진하다 중단된 제도 중 '일수벌금제도'라는 것이 있다. 이것은 핀란드, 덴마크, 스웨덴 등 주로 북유럽 국가에서 시행하고 있는 제도로서, 교통위반범칙금을 개인의 소득과 연결하여 부과한다는 내용으로 되어 있다. 즉, 일수벌금제도日收罰金制度라는 용어의 의미 그대로 교통법규 위반자의 '1일 평균 순수입'인 '일수日收'에 따라 위반자들에게 부과하는 벌금액에 차등을 두는 것이다.

 이를테면 운전 규정속도를 똑같이 10킬로미터 초과한 경우라도 '1일 평균 순수입'이 1,000만 원인 사람에게는 '1일 평균 순수입'이 10만 원인 사람에 비해 100배의 벌금을 부과하는 식이다. 100억 원을 가진 부자와 하루 벌어 하루 생활하는 사람에게 동일한 금액의 교통범칙금을 부과하는 것은 '공정'하지 못하다는 것이 이 제도의 도입을 검토하게 된 배경이었다.

일수벌금제도는 '자영업자들의 정확한 소득자료를 확보하기 어렵다는 한계로 인해, 제도 도입 시 유리지갑인 급여생활자들만 애꿎은 피해를 보게 될 것'이라는 국회 입법조사처의 입장에 부딪쳐 결국 입법 초기 단계에서 추진 자체가 중단되고 말았다.

불교 경전과 성경에서 이야기하는 정성의 가치

불교 경전인 《현우경賢愚經》의 빈녀난타품貧女難陀品에 보면, 다음과 같이 가난한 여인인 난타가 석가모니에게 등燈을 공양하는 내용이 나온다. 빈자일등貧者一燈 또는 빈녀일등貧女一燈이라는 교훈적 사례로 더 알려진 이야기이기도 하다.

> 석가모니가 사위국이라는 나라의 절에 머무르고 있을 때 사위국의 국왕을 비롯한 많은 사람들이 공양을 했는데, 난타라는 여인은 너무 가난해 공양할 여유가 없었다. 그래서 난타는 구걸을 해 마련한 돈으로 등燈을 사 불을 밝혀 석가모니에게 바쳤다고 한다. 그런데 며칠이 지난 뒤 왕이 바친 호화로운 등을 비롯해 모든 등이 다 꺼졌는데 오직 하나 가난한 여인인 난타가 바친 등만 꺼지지 않고 밝게 타고 있었다고 한다.[111]

이 이야기는 불교에서는 물론 불교 바깥에서도 '물질'이 아닌 '정성'이 중요하다는 점을 강조할 때 자주 인용되고 있다.

성경에도 이와 비슷한 이야기가 있다. 영락없는 기독교판 빈녀일등이다. 바로 다음과 같은 과부의 헌금에 대한 이야기다.

> 그때 부자들은 여럿이 와서 많은 돈을 넣었는데 가난한 과부 한 사람은 와서 겨우 렙톤 두 개를 넣었다. 이것은 동전 한 닢 값어치의 돈이었다. 그것을 보시고 예수께서는 제자들을 불러 이렇게 말씀하셨다.
> "나는 분명히 말한다. 저 가난한 과부가 어느 누구보다도 더 많은 돈을 헌금 궤에 넣었다. 다른 사람들은 다 넉넉한 데서 얼마씩 넣었지만 저 과부는 구차하면서도 있는 것을 다 털어 넣었으니 생활비를 모두 바친 셈이다."[112]

가난한 과부가 동전 한 닢을 헌금 궤에 넣었을 뿐인데 예수는 그 한 닢을 '어느 누구보다도 더 많은 돈'이라고 표현했다. 금액의 크기가 분명 '어느 누구보다도 더 적은 돈'일진데, '어느 누구보다도 더 많은 돈'으로 표현한 것이다. 상황 그대로 볼 때 예수는 주관적이다 못해 모순적·역설적이기까지 하다.

---

111 한 권으로 읽는 팔만대장경, 진현종 저, 영담스님 감수, 2007, 들녘, 384면 참조
112 성경, 마르코복음 12:41~44

두 가지 공정(公正)의 대립

앞서 이야기한 일수벌금제도는 그 추진 근거를 현재의 교통범칙금제도의 불공정에서 찾았다. 교통법규 위반 시 지금처럼 부자와 가난한 사람이 동일한 벌금을 내는 것은 공정하지 못하다는 것으로, 동일한 교통법규 위반을 하더라도 부자는 많이 내고 가난한 사람은 적게 내는 것이 공정하다는 논리였다. 공정사회라는 거창한 개념까지 가지 않더라도 개인소득에 대한 누진세제도와 같은 것을 생각해 보면 일단 당시 정부와 여당의 '공정' 논리는 타당해 보인다.

하지만 그렇다고 해서 '동일한 교통법규 위반에 대한 동일한 벌금 부과'를 적용하는 현재의 제도가 '불공정'하다고는 볼 수 없다. 자본주의 사회에서 '부(富)'라는 것은 개인의 노력과 사회 기여에 대한 반대급부의 축적으로, 국가가 만들어 준 것이 아니다. 당연히 같은 사회구성원이 저지른 '동일한 법규 위반에 대한 동일한 범칙금 부과'가 정당하지 않다고 말할 근거는 없다. 따라서 교통범칙금제도와 관련한 논란에는 두 가지의 '공정'이 대립한다. 하나는 현행 교통범칙금제도의 '현시적·객관적'인 공정이고, 다른 하나는 새로 추진하다 중단된 일수벌금제도의 '암묵적·주관적'인 공정이다.

■ **물질과 정성이라는 관점에 따라 달라지는 가치의 크기**

앞서 언급했듯이 빈녀일등 이야기는 흔히 '물질'보다 '정성'이 중요하다는 예증으로 많이 인용되는데, 그 논리구조를 보면 교통범칙금 관런 논란과 동일하다. 국왕을 비롯한 부자들은 기름을 듬뿍 넣은 비싸고 좋은 등을 바쳤고, 가난한 여인 난타는 싸고 보잘 것 없는 등을 바쳤다. '물질'적 차원에서 볼 때 난타의 등은 국왕이나 부자의 등과 비교할 수 없을 정도로 빈약하다.

하지만 그 등을 준비하는 부담 측면인 '정성' 차원에서는 국왕과 부자들의 등이 난타의 등에 비교가 될 수 없다. 난타는 자신이 가진 모든 것을 들여 등을 마련한 반면, 왕과 부자들은 훌륭한 등이기는 하지만 자신이 가진 부의 극히 일부를 들여 별 부담 없이 편하게 마련했기 때문이다.

한마디로 '현시적·객관적'인 '물질' 차원에서는 당연히 왕과 부자들이 바친 등의 가치가 크지만, '암묵적·주관적'인 '정성(또는 부담)' 차원에서는 난타가 바친 등의 가치가 더 크다. '물질'과 '정성' 두 관점 중 어느 관점을 취하느냐에 따라 가치크기의 순서가 반대로 달라진다.

성경에 나오는 과부의 헌금 이야기는 빈녀일등과 거의 동일한 구조이면서도, 내용 자체에서는 쟁점을 훨씬 더 선명하게 드러내고 있다. 과부가 헌금 궤에 넣은 돈은 분명 '어느 누구보다도 더 적은 돈'인데, 예수는 '어느 누구보다도 더 많은 돈'이라고 했다. '현시적·객관적'으로 분명 가장 적은 돈인 데도 불구하고 예수는 역설적이게도 그 돈을 '어느 누구보다도 더 많은 돈'이라고 한 것이다.

'어느 누구보다도 더 많은 돈'이라는 의미는 예수의 말씀 그대로 '다른 사람들은 다 넉넉한 재산 중에서 일부를 넣었지만 과부는 구차하면서도 있는 것을 다 털어 넣었으니 생활비를 모두 바친' 것이기 때문이다. '바치는 이의 부담(또는 정성)' 측면에서 '가장 큰 것'이라는 이야기다. 즉, '현시적·객관적' 측면에서는 가장 적지만, '암묵적·주관적' 측면에서는 가장 큰 가치라는 것이다.

이처럼 과부의 헌금 이야기 역시 '현시적·객관적' 차원과 '암묵적·주관적' 차원 어느 쪽을 취하느냐에 따라 헌금의 가치크기 순서가 정반대로 달라진다.

■ 부(富)의 크기에 따라 달라지는 총 부담비용의 크기

'현시적·객관적' 가치 또는 금액은 현실에서 우리 눈앞에 객관적으로 드러나는 것이다. 현행의 '교통범칙금', 빈녀와 왕·부자들이 '등을 사는 데 지불한 금액', 과부를 비롯한 여러 사람들이 헌금 궤에 넣은 '헌금'이 모두 '현시적·객관적' 가치 또는 금액에 해당한다.

그런데 사람은 누구나 가지고 있는 부에 한계가 있다. 천억 원을 가지고 있든 천 원을 가지고 있든 모두 '일정한 금액'을 가지고 있다. 부자라고 해서 '무한대 금액'을 가지고 있지는 않다.

또한 사람들은 모두 여러 용도로 돈을 지출해야 한다. 음식과 옷을 사고 주거비용을 지불해야 하고, 교통범칙금을 내야 되고, 부처님 오신 날에 등을 사야 되고, 교회나 성당에 헌금을 내야 한다.

이렇게 제한된 부(돈)를 여러 용도에 쓰는 과정에서 결국 사람들은 모두 특정 용도에 돈을 쓰기 위해 다른 용도의 지출을 포기해야 하는 상황을 맞게 된다. 물론 그 포기의 정도는 각자가 가진 돈이 얼마나 많으냐에 따라 달라진다. 똑같이 교통범칙금 10만 원을 내더라도 재산이 천억 원인 사람은 현실에서 포기해야 할 것이 거의 없을 터이고, 한 달 수입이 100만 원밖에 안 되는 사람은 사흘 동안 끼니를 걸러야 할지도 모른다.

절에 달 등을 사거나 교회·성당에 헌금을 내는 경우도 마찬가지다.

부자 입장에서는 그에 따라 포기할 것이 미미하지만, 가난한 이 입장에서는 당장 끼니를 걸러야 하는 상황이 발생할 수 있다.

이렇듯 '현시적·객관적' 입장에서는 부자와 가난한 사람 모두에게 동일한 가치의 금액이지만, '암묵적·주관적' 입장에서는 그 금액을 지출함으로써 포기해야 할 가치가 크게 달라진다. 한마디로 범칙금을 내든, 등을 구매하든, 헌금을 내든, 그것을 위해 돈을 지출할 경우 그 돈을 다른 '곳(다른 '기회')'에 사용했을 때 얻을 수 있는 '이익(결과적으로는 포기되는 이익, 즉 '-이익=비용')'이 있는데, 이 이익의 크기가 부의 크기에 따라 다르다는 이야기다.

따라서 부자와 가난한 사람 '각자의 입장에서의 총 부담비용'을 따지기 위해서는, '현시적·객관적' 지출금액에, 이 지출로 인해 포기해야 하는 각자의 '암묵적·주관적' 이익을 더해야 한다. 그렇게 하면 총 부담비용이 부자의 경우 '10만 원+0'에 가까울 것이고, 가난한 사람의 경우 이를테면 '10만 원+사흘간 굶기' 정도가 될 것이다.

기회비용은 명시적 비용과 암묵적 비용의 합

일상생활에서도 많이 사용되는 경제학 용어로 '기회비용 Opportunity Cost'이라는 것이 있다. 기회비용은 오스트리아의 경제학자인 F. V. 비저 Friedrich von Wieser, 1851~1926가 도입한 개념으로, 그 정의는 다음과 같다.

경제적 선택을 하는 데 고려되어야 하는 올바른 비용의 개념은 그 선택으로 직접 발생되는 명시적 또는 회계적 비용뿐만 아니라 그 선택에 따른 암묵적 비용도 반드시 포함해야 한다. 즉, 다른 선택의 기회를 포기함으로써 발생하는 모든 비용을 합하여 생각해야 한다. 이를 '기회비용'이라고 한다.[113]

위와 같은 정의에서 말하는 '기회비용'은 결국 앞에서 이야기한 세 가지 사례(교통범칙금, 등 구입비용, 헌금)에서의 '현시적·객관적' 비용과 '암묵적·주관적' 비용의 합계액을 말한다.

교통법규를 위반한 사람에게 범칙금을 부과하는 이유는 그 사람에게 '고통'을 주기 위해서이다. 따라서 동일한 교통 위반에 동일한 고통을 주려면 당연히 부자와 가난한 사람에게 범칙금을 차등 부과해야 한다. 한 달에 100만 원을 버는 사람이 10만 원의 범칙금을 납부하면서 받는 '고통'을 한 달에 18억 원을 버는 사람에게 동일하게 주기 위해서는 18억 원의 10분의 1인 1억 8천만 원을 범칙금으로 부과해야 한다. 핀란드에서 과속 운전을 한 글로벌기업 부회장에게 1억 8천만 원의 범칙금을 물린 것[114]은 바로 이런 논리에서 나온 결과이다. 이래야만 교통법규 위반에 대한 징벌로서의 '고통'도 공정해지고, 나아가 향후 교통법규 위반에 대한 자기억제력도 부자와 가난한 사람 모두에게 동일한 정도로 작용하게 된다.

등 구입비용이나 헌금액에서도 마찬가지다. 만약 등 구입비용으로 사람의 육도윤회六道輪廻가 결정되고, 헌금액으로 천당과 지옥이 결정된다면, 그 비용은 당연히 명시적 비용이 아닌, 이 명시적 비용에 암묵적

---
113 한국은행의 알기 쉬운 경제이야기, 2005, 한국은행, 28면
114 국민일보, 2016년 4월 12일자 논설 참조

비용이 더해진 '기회비용'이어야 한다. 그렇지 않으면 저승도 이승과 별 차이 없이 부富가 모든 것을 결정하는, 그야말로 황금만능이 지배하는 또 하나의 이승이 되고 말 것이기 때문이다.

부처와 예수는 각각 성인聖人과 하느님의 독생자인 만큼 '현시적·객관적' 비용이 갖는 한계와 문제점을 정확히 파악하고 있었다. 그래서 그들은 공정성을 기하기 위해 명시적 비용에 암묵적 비용을 추가한 '기회비용' 개념으로 각각 빈녀 난타의 등 비용과 과부의 헌금액을 인식했다. 빈녀일등이 가장 큰 가치의 등이고, 과부의 동전 한 닢 헌금이 '어느 누가 낸 돈보다 더 많은 돈'이라고.

'기회비용'이라는 용어가 사용되지 않았을 뿐, '기회비용' 개념에 대한 단서端緒는 이미 2,500년 전 그리고 2,000년 전부터 마련되어 있었던 셈이다. 불경에서 그리고 성경에서.

오래된 책은 새로운 개념과 이론의 수원지(水源地)

지금까지 설명한 '기회비용'처럼 새로운 개념이나 이론 중 상당수는 무無에서 어느 날 갑자기 만들어진 것이 아니다. 소풍날 보물찾기에서 사람 눈에 띄기를 간절히 기다리고 있는 보물처럼, 그 단서는 수천 년 전부터 오래된 책 어느 한 구석에서 자기를 알아볼 주인을 기다려 왔다. 그리고 수많은 사람들의 무관심과 무신경을 보내고 난 뒤 어느 때,

자신을 알아보는 이를 만나 하나의 정리된 개념과 이론으로 세상에 태어나 빛을 보게 된다.

이런 식으로 새로운 개념이나 이론이 등장하면 사람들은 대부분 그제야 '아, 이런 개념(이론)이 나왔구나. 이것을 이용하면 우리 주변을 더 잘 이해하고, 더 손쉽게 설명할 수 있겠구나' 하는 정도의 느낌을 갖게 된다. 하지만 무신경하게 스쳐 지났을 뿐이지만 이전에 한 번이라도 그 단서를 오래된 책을 통해 접했던 사람들은 땅을 친다. '왜 이 개념(이론)을 내가 먼저 생각해 내지 못했을까' 하고.

오래된 책은 새로운 개념과 이론의 수원지水源地다.

8장
형식지와 암묵지

머리로 배우는 지식과
경험으로 깨닫는 지식

오늘날 학자들은 지식을 두 가지로 구분한다. 바로 '명시지 또는 형식지Explicit Knowledge'와 '암묵지Tacit Knowledge'다. 명시지明示知는 이름 그대로 '언어나 문자를 통해 겉으로 표현된 지식으로, 문서화 또는 데이터화된 지식'을 말한다. 이에 반해 암묵지暗默知는 '학습과 경험을 통해 개인에게 체화되어 있지만 언어나 문자로 표현하기 어려운, 겉으로 드러나지 않는 지식'을 말한다.[115]

명시지와 암묵지라는 지식 구분 개념은 영국의 철학자이자 물리학자인 M. 폴러니Michael Polanyi, 1891~1976에 의해 시작되었다. 이후 일본의 경영학자인 노나카 이쿠지로野中 郁次郎, 1935~현재에 의해 기업경영 현장에 적용되면서 오늘날 정보사회에 있어 지식경영Knowledge management의 핵

---

115 네이버 사전, 두산백과 참조

심 개념으로 자리 잡게 되었다.

사실 우리는 일상에서 지식의 명시지·암묵지 구분을 늘 경험하고 있다. 자전거 타는 방법을 처음 배울 때를 생각해 보자. 이때 가르치는 사람은 넘어지지 않고 자전거를 타는 방법을 어느 정도까지는 '말'로 설명할 수 있고, 또 배우는 사람 입장에서도 그 설명을 알아들을 수 있다. 하지만 그 어느 정도를 넘어서면 배우는 사람 스스로 깨달아야 한다. 예를 들어 처음 자전거를 배우는 사람은 자전거가 기우는 쪽으로 핸들을 돌리고 몸도 함께 기울이라는 말을 수십 번 듣지만 정작 한쪽으로 자전거가 기울면 그 반대 방향으로 핸들과 몸을 튼다. 그리고 그런 식으로 여러 번 넘어지고 난 뒤에야 넘어지지 않고 자전거 타는 방법을 터득하게 된다.

결국 자전거 타기를 어느 정도까지는 '명시지'로 가르치고 배울 수 있지만, 그 이상은 스스로의 학습과 경험을 통해 '암묵지'로 배울 수밖에 없다는 이야기다. 수영이나 골프와 같은 운동을 배울 때도 마찬가지다. 어느 정도까지는 코치의 설명과 교본을 통해 배울 수 있지만, 그 이상은 스스로 터득해야 한다.

'명시지'의 사전적 의미 그대로, 한 사람이 자신이 알고 있는 것을 다른 이에게 '언어나 문자를 통해 겉으로 표현'하는 데는 언제나 한계가 있다. '명시지'와 구분되는 '암묵지'의 영역이 별도로 있을 수밖에 없다.

데카르트가 주장한 두 가지 지식의 개념

서양 사회를 기준으로 할 때, 근·현대 이성의 출발은 데카르트René Descartes, 1596~1650이다. '나는 생각한다, 그러므로 나는 존재한다Cogito ergo sum'라는 명제를 '제1원리'로, 부정하려 해도 도저히 부정할 수 없는 '생각하는 주체인 나 자신의 명백한 현존' 이외에 다른 모든 것을 의심하는 것으로부터 객관적 지식을 추구한 '근대 철학의 아버지'가 바로 데카르트이다.

그런 그가 합리주의철학을 전개하는 데 있어서 가장 기본작업이라 할 수 있는 '지식'에 대한 개념 설정을 그냥 지나쳤을 리 없다. 그는 이런 말을 통해 지식을 두 가지로 구분하고, 그 각각의 지식을 의미하는 '명시지'와 '암묵지'의 개념을 제시하고 있다.

> 지식이란 우리가 앞서 얻은 앎에 기초해 있는 확실한 판단과 다름 아니며, 그것 중에 어떤 지식은 공통되고 모든 사람들에게 알려져 있는 것에서 도출되는 반면, 다른 지식은 희귀하고 숙련된 경험에서 도출된다.[116]

'단어'와 '문장'의 차이일 뿐, 지식을 구분하는 기준이나 두 가지 지식의 의미가 일치한다. 용어가 아닌 '개념' 기준으로 본다면, 명시지와 암묵지에 대한 최초의 제안자이자 지적재산권자는 폴러니가 아닌, 그보

---

116 성찰, 르네 데카르트 저, 이현복 역, 2011, 문예출판사, 132면

다 300년 앞서 살았던 데카르트인 셈이다. 아니 더 정확히 표현하면, 20세기를 살았던 철학자 폴러니가 17세기에 근대 철학의 출발을 알렸던 데카르트의 글을 읽고, 그 내용 중 일부를 강조한 것이 바로 '명시지'와 '암묵지' 개념일 가능성이 높다.

암묵지는 명시지의 한계를 채우는 지식

동양은 근대 이전까지 문화적으로 서양을 앞섰다. '지식'에 대한 객관적 인식 역시 서양보다 앞서 존재했다. 도가道家의 경전인 《장자》에서는 지식에 대해 이렇게 말하고 있다.

> 사람들은 깨달음을 얻기 위한 수단으로 책을 귀하게 여긴다. 책은 말을 글로 써놓은 것이고, 그 말에는 귀한 것이 있다. 말이 귀한 것은 바로 그 말에 뜻이 있기 때문이고 뜻에는 뒤따르는 바가 있다. 그런데 뜻에 뒤따르는 것은 말로 다 전할 수 없다. 하지만 사람들은 말만을 귀중히 여겨 책을 전한다.
>
> (중략)
>
> 눈으로 볼 수 있는 것은 형체와 색깔이고, 귀로 들을 수 있는 것은 이름과 소리뿐이다. 안타깝다, 세상 사람들이 형체와 색깔, 이름과 소리만으로 저 깨달음의 세계를 충분히 알 수 있다고 생각하고 있으니. 형체와 색깔, 이름과 소리만으로는 저 깨달음의 세계를 충분히 알 수가 없다. 그러므로 아는 자는 말

로 설명하려 하지 않고, 말로 설명을 하는 자는 알지 못한다. 세상 사람들이 어찌 이것을 모르고 있을까?
世之所貴道者書也 書不過語 語有貴也 語之所貴者意也 意有所隨 意之所隨者 不可以言傳也 而世困貴言傳書
(중략)
視而可見者 形與色也 聽而可聞者 名與聲也 悲夫 世人以形色名聲爲足以得彼之情 夫形色名聲 果不足以得彼之情 則知者不言 言者不知 而世豈識之哉[117]

바로 '착륜지의斲輪之意(수레바퀴를 깎는 느낌)'라는 고사성어의 연원이 되는 다음 사례에서 나온 내용이다.

제나라 환공이 책을 읽는 것을 보고 옆에서 수레바퀴를 만들고 있던 목수가 환공에게 그 책의 내용은 결국 '옛 사람의 찌꺼기에 불과한 것(古人之糟魄已夫)'[118]이라 하면서, 자신이 수레바퀴의 바퀴통을 깎을 때 헐겁지도 빡빡하지도 않게 적절한 크기로 깎아야 하는데 그것은 '손으로 터득하고 느낌으로 알 수 있을 뿐 말로 설명할 수 없다(得之於手 而應於心 口不能言)'[119]고 했다.

'명시지', 즉 말이나 글로 드러내는 데는 한계가 있다는 것과 함께, 그 한계 너머는 '암묵지'가 채울 수밖에 없다는 것을 말하고 있다.
장자와 비슷한 시기에 살았던 유가儒家의 맹자孟子. BC372?~BC289? 역시

---

117 장자 외편, 2012, 홍신문화사, 188면
118 장자 외편, 2012, 홍신문화사, 188면
119 장자 외편, 2012, 홍신문화사, 188면

다음과 같이 동일한 의미의 말을 하고 있다.

재장과 윤여가 다른 사람에게 나무를 깎고 바퀴를 만드는 기본적인 방법(規矩)을 가르쳐 줄 수 있지만, 그로 하여금 공교하게 할 수는 없다.
梓匠輪輿 能與人規矩 不能使人巧[120]

이런 맹자의 말을 윤순이란 사람은 이렇게 해설했다.

규구(規矩)는 방법이니 남에게 말해 줄 수 있다. 하지만 그 기술을 익히는 것은 배우는 상대방 본인에게 달려 있으니 가르치는 이가 아무리 대단한 장인이라 할지라도 이는 어찌할 수 없다. 기본적인 배움은 말로 전할 수 있으나, 통달하는 것은 반드시 본인 스스로의 느낌으로 깨달아야 한다.
規矩 法度 可告者也 巧則在其人 雖大匠 亦末如之何也已 蓋下學 可以言傳 上達 必由心悟[121]

동양에서는 이미 폴러니보다는 2,300년, 데카르트보다는 2,000년 앞서서 명시지와 암묵지의 구분은 물론 각각의 의미에 대한 명백한 정의가 존재했던 것이다.

한고조漢高祖 유방劉邦의 손자 유안劉安, BC179?~BC122이 정리한《회남자》에는 이런 말이 나온다.

선왕이 쓴 책을 읽는 것은 그 말을 직접 듣는 것만 못하고, 그 말을 직접 듣는

---

120 맹자 2권, 2009, 학민문화사, 527면
121 맹자 2권, 2009, 학민문화사, 527면

것은 그 말의 원인을 깨닫는 것만 못하다. 또한 그 말의 원인을 깨달은 자가 그것을 말로 옮기려 해도 그것은 불가능하다. 그러므로 입으로 말할 수 있는 도는 도가 아니다.

誦先王之書 不若聞其言 聞其言 不若得其所以言 得其所以言者 言弗能言 也 故道可道者 非常道也[122]

명시지의 한계를 보다 분명히 드러내는 동시에 '도道는 말로 전달할 수 없다'고 말하고 있다. 진정한 깨달음과 높은 수준의 지식은 명시지가 아닌 '암묵지'라는 점을 단정적으로 밝히고 있는 것이다. 장자, 맹자로부터 200여 년이 지난 때에 장자와 맹자 이상으로 암묵지의 절대 중요성을 강조하고 있다.

명시지와 암묵지의 공식 창안자인 폴러니 역시 지식을 두 가지로 구분하면서 암묵지가 매우 중요하다는 것을 강조했다. 대부분의 사람들이 말로 표현하는 것보다 더 많은 암묵지를 보유하고 있으며, 인간 행동의 기초가 되는 지식은 바로 암묵지이기 때문에 암묵지가 매우 중요하다는 논리였다.[123]

---

122 회남자(中), 유안 편저, 2013, 명문당, 237면
123 네이버 사전, 두산백과 참조

깨달음의 이치를 두고 벌인 명시지 대 암묵지 논쟁

명시지와 암묵지가 단순한 지식의 구분 및 정의 차원을 넘어, 현실에서 첨예한 대결구도를 형성한 경우도 있었다. 다름 아닌 '불교의 역사'에서다. 그것도 자그마치 1,500년 동안이나.

불교에서 깨달음에 이르는 방법은 크게 두 가지로 나누어진다. 하나는 '교종敎宗'이고, 다른 하나는 '선종禪宗'이다. 교종은 '교리와 경전 등을 배우고 학습'함으로써 '단계적으로 깨달아(漸悟, 점오)' 궁극의 깨달음에 이를 수 있다는 입장이다. 이에 반해 선종은 '참선參禪이나 공안公案(=화두), 참구參究(=집중·몰입)' 등을 통해 스스로 어느 때 '순간적으로 깨달음에 이를(頓悟, 돈오)' 수 있다는 입장이다.

■ **암묵지로만 가능한 선종(禪宗)의 깨달음**

중국과 우리나라에서 보편화된 선종은 달마대사達磨大師. ?~528?를 종조宗祖로 하는데, 그 선禪 수행법의 근거를 다름 아닌 다음과 같은 부처의 '영산靈山설법'에서 찾고 있다.

> 부처가 영산에서 제자들을 모아놓고 아무 말 없이 '연꽃을 손에 들고 제자들에게 보여주자(拈華示衆, 염화시중)', 제자 중 가섭이 '손에 든 꽃을 보고 말없이 미소를 지었다(拈華微笑, 염화미소).
> 이때 '문자에 의존하지 않았으며(不立文字, 불립문자)', 말이 아닌 '마음에서 마음으로 뜻이 전달되었으며(以心傳心, 이심전심)', '직접 가르치는 것이 아닌 방식

으로 가르침이 전달되었으며(教外別傳, 교외별전)', 귀나 눈이 아닌 '사람의 마음을 직접 가리켰으며(直指人心, 직지인심)', 부처의 말 없는 가르침으로 가섭이 '자신의 내부의 불성을 본 순간 바로 깨달음을 얻었다 (見性成佛, 견성성불).'

정확히 '암묵지'를 나타내고 있다. 선종에 있어 '깨달음'이라는 것은 '말'로 전할 수 없고(以心傳心), '문자'로 전할 수 없고(不立文字), 직접 '가르칠' 수 없고(教外別傳), '스스로 깨달을' 수밖에 없다(見性成佛)는 것이다.

달마대사가 6세기에 선禪 수행법을 시작하기에 앞서 '깨달음', 즉 지식 중의 최고의 지식에 대해 고민한 인물이 있었다. 바로 도생道生, ?~434이라는 인물이 '깨달음'이라는 것이 과연 '논리적·언어적·단계적'으로 이루어질 수 있는 것인가에 대한 회의를 한 것이다. 명시지·암묵지 형식으로 말한다면, 깨달음을 '명시화·형식화'할 수 있는가에 대해 의문을 품은 것이다.

결과는 '아니다'였다. 깨달음이란 '직관적·비언어적·즉각적'인 것으로, 진리를 조금씩 나누어 깨닫는다는 것은 말이 안 된다는 결론을 얻은 것이다. 즉, 깨달음이란 '명시지'가 아닌 '암묵지'라는 결론이었다.

사실 이것은 도생 정도의 깊은 회의를 품지 않더라도 보통사람들이 일상에서의 경험을 통해 얻을 수 있는 통찰이다. 자전거가 한쪽으로 기울 때 넘어지지 않고 금방 똑바로 달릴 수 있게 하는 그 몸짓 느낌, 수영할 때 물을 먹지 않고 부드럽게 호흡이 되는 그 편안한 느낌, 골프를 칠 때 공이 정확한 방향으로 빨랫줄처럼 뻗어나갈 때의 그 간결한 타격 느낌 등이 그렇다. '작은 깨달음'이지만 우리는 이런 느낌들을 스스로 느껴보지 않으면 알 수 없고, 당연히 누구에게 설명하기도 어렵고, 또 설명을 듣더라도 충분히 이해하기 쉽지 않다는 것을 잘 알고 있다.

■ 명시지적 입장을 취한 교종(敎宗)의 깨달음

이처럼 '암묵지'를 강조한 선종에 비해, 교종은 당연히 '명시지'적 입장이다. 앞서 이야기했듯이 '경전'을 학습함으로써 깨달음에 이를 수 있다는 교종의 입장에서, 그 깨달음의 주요 방법으로 삼는 학습의 대상이자 수단인 '경전' 자체가 바로 '명시지'이기 때문이다.

지식이 아닌 지혜를 좇다 보면 우리의 옛것이 보인다

다음은 중국 명나라 말기의 시인 오위업吳偉業, 1609~1671이 읊었다는 시구詩句이다.

> 황제黃帝가 글자를 만들어 놓고 근심을 한 나머지 밤새 울었다.[124]

문자가 결국은 사람을 본질로부터 멀어지게 할 것이라는 시인 자신의 통찰을 황제黃帝의 눈물을 빌려 드러내고 있다. 성인 공자孔子, BC551~BC479 역시 일찍이 '문자는 말을 제대로 드러낼 수 없고, 말은 생각을 제대로 드러낼 수 없다(書不盡言 言不盡意)'[125]고 했다.

오늘날 지식경영의 핵심인 명시지·암묵지 개념이 동양에서는 지식

---
124 음양오행으로 가는 길, 전창선·어윤형 저, 2005, 세기, 280면 참조
125 주역, 2012, 명문당, 518면

이 아닌 지혜로서 이미 기원전부터 존재했었다. 다만 근대 이후 서양의 물질문명에 취해 정신문명마저도 서양 것만 좇다 보니 동양의 오래된 책들이 우리의 눈에 잘 들어오지 않았을 뿐이다.

'옛것을 따져 봄으로써 새것을 안다'는 뜻의 온고지신溫故知新[126]에서의 '옛것', 즉 '故'는 '서양의 옛것' 이전에 '동양의 옛것'이어야 한다. 우리의 것이기에 그렇기도 하고, 정신문명에 있어서는 분명 더 동양이 풍요롭기 때문에 그렇기도 하다.

---

126 논어 1권, 2003, 학민문화사, 151면 참조

9장
동양 고전의 배경

이백과 두보는 살아 있다

중국의 지도자 시진핑은 외교석상에서나 국내 정치에서 한시를 즐겨 사용한다. 이렇게 한시를 사용하면 품격도 있고 완곡의 강약을 상황에 맞춰 적절히 조절할 수 있어 외교적 수사로나 정치적 수사로 그만이다.

2014년 7월 4일, 방한 중 서울대 특강에서 시진핑은 한·중 간의 우호관계를 강조하며 다음과 같은 이백의 시 '쉽지 않은 세상 길(行路難)'을 인용했다.

거센 바람이 물결 가르는 그때가 오면 구름 돛 달고 푸른 바다 헤쳐 나가리라.
長風破浪會有時 直掛雲帆濟滄海

한국과 중국 양국이 '우호협력의 돛을 함께 달고 상호 원원의 방향으로 항행航行한다면 바람을 타고 험한 파도를 헤치고 평화와 번영의 미래로 나아갈 것'¹²⁷이라는 확신을 굳세면서도 자유로운 분위기의 이백의 시로 표현한 것이다. 전달력이나 매력에 있어 의례적인 우호 강조나 직접적인 수사와 비교가 되지 않는다. 울림이 크고 길다.

그런가 하면 중국 당국이 펴낸 〈시진핑의 당풍염정 건설 및 반부패 투쟁에 관한 발언 요약집〉에는 이런 두보의 시 구절이 등장한다.¹²⁸

어린 소나무는 1천 척 높이로 뻗지 못하는 것을 한스러워 하며, 제멋대로 자란 대나무는 만 그루라도 잘라내야 한다.
新松恨不高千尺 惡竹應順斬万竿

사회정화를 위한 경고로서, 시사詩史(시로 표현된 역사)로 유명한 두보의 시를 인용하고 있다.

중국문학사에서 가장 빛나는 별 둘을 꼽으라면, 그들은 바로 당唐시대를 산 이백李白, 701~762과 두보杜甫, 712~770이다. 이백과 두보는 동시대를 살면서 서로 우정을 나누고 깊은 지적 교류를 했던 사이다.

그런데 흥미롭게도 두 사람의 시풍詩風은 서로 대조적이다. 이런 대조적인 측면은 중국의 남방문화와 북방문화 각각의 특징을 그대로 드러내고 있다. 그럼 먼저 두 사람의 시를 한 편씩 감상해 보자.

다음은 이백의 대표적인 작품 중 하나인 '달 아래 홀로 술 마시며(月下獨酌)'이다.

꽃 아래 한 병의 술을 놓고　花下一壺酒

---

127 서울경제, 2014년 7월 4일자 기사 참조
128 연합뉴스, 2015년 1월 16일자 기사 참조

벗 없이 홀로 잔을 기울이네.　獨酌無相親
잔을 들어 밝은 달을 맞이하니　擧盃邀明月
내 그림자 더해 3인이 되었네.　對影成三人
달은 원래 술 마실 줄 모르고　月旣不解飮
그림자는 그저 나를 따를 뿐이지만　影徒隨我身
잠시 달과 그림자 벗 삼아　暫伴月將影
봄밤을 마음껏 즐기네.　行樂須及春
내가 노래하면 달이 춤을 추고　我歌月徘徊
내가 춤추면 그림자가 덩실대네.　我舞影凌亂
취하기 전엔 함께 서로 즐기지만　醒時同交歡
취하고 나면 각자 흩어지고 마네.　醉後各分散
속세 떠난 맑은 사귐 영원히 하고자　永結無情遊
먼 은하에서 다시 만나길 기약하네.　相期邈雲漢[129]

다음은 1,400여 편에 이르는 두보의 시 중 하나인 '용문의 봉선사에서 노닐며(遊龍門奉先寺)'이다.

스님을 따라 절에서 노닐다　已從招提遊
밤이 되어 절에서 잠자리에 든다.　更宿招提境
북쪽 골짜기에 영묘한 바람 일고　陰壑生靈籟
달빛 숲속엔 맑은 그림자 흩어진다.　月林散淸影
높게 솟은 산봉우리 별에 이르고　天闕象緯逼

---
129 고문진보, 황견 엮음, 2004, 을유문화사, 전집 116~117면

구름 위에 누우니 옷이 차구나.　雲臥衣裳冷

잠 깰 무렵 들려오는 새벽 종소리　欲覺聞晨鐘

나로 하여금 깊은 성찰을 하게 하는구나.　令人發深省[130]

정신적 자유를 좇은 이백과 시적 완벽을 추구한 두보

우리나라에서는 이름보다 자字인 '태백太白'으로 더 널리 알려진 이백의 시풍은 한마디로 '정신의 자유'이다. 젊은 날의 협기俠氣와 만년晩年의 신선神仙에 대한 관심 그리고 술을 문학의 원천으로 삼았던 이백은 평생을 방랑으로 일관하며 '정신의 자유'를 추구했다.

그런 그였던 만큼 중국문학사에서는 그를 '시선詩仙'이라는 높은 이름으로 기린다. 시적 표현에 있어 인간의 세계를 초월하고 있다는 의미다. 흐드러진 달빛과 처연한 꽃잎 아래 한 병의 술을 놓고 달과 그림자를 벗 삼아 혼자 노래하고 춤추면서 시공時空은 물론 정감까지 막힘없는 영원을 꿈꾸는 시인은 정녕 신선일 수밖에 없다.

이에 비해 인간사, 인간의 심리 및 자연사에서 찾은 새로운 감동을 엄격한 형식과 성숙된 기교로 표현코자 했던 두보는 '시적 완벽'을 추구한 위대한 인간이었다.

---

130 고문진보, 황견 엮음, 2004, 을유문화사, 전편 85~86면

그런 그였던 만큼 중국문학사에서는 시적 표현에 있어 가장 뛰어난 인간이라는 의미로 그를 '시성詩聖'으로 칭송하고 있다. 절을 찾아 하룻밤을 지내며 깊은 산속의 영묘한 바람과 쏟아져 내리는 달빛에 온 마음을 적시면서도 새벽 종소리에 깊은 성찰을 다짐하는 두보는 정녕 완벽을 꿈꾸는 '성실과 노력'의 전형이다.

가풍에 따라 달라진 시의 성격

이백이 추구했던 무한대의 '정신적 자유'와 두보의 완벽을 향한 '성실과 노력'의 차이는 어디에서부터 비롯되었을까.

이백의 아버지는 상인이었다. 그리고 이백은 젊었을 때 도교에 심취해 산중에서 지낸 적이 많았다. 상인은 속성상 '독립'을 추구한다. 그리고 도교는 집단보다 '개인'을 우선시한다. 상인의 독립추구 정신과 도교의 개인중시사상이 '정신적 자유' 추구로 이어지리라는 것은 쉽게 생각해 볼 수 있다.

이에 비해 두보는 학자·문학자 집안 출신이었다. 멀리로는 진대晉代의 유명한 학자인 두예杜預, 222~284를 조상으로 두었고, 가까이로는 당나라 초기의 시인인 두심언杜審言, 648?~708을 조부로 두었다. 글을 가까이 하는 집안이었던 만큼 두보는 어렸을 때부터 시를 잘 지었고, 이런 배경은 자연스레 문학적 완벽을 추구하는 '성실과 노력'으로 연결되었으리라 추측할 수 있다.

자연과 역사는 문학적 차이를 만드는 가장 큰 배경

그런데 이런 개인적인 배경 말고 두 사람의 시풍 차이를 가져온 또 하나의 원인이 있다. 바로 가장 큰 배경이라 할 수 있는 '자연적·역사적 환경'이다.

■ **토양과 기후에 의해 달라지는 사람의 성향**

중국 대륙의 특성은 진령秦嶺산맥과 회수淮水를 중심으로 남과 북으로 구분된다. 바로 황하를 중심으로 하는 '북방'과 양자강(장강)을 중심으로 하는 '남방'이다. 《회남자》에서는 이런 지역적 특성에 대해 이렇게 말하고 있다.

> 귤을 강북으로 옮겨 심으면 탱자로 바뀌고, 구관조와 고니는 제수를 건너지 못하고, 담비는 문수를 건너면 죽어버린다. 이는 정해진 속성이 바뀌지 않기 때문이다.
> 橘樹之江北 則化而爲橙 鴝鵠不過濟 貊渡汶而死 形性不可易[131]

---

131 회남자(上), 유안 편저, 2013, 명문당, 34면

또 맹자는 이렇게 말했다.

어디에 사느냐에 따라 기가 달라지고 어떻게 봉양하느냐에 따라 몸이 달라지니, 참으로 중요하구나 사람 사는 곳이.
居移氣 養移體 大哉居乎[132]

남과 북이 토양과 기후가 다르고, 그에 따라 사람들의 성향도 달라질 수밖에 없다는 이야기다.

양자강 유역과 황하 유역은 기후와 지리적 특성에서 차이가 난다. 남방은 기후가 따뜻하고 토지가 비옥한 데 반해, 북방은 기후가 한랭하며 토지가 척박하다. 이런 기후로부터 비롯된 사람들의 성향이나 문화도 차이가 있다. 일반적으로 남방은 상상력이 풍부하고 낭만적인 성격을 많이 띠는 데 반해, 북방은 소박하고 실제를 중시하는 성격을 지닌다.

■ 남방의 도가(道家)와 북방의 유가(儒家)

남방과 북방을 대표하는 사상은 '도가道家'와 '유가儒家'이다. 그 중심에는 '노자'와 '공자'가 있다. 노자老子, ?~?는 춘추전국시대 때 초나라에서 태어났다. 노자로 대표되는 도가의 중심사상은 양자강을 중심으로 한 남방 세력을 대표했던 초나라를 사상 형성의 배경으로 한 만큼, 현실에 얽매이지 않고 자연스러움을 추구하는 '무위자연無爲自然'이었다.

공자孔子, BC551~BC479는 춘추시대 때 노魯나라(지금의 산동성)에서 태어났다. 공자로 대표되는 유가의 중심사상은 북방문화의 중심인 황하의

---
132 맹자 2권, 2009, 학민문화사, 491면

하류지역을 배경으로 한 만큼, 현실의 질서를 중요시하는 '인仁', 곧 자기 자신을 이기고 예로 돌아가는 '극기복례克己復禮'였다.

■ 남방문학과 북방문학의 줄기

남방과 북방은 문학작품으로도 구분된다. 남방문학의 출발은 굴원으로부터 시작된 《초사楚辭》이고, 북방문학은 바로 황하를 중심으로 한 북방문학의 출발이자 중국 고대문학의 출발인 《시경詩經》이다.

굴원屈原, BC343?~BC278?은 전국시대 말기 초楚나라의 귀족 출신으로, 정치적 모함을 받아 강남땅을 떠돌다 멱라수에 투신해 삶을 마친 비극적 인물이다. 다음은 그의 대표작인 '근심을 만나다(離騷)' 중 일부이다.

사람들에게 구구절절 말할 수도 없으니 　衆不可戶說兮
누가 나의 마음속을 일러 살펴 주리오. 　孰云察余之中情
세상 사람들은 모두 무리 짓길 좋아 하니 　世幷擧而好朋兮
누가 외로운 내 말에 귀 기울일 것인가. 　夫何煢獨而不余聽.
(중략)
아서라 　已矣哉
나라엔 사람 없고 나 알아줄 일 없는데 　國無人莫我知兮
어찌 고향을 그리워 하리오. 　又何懷乎故都
이제 더불어 좋은 정치 할 수 없다면 　旣莫足與爲美政兮
내 차라리 팽함을 쫓아 삶을 끝낼 것이니. 　將從彭咸之所居[133]

---

133 고문진보, 황견 엮음, 2004, 을유문화사, 후집 42~62면

정치에 대한 회한, 망국으로 달리는 조국 초나라에 대한 안타까움, 자신의 삶에 대한 비탄이 처연한 낭만적 분위기에 녹아들어 그 느낌이 오늘날까지 절절하다.

《시경》은 중국 최초의 시가집으로, 앞서 이야기했듯이 북방문학의 출발이자 중국 대륙문학의 출발이기도 하다.《시경》은 주周 왕조 BC1046~BC221 전기에 15개 제후국의 민가·민요인 풍風 160편, 궁정에서 쓰는 음악인 아雅 105편, 제사 등에서 쓰는 음악인 송頌 40편 등 305편의 시가를 담고 있다.

'풍'은 평민들의 삶을 소재로 하고 있는 만큼 현실에 바탕을 두고 있고, '아'는 궁정에서 쓰이는 음악으로 주로 역사와 인물을 소재로 하고 있으며, '송'은 제사음악인 만큼 선조先祖나 자연 또는 귀신을 칭송하는 내용으로 되어 있다. 이처럼《시경》은 대체로 현실 소재를 다루고 있는 만큼 그 성격이 일반적으로 소박하고 사실적이라 할 수 있다.

이렇듯《시경》의 현실에 바탕을 둔 사실주의는 두보의 인간으로서의 완벽을 추구하는 자세와 맞닿아 있고, 굴원의 처연한 낭만적 분위기는 이백의 정신적 자유를 추구하는 초월적 낭만주의와 닮았다.

남방문화의 출발과 성세盛世를 이룬 굴원BC343?~BC278?과 이백701~762 사이에는 위진남북조시대 최고 시인으로 평가받는 도연명陶淵明, 365~427이 있었다. 도연명은 양자강 남쪽 강서성 출신이다. 그는 대부분의 삶을 벼슬을 떠나 살며 기교나 전거典據(말이나 문장의 근거가 되는 문헌상의 출처)에 의존하지 않는 평범한 시를 즐겨 쓴 시인으로 평가받는다. 다음은 그의 '나 돌아가리(歸去來辭)'라는 시 중 일부이다.

술병과 잔을 끌어 홀로 술 따르고   引壺觴以自酌

뜰 나뭇가지 바라보며 지긋이 미소 짓네.　眄庭柯以怡顔
남쪽 창에 기대어 마음껏 기지개 펴니　倚南窓以寄傲
비좁은 방이지만 편하기 그지없네.　審容膝之易安
(중략)
동쪽 언덕에 올라 휘파람 길게 불고　登東皐以舒嘯
맑은 시냇가에서 시도 지어본다.　臨清流而賦詩
잠시 자연을 따르다 무로 돌아갈 것이니　聊乘化以歸盡
천명을 즐길 뿐 다시 무엇을 의심하리.　樂夫天命復奚疑[134]

따뜻한 정서 속에서 시선 이백이 추구했던 그 '정신의 자유'가 도연명에게서 넘쳐흐르고 있음을 알 수 있다.

이백의 낭만주의와 정신의 자유는 북송시대의 같은 사천성 출신인 소동파蘇東坡, 1037~1101에게로 이어지고, 두보의 완벽을 추구하는 모범적 문학성향은 소동파의 제자인, 강서성 출신의 황정견黃庭堅, 1045~1105과 같은 이에게로 이어진다. 다음은 소동파의 '위소주 시의 운에 맞추어 등도사에게 보내다(和韋蘇州詩寄鄧道士)'라는 시다.

나부춘 술 한 잔을　一盃羅浮春
멀리 산속 은자에게 보낸다.　遠餉採薇客
멀리서도 알겠네, 홀로 술 다 비우고　遙知獨酌罷
소나무 아래 바위에 취해 누워 있을 것을.　醉臥松下石
숨어 사는 이를 만나 볼 순 없지만　幽人不可見

---
134 고문진보, 황견 엮음, 2004, 을유문화사, 후집 156~161면

맑은 휘파람 소리 달밤에 들려오네.　淸嘯聞月夕
농 삼아 암자에 있는 그대에게 묻노니　聊戲庵中人
하늘을 나는 신선은 본래 발자국이 없다든가?　空飛本無迹[135]

또 다음은 황정견의 '마애비를 제목삼아(題磨崖碑)'라는 시 중 일부이다.

현종이 제대로 정치를 하지 못해　明皇不作苞桑計
천하가 뒤집어졌네, 안록산 정도에게.　顚倒四海由祿兒
사직을 지키지 못해 서쪽으로 몽진하니　九廟不守乘輿西
관리들은 모두 도망쳐 숨었네 새가 깃들 곳 찾듯.　萬官奔竄鳥擇栖
(중략)
신하 원결은 용릉의 노래 두세 편을 지었고　臣結春陵二三策
신하 두보는 두견에게 두 번 절하는 내용의 시 지었네.　臣甫杜鵑再拜詩
어찌 알 수 있으리오, 뼈에 사무치는 충신들의 고통을　安知忠臣痛至骨
후세는 단지 감상할 뿐이네, 아름다운 시구로만.　後世但賞瓊琚詞[136]

　북송시대를 산 소동파는 아버지 소순蘇洵, 동생 소철蘇轍과 함께 3부자가 당송팔대가唐宋八大家에 들어간다. 소동파의 시는 당唐시에 비해 철학적 요소가 짙다는 평가를 받았으나, 천성이 자유인이었던 그는 남방의 자유스런 문학환경에서 극도의 정신적 자유와 함께 인간을 넘어선 신선의 세계를 넘보았다.
　이에 반해 소동파의 제자인 황정견은 전고典故와 조사措辭로 시의 격

---
135 고문진보, 황견 엮음, 2004, 을유문화사, 전집 89~90면
136 고문진보, 황견 엮음, 2004, 을유문화사, 전집 328~334면

과 높은 완성도를 추구하는 시풍으로, 양자강 하류의 남방문화권 출신이면서도 북방문학의 상징인 시성 두보의 성향을 잇고 있다. 앞서 보았던 '마애비를 제목삼아(題磨崖碑)'의 시구에서처럼, 황정견의 시들은 한 글자 한 글자가 모두 앞서의 역사적 사실 등(典故)에 의존하고 있어 사전 지식이 풍부하지 않으면 제대로 이해할 수 없다.

기후와 풍토가 만들어 낸 문화와 역사의 변곡점

대륙이 낳은 위대한 시인 이백과 두보 두 사람은 동시대를 살았지만 매우 흥미롭게도 작품 경향은 서로 대비된다. 작가의 작품 경향은 자랄 때의 집안 환경뿐 아니라, 지리적·역사적 환경에서도 영향을 받는다. 이백은 진령秦嶺산맥과 회수淮水 이남인 강남의 사천성에서 태어났고, 두보는 진령산맥과 회수 이북인 황하 일대의 하남성에서 태어났다.

기후가 따뜻하고 토지가 비옥한 양자강 일대의 남방 지역은 자연스레 환경적 여유에서 비롯된 풍부한 상상력과 낭만적 성향을 낳았고, 기후가 한랭하고 토지가 척박한 황하 일대의 북방 지역은 소박하고 실제를 중시하는 사실주의적 경향을 띠게 되었다.

이런 지리적 환경에서 남방에서는 신선神仙을 추구한 노자의 무위자연無爲自然 도가사상과 낭만주의의 걸작으로 평가받는, 굴원의 '이소離騷'로 시작되는 《초사》가 탄생했다. 그리고 이런 풍부한 상상력과 낭만적 경향은 인간의 경지를 넘어선 시선詩仙 이백을 낳았다.

북방에서는 질서를 중시하는 성인聖人 공자의 인仁사상과 주로 현실 소재를 다루면서 소박하고 사실적 경향을 지닌《시경》이 탄생했다. 그리고 이런 현실적 사실주의는 시적 완벽을 추구한 위대한 인간 시성詩聖 두보를 낳았다.

■ 남방문화권은 중국 혁명가들의 고향

기후와 풍토의 영향은 당연히 문학에만 한정되지 않는다. 역사의 변곡점을 위한 주요 역할에 있어서도 크게 영향을 미친다. 중국의 역사는 혁명의 역사이다. 혁명에 의해 권력 지형이 요동치고 대륙의 주인이 교체되어 왔다. 그런데 혁명의 주역과 혁명의 도화선을 마련한 사상가들 대부분이 양자강 일대의 남방문화권 출신이다. 대륙의 장구한 역사에서 무산자無産者로서 각각 한나라, 명나라, 공산주의국가를 세운 한고조 유방재위 BC202~BC195(강소성 출신), 주원장朱元璋, 1328~1398(안휘성), 모택동毛澤東, 1893~1976(호남성)이 모두 양자강 일대의 남방문화권 출신이다.

주요 사상가라 할 수 있는 인물들도 마찬가지였다. 신선술神仙術을 다룬《포박자抱朴子》의 저자 갈홍葛洪, 283~343?(강소성), 시문혁신론詩文革新論을 주장한 구양수歐陽修, 1007~1072(사천성), 강서파의 시조 황정견 1045~1105(강서성), 유가철학의 완성자 주희朱熹/朱子, 1130~1200(복건성), 주관적 유심론을 주장한 육왕학(양명학)의 육상산陸象山, 1139~1192(절강성)과 왕양명王陽明, 1472~1529(절강성), 유교적 권위를 거부하고 자아중심의 혁신사상을 편 이탁오李卓吾, 1527~1602(복건성), 봉건적 압제를 비판한 극작가 탕현조湯顯祖, 1550~1617(강서성), 군주독재 체제를 비판한 황종희黃宗羲, 1610~1695(절강성), 중국 국민성 개조를 위한 문학을 지향했던 노신魯迅,

1881~1936(절강성), 낭만주의문학 운동과 고대사상 연구에 매진한 곽말약 郭沫若, 1892~1978(사천성)과 같은 인물들이 모두 양자강 일대의 남방문화권 출신이다.

북송시대에 신법新法 개혁에 나섰던 왕안석王安石, 1021~1086(강서성), 영국에서 밀수된 아편을 모조리 몰수해 불질렀던 임칙서林則徐, 1785~1850(복건성)와 같은 과단성 있는 정치인들의 고향도 양자강 일대의 남방문화권이었다.

중국의 근대화와 공산주의 체제 확립에 주요 역할을 했던 인물들의 면면 역시 남방문화권 일색이다. 태평천국의 창시자 홍수전洪秀全, 1814~1864(광동성), 청淸나라 광서제光緖帝, 재위 1874~1908 때 무술변법戊戌變法 개혁을 주도한 강유위康有爲, 1858~1927(광동성)와 그의 제자로 변법자강운동變法自彊運動을 벌인 양계초梁啓超, 1873~1929(광동성), 반청·반군주·반공자를 기치로 봉건시대 유산 타파와 변법자강운동에 나선 담사동譚嗣同, 1865~1898(호남성), 신해혁명辛亥革命을 일으킨 중국의 국부 손문孫文, 1866~1925(광동성)과 같은 이들이 모두 남방문화권 출신이다.

또한 공산주의 체제 확립에 관련해서는, 중화인민공화국을 세운 모택동1893~1976(호남성), 모택동을 도와 신新 중국 건설에 공헌한 주덕朱德, 1886~1976(사천성)과 주은래周恩來, 1898~1976(강소성), 한때 중국군 원수를 지내다가 모택동과 대립했던 팽덕회彭德懷, 1898~1974(호남성), 모택동 다음가는 이론가로 10년 가까이 국가 주석을 지내다 문화대혁명으로 실각한 류소기劉少奇, 1898~1969(호남성), 한때 모택동의 후계자로 지명 받았으나 모택동과 대립관계로 돌아선 후 의문의 비행기 추락사를 한 임표林彪, 1907~1971(호북성), 실용주의 노선을 따르다 1966년 문화대혁명 때 주자파走資派로 몰렸다가 모택동 사후 다시 복권되어 오늘날 중국의 개혁개방을 이끈 작은 거인 등소평鄧小平, 1904~1997(사천성) 등이 모두 남방 문화권 출신이다.

■ **정신적 자유에서 시작된 남방의 낙관주의**

　결국 중국의 역사·사상·문화는 북방의 황하에서 시작되었지만, 그 역사·사상·문화의 주요 변곡점을 마련하는 역할은 남방의 양자강이 떠맡아 왔던 것이다. 그 이유는 무엇일까?

　변곡점은 '새로움'을 지향한다. 역사의 변곡점, 사상의 변곡점, 문화의 변곡점이 새로움을 지향한다면 그 출발은 바로 '사고의 유연함'과 '낙관주의'이다. 사고의 유연함은 다른 데서 나오지 않는다. 바로 '정신적 자유'에서 나온다. 경직된 사고, 습관적 사고, 위계적 사고는 있는 것을 지킬 뿐, 새로운 세계의 문을 열 수 없다. 그리고 새로운 영역은 미지의 세계이다. 그 미지의 세계로 나아가려면 먼저 '미지의 세계가 현재의 익숙한 세계보다 더 나을 것'이라는 확신이 있어야 한다. 한마디로 '낙관적'이어야 한다.

　'낙관적 사고'는 '낭만주의'와 궁합이 맞다. 도가道家와 《초사楚辭》와 신선神仙이 유가儒家와 《시경詩經》과 성인聖人보다 새로운 역사를 만들고, 새로운 사상을 낳고, 새로운 문화를 열어가는 데 더 적합할 수밖에 없는 이유이다. 따라서 도가의 노자와, 《초사》의 굴원과, 시선詩仙인 이백을 낳은 남방문화가 중국의 역사·사상·문화가 전개되는 과정에서 주요 역할을 해 온 것은 어찌 보면 필연이다.

　도가의 《도덕경道德經》과 굴원의 '이소離騷'와 이백의 '월하독작月下獨酌'은 생명 없는 존재가 아니다. 보이는 듯 보이지 않는 듯 살아 움직이면서 지금까지 대륙을 움직여 왔고 또 앞으로도 여전히 역사·사상·문학의 추동력 역할을 해 나갈 것이다. 오래된 책이 사람을 낳고, 그 사람이 역사·사상·문화를 만들어가는 것은 진리다. 그리고 사실이다.

*이 장의 인물들 관련 내용은 주로 네이버 사전의 두산백과 내용을 참조함

10장 문명

문명은 도둑질로부터
시작되었다

초등학교 시절 중국에서 붓두껍에 목화 씨앗을 몰래 숨겨 가지고 온 문익점1329~1398의 삶을 다룬 위인전을 읽을 때였다. 위인이라면 당연히 정직해야 한다는 것이 아직 코 감장도 제대로 안 되는 순진무구한 초등학교 저학년생의 위인관이었는데, 문익점 선생은 중국 사람들의 것을 그들의 허락도 없이 몰래 훔쳐 가지고 온 인물이었다.

'어떻게 남의 것을 훔쳐온 이를 위인이라 할 수 있을까?'

문득 이런 생각에 책 읽기를 잠시 멈췄던 기억이 있다. 물론 목화 씨앗을 가지고 와 우리나라 사람들이 옷을 따뜻하게 해 입을 수 있게 한 것은 좋은 일이지만, 어린 나이에 아무리 다시 생각해 보아도 남의 것을 몰래 가지고 온 행위 자체는 분명 잘못된 것이었다.

물론 지금 같으면 '정직'이라는 것의 궁극적 의미가 무엇이고, 또 공리주의功利主義적 관점이 어떻고 원칙주의적 관점이 어떻고 복잡하게 여러 가지로 따져 보았을 것이다. 하지만 당시는 이제 겨우 도화지 같은 머릿속에 유채색의 그림들이 하나둘씩 자리 잡기 시작하는 어린 때였다. 밥 먹듯이 하루에도 몇 차례씩 선생님으로부터 '정직해야 한다', '거짓말해서는 안 된다'와 같은 말을 귀에 딱지가 앉도록 듣고 있던 아이 입장에서 편하게 머리 끄덕일 수 있는 내용이 못 되었다. 중국 사람들의 목화 씨앗을 그들 몰래 가지고 나온 것은 백 번을 생각해도 올바른 일이 아니었다. 명백한 '도둑질'이었다.

사람 도둑질로 시작된 일본의 도자기문화

임진왜란·정유재란은 '도자기 전쟁'이라고도 불린다. 임진왜란·정유재란 때 일본에 끌려간 조선인 도공들에 의해 일본의 도자기 산업이 시작되었기 때문이다. 일본의 도자기는 독일의 마이센Meissen, 프랑스의 리모주Limoges, 덴마크의 로얄 코펜하겐Royal Copenhagen, 헝가리의 헤렌드Herend 등 세계적인 명품 도자기의 탄생에 영향을 미쳤다. 그런 일본의 도자기가 아리타야키有田燒(별칭 이마리야키伊萬里燒)의 도조陶祖 이삼평?~1655, 아리타 도예의 어머니로 불리는 백파선1560~1656, 사쓰마야키薩摩燒의 도조 심당길?~?과 같은, 바로 임진왜란 때 조선에서 끌려간 도공들에 의해 시작되었다는 것이다.[137] 오늘날 세계적인 자랑거리가 된 일본의 도자기문화가 결국 조선으로부터의 '사람 도둑질'로 시작된 셈이다.

약탈해 온 유물들로 채워진 대영박물관과 루브르박물관

영국의 대영박물관The British Museum은 프랑스의 루브르박물관과 바티칸박물관 또는 러시아의 에르미타주박물관과 함께 세계 3대 박물관 중 하나로 꼽힌다. 1759년에 설립되어 1852년 현재의 자리로 옮긴 대영박물관의 소장 유물은 1,300만 점에 이른다. 그런데 그 중 적지 않은 소장품이 제국주의시대에 다른 나라에서 약탈해 온 것들이다. 이집트, 그리스, 중동 아시아, 중국 등 그 범위가 전 세계적이다.

그도 그럴 것이 영국의 역사는 이집트, 그리스, 페르시아, 중국 등에 비해 비교가 되지 않을 정도로 일천하다. 런던 주변에 한정해 국가가 들어선 것이 AD871년이고, 아일랜드를 제외한 잉글랜드, 웨일즈, 스코틀랜드까지 연합된 때가 1707년이니, 영국 자신이 세운 나라인 미국 못지않게 영국 자체도 4대 문명권 등에 비하면 꽤나 신생국가에 속하는 셈이다. 그럼에도 불구하고 세계의 문명사·문화사를 한꺼번에 감상할 수 있는 박물관이 영국에 있다면, 그것은 당연히 자기 고유의 것이 아닌 다른 이들의 것, 즉 '약탈해 온 것'들로 채워진 공간일 수밖에 없다.

---

137 세계일보, 2016년 3월 15일자 기사 참조

프랑스의 루브르박물관 역시 대영박물관과 크게 다르지 않다. 부르봉 왕조1589~1792와 나폴레옹 1세재위 1804~1815 때 이집트, 중동 등 프랑스 외부에서 가져온 소장품들이 적지 않다. 프랑스의 역사도 영국과 마찬가지로 그리 오래되지 않았다. AD481년에 프랑크로 건국된 이후 843년에 서프랑크로 나뉘어져 지금의 프랑스로 이어졌으니, 이집트, 페르시아 등의 역사와는 길이와 깊이에서 비교가 되지 않는다. 오늘날 문화 선진국임을 자랑하지만 루브르박물관의 소장품들 중 르네상스 이전 것들은 유구한 역사의 이집트 등 외부에서 '강탈해 온 것'들일 수밖에 없다.

대영박물관, 루브르박물관을 자랑하는 영국과 프랑스의 문화는 '강탈'에서 시작되었다.

로마문명의 출발은 사비니족 여인의 강탈

그러고 보면 서양 전체의 고대사라 할 수 있는 화려했던 로마문명 역시 그 출발은 다름 아닌 '사람 도둑질'이었다. BC753년 4월 21일에 로물루스가 쌍둥이 동생인 레무스를 죽이고 자신을 따르는 3천 명의 라틴족 젊은이들을 이끌고 테베레 강 동쪽 연안 일곱 개 언덕에 로마를 건국했다. 그런 로물루스가 왕·원로원·민회로 이루어진 정치체제를 갖추고 난 다음 가장 먼저 시작한 일이 바로 '사람 도둑질'이었다. 이제

갓 태어난 로마의 시민 대부분이 독신 남자였던 탓에 이 시민들의 아내들을 어디에선가 공급(?)했어야 했다. 그렇지 않으면 건국만 했지 머지않아 로마가 저절로 사라질 판이었다. 남녀 비율이 불균형이라 할 수 있는 정도라면 어떻게든 개선적 방법을 모색해 보았을 수도 있다. 하지만 부족한 아내들의 수가 로마 시민 전체에 해당하는 수천 명에 이르다 보니 무엇인가 혁신적 방법을 동원하지 않으면 안 되는 상황이었다.

해결책은 어느 한 부족의 여자들을 한꺼번에 잡아오는 것이었다. 그 해결책의 실행이 바로 이후 수많은 화가들의 흥미를 자아내고 상상력을 자극했던 '사비니족 여인의 강탈'이었다. 로마인들은 사비니족을 자신들의 축제에 초대했다. 그리고 축제 도중에 여자 강탈에 나섰고, 여기에 분노한 사비니족 남자들과의 네 차례의 전투를 거쳐 드디어 집단적으로 아내들을 확보했다.[138] 2,200년을 이어갈 위대한 로마문명 건설자들의 '위대한 어머니들'이 마련(?)되었다. '강탈'이라는 방법을 통하여.

인류사 최대의 통 큰 도둑질로 시작된 미국의 역사

20~21세기의 로마제국이라고 할 수 있는 미국의 자본주의문명 역시 '도둑질'에서 시작되었다. 그런데 이번에는 단순한(?) '여자 도둑질'

---

138 로마인이야기 1권, 시오노 나나미 저, 김석희 역, 1996, 한길사, 33~38면 참조

정도가 아니었다. 대륙 하나 전체를 도둑질하는 인류사 최대의 '통 큰 도둑질'이었다. 바로 북미 대륙 전체를 한꺼번에 빼앗은 사건이었다.

유럽인들이 북미 대륙에 발을 내디딜 때 북미 대륙에는 동물과 식물만 있던 것이 아니었다. 사람이 있었다. 북미 대륙이라는 동산을 돌보고 있는 인디언이 바로 그들이었다. 인디언 역시 성경에서 하느님 당신의 모습을 닮게, 당신이 직접 만드신 인간의 후손이었다.

유럽의 백인들이 북미 땅을 '도둑질'했다는 것은 그들의 북미 대륙에 대한 인식에서 잘 드러난다. 그들은 아메리카 땅을 '신대륙'이라 불렀다. 특정 고유명사로서의 땅 이름이 없었다. 아메리카 땅에 발을 내디딜 때 그 땅의 이름이 아직 없었다면, 그 땅을 터전으로 하는 부족의 명칭이나 그 땅의 상징적인 어떤 것을 이름으로 삼아야 했다. 하다못해 대영제국 자신들이 정치적 편의에 의해 아시아를 극동·중동·근동 아시아로 구분했던 것처럼 지역 위치로라도 불렀어야 했다. '체로키의 대륙'으로 부르든 '옥수수의 땅'으로 부르든, 아니면 '서쪽 대륙'이라 부르든 최소한 '신대륙' 정도의 정체성 없는 보통명사는 아니어야 했다.

'신대륙'이란 호칭에는 글자 그대로, '새로운(新)' 즉 '주인이 없는' 땅이라는 인식이 전제되어 있다. 그랬기에 J. 로크 John Locke, 1632~1704 같은 이는 이런 주장을 할 수 있었다.

> 자연이 제공하고 그 안에 놓아 둔 것을 그 상태에서 꺼내어 거기에 자신의 노동을 섞고 무언가 그 자신의 것을 보태면, 그럼으로써 그것은 그의 소유가 된다. 그것은 그에 의해서 자연이 놓아둔 공유의 상태에서 벗어나, 그의 노동이 부가한 무언가를 가지게 되며, 그 부가된 것으로 인해 그것에 대한 타인의 공통된 권리가 배제된다.[139]

이런 로크의 주장은 유럽인들이 신대륙에서 인디언들의 소유물을, 심지어 그들의 생명까지도 양심의 거리낌 없이 마음껏 빼앗을 수 있도록 했다. 일찍부터 대자연을 그들의 어머니이자 집으로 그리고 삶의 터전으로 삼고 살아온 인디언들이 일반 유럽인은 물론 로크의 눈에도 전혀 들어오지 않았던 모양이다. 하긴 A. 토크빌Alexis de Tocqueville, 1805~1859과 같은 지성마저도 다음과 같이 '신의 뜻'까지 거론하면서 북아메리카를 주인 없는 땅으로 규정했으니.

> 북아메리카에는 유랑하는 부족들만이 살고 있었는데 그들은 토지의 자연적인 풍요로 이익을 거두는 일에 대해서는 전혀 모르고 있었다. 제대로 말한다면 그 광대한 나라는 주인 없는 대륙, 주인들을 기다리는 황무지였다.
> (중략)
> 북아메리카 대륙이 발견되었다. 그것은 마치 하느님이 여분으로 남겨두었다가 대홍수의 수면 밑으로부터 솟아오르게 만든 것 같았다.[140]

신의 뜻까지 거론했다면, 당연히 신의 모습을 닮고, 또 그 신이 직접 만드신 인간의 후예인 '인디언'의 존재를 그 후예가 돌보는 대상인 동물이나 식물과 같은 격으로 보는 독신瀆神적 행위는 저지르지 않았어야 했다.

---

139 통치론, 존 로크 저, 강정인 등 역, 2006, 까치, 35면
140 미국의 민주주의, A. 토크빌 저, 임효선·박지동 역, 2005, 한길사, 373면

그리스로마신화에서의
문명 도둑질

　서양 정신의 출발인 그리스로마신화에서도 인간문명 자체가 '도둑질'에서 시작되었다고 말하고 있다. 바로 '프로메테우스의 불' 사건이다. 제우스는 티탄Titan들과의 10년 전쟁 끝에 올림퍼스 신전의 왕좌를 확보한 다음, 자기를 편들었던 쌍둥이 티탄 프로메테우스와 에피메테우스를 불러 인간과 동물을 만들도록 명령했다.

　형인 프로메테우스는 진흙으로 신의 모습을 본 떠 인간 남자를 만들었다. 그런데 프로메테우스는 인간 남자를 다 만들고 나서 그에게 줄 선물이 하나도 남아 있지 않다는 사실을 알게 되었다. 자신이 인간 남자 한 명을 공들여 만드는 동안 동물을 만든 동생 에피메테우스가 그 동물들에게 제우스의 선물들을 모두 나눠 주었던 것이다.

　프로메테우스는 제우스를 찾아가 인간에게 불을 나누어 주자고 제안했지만 제우스는 반대했다. 결국 프로메테우스는 제우스의 불을 훔쳐서 인간에게 가져다 주었다. 문익점이 붓두껍 속에 목화 씨앗을 감추었던 것처럼, 프로메테우스가 속이 빈 회향목 줄기에 넣어 훔쳐온 불은 인간에게 문명을 가져다 주었다. 하지만 프로메테우스가 가져다 준 것은 '밝은 문명'만은 아니었다.

　불을 사용함으로써 익힌 음식을 먹게 된 인간은 생명을 늘릴 수 있게 되었고, 쇠를 녹여 노동수단을 만듦으로써 더 가볍고 따뜻한 옷 그리고 몸을 편히 쉬게 할 수 있는 따뜻한 공간을 마련할 수 있었다. 육체적 필요가 충족되자 인간은 여유와 함께 정신적 욕구를 갖게 되었다. 여유와 정신적 욕구는 인간으로 하여금 새의 지저귐보다 맑은 음악을 만들게 하고, 무지개보다 황홀한 그림을, 꽃의 몸짓보다 아름다운 춤을, 불타는 황혼보다 더 가슴을 울리는 시를 만들게 해 주었다. '밝은 문명'이었다.

■ 프로메테우스의 불이 가져다 준 어두운 문명

그런데 사실 '프로메테우스의 불'은 '훔친 것'이 아니었다. '훔치게 한 것'이었다. 신 중의 신인 제우스가 자신보다 하급 신인 프로메테우스의 불 도둑질을 모를 리가 없었다. 종교에서 모든 일을 신의 계획된 의도로 이해하듯이, 이 '프로메테우스의 불' 사건 역시 제우스의 계획된 의도였다. 헤시오도스가《신통기》에 남긴 이런 내용처럼.

> 제우스 신은 인간들에게 슬픈 불행을 안겨 줄 요량으로 불을 숨겨 놓으셨던 것이다.
> (중략)
> 제우스 신은 그 도둑에게 다음과 같이 말씀하셨다.
> "그 불은 너 자신이나 이후에 태어나게 될 인간에게 큰 고통이 되리라. 인간들 모두가 불을 얻어 기쁨에 겨워하겠지만, 나는 그 불에 대한 대가로 인간들에게 평생 불행을 껴안고 살아가게 만들 재앙을 내릴 것이기 때문이노라."[141]

불은 인간에게 기쁨, 즉 '밝은 문명'을 가져다 주었지만 재앙, 즉 '어두운 문명'도 함께 가져다 주었다. 불의 사용으로부터 시작된 인간을 위한다는 기술이 오히려 8천만 명의 살상이라는 대참극을 낳은 20세기

---

141 신통기, 헤시오도스 저, 김원익 역, 2009, 민음사, 120~121면

전반의 인류적 불행이나, 불의 사용으로부터 시작된 자기중심적·인간중심적 편리 추구가 생명의 터전인 지구 자체를 파괴할 지경에 이르게 한 상황, 이것이 바로 제우스의 저주, 즉 '어두운 문명'이었다.

사실 문명은 어느 시대 어느 곳에서나 이기적이다. 인류 또는 모든 생명 가진 것들을 위한 것이기보다 일부의 탐욕을 앞세우는 것이 일반적이다. 이것이 바로 문명이 인류 또는 생명 가진 것들 모두에게 언제나 긍정적이지는 않은 이유이다.

'밝은 문명', '어두운 문명' 모두 그리스로마신화에서는 '도둑질'에서 시작되었다고 말하고 있다.

몰래 따 먹은 선악과에서 시작된 인류의 문화

서양문화의 한 축인 헬레니즘의 그리스로마신화뿐만 아니라, 다른 한 축인 헤브라이즘의 성경에서도 인류의 문화가, 아니 더 나아가 인류의 모든 것이라 할 수 있는 인간의 이성 자체가 다름 아닌 '도둑질'에서 시작되었다는 것을 보여주고 있다. 바로 다음과 같은 신의 명령을 거역하고 아담과 하와가 신 몰래 선악과를 따 먹은 사건이 그것이다.

이 동산에 있는 나무 열매는 무엇이든지 마음대로 따 먹어라. 하지만 선과 악을 알게 하는 나무 열매만은 따 먹지 말아라. 그것을 따 먹는 날, 너는 반드시

죽는다.[142]

선악과는 다름 아닌 사람들로 하여금 '이성'을 갖게 하는 열매였다. 선악과를 먹기 전까지 아담과 하와는 자신들이 알몸인 것에 대해 부끄러움도 없었고 선악을 구분할 줄도 몰랐다. 한마디로 육체는 신의 형상이지만 정신은 동물의 속성이었다. 선악과를 먹음으로써 인간은 다음 성경 내용처럼 순수한 정신적 존재인 신의 속성을 일부 분유 받게 되었다.

> 두 사람은 눈이 밝아져 자기들이 알몸인 것을 알고 무화과나무 잎을 엮어 앞을 가리웠다.[143]

그리고 신의 염려처럼 생명나무 열매까지 먹었으면 영생불멸의 존재가 되어 거의 신과 같은 격이 될 뻔 했다.

> 이제 이 사람이 우리들처럼 선과 악을 알게 되었으니, 손을 내밀어 생명나무 열매까지 따 먹고 끝없이 살게 되어서는 안 되겠다.[144]

어찌 되었든 인간 입장에서는 생김새에서만 신의 모습으로 다른 동물들과 구분되었던 것을, 선악과를 먹음으로써 정신 영역에서까지 불완전하게나마 신을 닮게 됨으로써, 다른 동물들보다 확실하게 우위에 서게 되었다. 다른 동물들과 달리 문명·문화를 이루는 특별한 동물이

---

142 성경, 창세기 2:16~17
143 성경, 창세기 3:7
144 성경, 창세기 3:22

될 수 있었던 것이다. 이렇게 선악과를 몰래 훔쳐 먹은 '도둑질' 덕분에 인류의 문명·문화가 시작되었다.

오늘날에도 문명·문화와 도둑질과의 관계는 여전히 긴밀하다. 첨단 기술을 보유한 기업들이 기술 스파이를 막기 위해 전전긍긍하는 것이나, 논문이나 소설, 노래, 그림, 방송 프로그램 등 지식과 아이디어를 다루는 모든 분야에서 발생하고 있는 표절 시비가 다 그렇다.

예전과 다른 것이 있다면, 도둑질로 규정되는 범주가 확대되고, 도둑질에 대한 응징이 더 커지고 있다는 것이다. 바로 '지적재산권' 개념의 등장을 경계로 해서 그렇다.

지적재산권 개념이 등장하기 전까지의 도둑질 대상은 일반적으로 '물질'에 한정되었다. 또한 그전까지는 남의 지식이나 아이디어 같은 것들을 그 사람의 동의 없이 가져다 쓰는 행위는 윤리적 비난의 대상일 뿐, 응징이나 법률적 대상까지는 아니었다. 지적재산권 범위가 계속 확대되다 보면 언젠가는 말 한마디, 행동 하나를 할 때마다 항상 지적재산권 침해 여부를 의식해야 할 날이 올지도 모르겠다.

11장
황제의 역사

황제, 위대한 절대자의
연원을 찾아서

　북한이 최고지도자에 대한 공식 호칭을 '국방위원회 제1위원장'에서 '국무위원장'으로 바꾸었다.[145] 앞으로는 '최고영도자', '전반적인 무력의 최고사령관', '최고 존엄'과 같은 극존칭 수식어와 함께 '국무위원장'이란 호칭을 자주 듣게 되었다.

　호칭에 있어 극존칭 수식은 '황제'이다. 호칭 자체로 최고를 가리키는 명사 역시 '황제'이다. '황제 골프' 하면 아무런 불편함이나 장애 없이 즐길 수 있는 골프를 말하고, '황제 주차' 하면 다른 사람들의 입장은 전혀 고려하지 않고 세로로 주차할 곳에 가로로 주차한다든가 하는, 자기 편할 대로의 주차 행태를 말한다. '황제 노역'은 벌금을 노역勞役으로 대신할 경우 보통 형사범은 하루 일당을 10만 원으로 계상하는 데 반해

---

145 중앙일보, 2016년 7월 1일자 기사 참조

하루 일당을 400만 원, 심지어는 5억 원으로 정하는 경우를 말한다. 똑같은 시간에 똑같은 내용의 노동을 하는데 일반 사람의 40배 또는 5만 배를 받는 경우이니 특정인에 대한 극존(?)에 해당한다.

호칭 자체가 '황제'이면 그 사람이나 사물은 그 분야에서 최고라는 의미다. '골프의 황제' 하면 골프에서 전 세계 70억 인구 중 최고라는 의미이고, '팝의 황제' 하면 역시 팝에서 최고라는 말이고, '바둑의 황제' 하면 바둑에서 세계 최고라는 의미다.

전체주의적 폐쇄사회인 북한 역시 내심으로는 '황제'라는 호칭 자체를 사용하면 딱이겠지만, 너무 대놓고 그렇게 하기엔 너무 생뚱맞기도 하고 멋쩍다 싶어 아쉽지만 '황제'의 의미에 가장 접근한 변두리 용어들을 사용하고 있는 것 아닌가 싶다.

황제라는 호칭의 역사적 의미

인류 역사가 시작된 이래 지금까지 가장 위대한 인간이나 가장 위대한 것에 대한 호칭 내지 수식어는 '황제'였다. 물론 '신神, God 자체'라는 수식어나 호칭을 받은 인물들도 있었지만 그것은 아직 종교와 이성이 분화되지 않은 사회여서였거나, 황제에 한해 또 다른 극존칭으로 사용된 경우였을 뿐이다.

가장 위대한 인간에 대한 호칭으로서의 '황제'는 사실 단순한 극존칭

이상의 역사적 의미를 지닌다. 먼저 '황제Emperor'라는 의미의 말은 서양보다 동양에서 먼저 시작되었다. 열세 살에 왕위에 올라 서른여덟 살에 중국 대륙의 통일 대업을 완수한 진나라의 왕 정政은, 황하에서 양자강까지 최초로 대륙을 통일한 자신은 중국 신화시대의 복희·여와·신농 3명의 '황(皇)'과 황제·전욱·제곡·요·순 다섯 명의 '제(帝)'보다 훨씬 더 위대하다 하여 자신을 '진(秦) 왕조'를 열어 '시작하는(始)' 최고로 위대한 인물인 '황(皇)+제(帝)'라는 의미로 '진시황제(秦始皇帝)'라 이름 지었다. 오늘날 대륙 이름의 영어식 표현인 'China'는 대륙 최초의 통일국가 'Chin(秦)'에서 비롯되었다. '왕이나 제후를 거느리고 나라를 통치하는 임금을 왕이나 제후와 구별하여 이르는 말'이라는 '황제'의 사전적 의미와 일치한다.

진 왕조 이전 8백 년 사직의 주周 왕조BC1046~BC221는 봉건체제의 국가로서 중앙집권형 통일국가가 아니었고, 그 이전의 은殷 왕조BC1600~BC1046는 황하 유역 일부만을 지배지역으로 했을 뿐이다. 따라서 진시황제의 진 왕조는 이전의 주 왕조나 은 왕조와는 국가성격이 확연하게 다르고, 당연히 그 지배자인 통치자의 위상도 크게 달랐다. 진시황제 스스로 명명한 대로 보통의 왕이나 제후가 아닌 그 이상의 존재였다. 사전적 의미 그대로 '황제'였다.

이름 그대로의 황제
카이사르가 바꿔 놓은 유럽의 역사

사실 황제의 역사적 의미를 따져보는 데는 동양보다 서양이 적격이다. 중국 대륙의 경우 동일한 땅과 동일한 사람들을 대상으로 지배세력만 바뀌었을 뿐 대체로 통일왕국 형태를 유지해 왔다. 그냥 한 황제의 뒤를 다른 황제가, 한 왕조가 쇠락하면 또 다른 왕조의 새로운 황제가 그 뒤를 따라 동일한 땅과 동일한 백성을 다스려 왔을 뿐이다. 따라서 중국 역사에 있어서의 '황제'는 '최고권력자'라는 의미를 지닐 뿐, 그 땅에서 벌어진 패권구도의 변화나 역사의 굴곡 등 다양한 역사 변화의 의미를 담고 있지는 않다.

이에 반해 서양은 '여러 왕이나 제후를 거느리는' 최초의 황제 등장 이후, 서양 사회의 권력구도 변화에 따라 황제가 교체되고, 황제의 존재 의미와 위상이 달라지고, 대결구도가 달라지곤 했다. 한마디로 '황제의 역사'가 서양 역사의 큰 흐름과 의미를 함축하고 있는 역사 줄기 자체라 할 수 있다.

서양에서 황제 존재의 시발始發은 고대 로마시대 카이사르BC100~BC44이다. 인간 카이사르의 이름 자체인 'Caeser(라틴어)', 'Kaiser(독일어)', 'Czar/Tsar(러시아어)'와 카이사르의 호칭인 'Imperator('개선장군'이라는 의미의 라틴어)'가 바로 '황제'라는 의미 그대로 쓰이고 있기 때문이다. 고대 로마제국이 '여러 왕이나 제후를 다스리는' 서양 최초의 국가였고, 그런 로마제국을 만들어 낸 이가 바로 카이사르라는 인물이었다.

▪ 유럽의 역사는 카이사르 이전과 이후로 나뉜다

로마의 역사는 사실 '예수 이전(BC : Before Christ)'과 '예수 이후(AD : Anno Domini, 그리스도의 해)'로 나누는 것보다 '카이사르 이전'과 '카이사르 이후'로 나누는 것이 더 의미가 있다. 카이사르 이전의 로마가 이탈리아를 중심으로 한 '라틴족'의 '국가'였다면 카이사르 이후의 로마는 '다민족'의 '3대륙 제국'이었다. 또 카이사르 이전 로마의 대외정책이 '확장 일변도'였다면 카이사르 이후는 '현상 유지'였으며, 카이사르 이전의 로마가 '공화정'이었다면 카이사르 이후는 '제정'이었다.

또한 서양의 '문화'가 BC20세기 미노스의 미노아Minoan문명과 BC16세기 페르세우스의 미케네Mycenean문명에서 시작되었다면, 서양의 '정체성'은 카이사르의 유럽 대륙 정복으로부터 시작되었으며, 카이사르 이전 유럽에 '각 민족의 신화'가 존재했다면 카이사르 이후에는 '유럽의 공통 고대사'가 전개되었다.

역사가 플루타르코스Plutarchos, 46?~120?는 카이사르에 대해 이렇게 기록하고 있다.

> 그는 갈리아 지방에서 크고 작은 전쟁들을 치르면서 10년 동안 무려 800개의 도시를 점령했으며 300개의 나라를 무찔렀다. 그래서 300만 명의 적과 싸워 100만 명을 죽이고 100만 명을 포로로 잡았다.[146]

한 인물이 10년간 800개 도시를 점령하고 300개의 나라를 무찔렀다는 것은 대단한 업적이다. 하지만 카이사르의 업적은 여기에 그치지

---
146 플루타르크 영웅전, 이성규 역, 2000, 현대지성사, 1,315면

않는다. 오늘날의 프랑스 땅인 갈리아지역 정복뿐만 아니라 브리타니아(영국), 에스파냐(스페인, 포르투갈) 정복활동을 비롯해 그리스, 소아시아, 시리아, 이집트 및 북아프리카 등의 지역을 로마의 속주 내지는 동맹국으로 확정지었다.[147] 한마디로 당시 유럽에서 사람이 생활하기 힘든 동유럽의 삼림지역과, 북아프리카 이남의 사막지역을 제외한 지중해 세계 전체를 로마의 영역으로 확정지었다. BC2세기 동양에 진시황제가 있었다면 BC1세기 서양에는 카이사르가 있었던 셈이다.

■ 내 이름은 왕이 아니라 카이사르요

하지만 자신의 이름 자체가 훗날 보통명사인 '황제'가 되는 영광을 입은 카이사르였지만, 살아생전에 진시황제와 같이 공식적으로 황제라는 전제군주의 자리에 오르는 영광은 누리지 못한 인물이 또 카이사르였다. 아니 정확히 말하면 황제의 자리에 오르지 못한 것이 아니라 오르기를 끝내 망설였다.

그를 왕으로 세우기 위해 공작을 꾸미고 있던 사람들은 로마의 신탁집에 있던 예언을 들먹이며, 로마는 왕의 통치를 받아야만 파르티아를 정복할 수 있다는 소문을 퍼트렸다. 그리고 그들은 알바에서 로마로 돌아오는 카이사르를 왕이라고 떠받들며 맞아들였다. 하지만 사람들이 이 일을 불만스러워 하리라는 것을 짐작한 카이사르는 그들에게 이렇게 대꾸했다.

"내 이름은 왕이 아니라 카이사르요."[148]

---

147 로마인이야기 5권, 시오노 나나미 저, 김석희 역, 2001, 한길사, 310~314면 참조
148 플루타르크 영웅전, 이성규 역, 2000, 현대지성사, 1,344면

플루타르코스가 남긴 위의 기록처럼 카이사르는 '절대자'가 되는 것을 조심스러워 했다. 그 이유는 다름 아닌 로마인들의 왕정시대 BC753~BC509에 대한 트라우마 때문이었다. 왕이 존재한다는 것은 사람 위에 사람이 있고 사람 아래 사람이 있다는 것을 공식적으로 인정하는 것이다. 바로 동일한 자유인인 로마 시민이 주인과 노예 관계로 갈라지는 것을 의미했다. 그것을 증오해 로마인들은 절대군주제인 왕정을 무너트리고 1년 임기의 두 명의 집정관을 정점으로 원로원과 민회가 삼각체제를 이루는 공화정BC509~BC27을 선택한 것이다. 그런데 어느 한 시민이 큰 성과를 이루었다 해서 그를 절대자로 떠받들고 공식적으로 그에게 그런 지위를 부여한다면, 그것은 다시 왕정으로의 회귀와 다름없었다.

그런 상황을 로마 시민이 용납하지 않을 것이라는 두려움 때문에 절대자의 자리를 간절히 바라면서도 차마 그 자리에 오르지 못한 것이 바로 카이사르의 입장이었다. 중국 위진남북조시대221~589에 위魏나라 창업자 조조가 '천자를 끼고 천하의 제후들을 호령(挾天子 令諸侯)'하여 실제적으로는 황제와 다름없는 위치에 있으면서도 사람들의 눈이 무서워 끝내 황제의 자리에 오르지 못한 것과 닮았다.

■ 황제의 자리를 뛰어넘어 신의 반열에 오른 절대자

하지만 카이사르가 절대군주인 황제 자리에 오르지 않았다는 것은 공식적으로 그렇다는 것일 뿐 현실에 있어서는 그의 이름 그대로 '황제'였다.

로마인들은 자신들의 운명을 모두 카이사르에게 맡겼다. 들끓던 내란을 잠재우고 사람들에게 숨 돌릴 틈이라도 주리라는 기대에 그가 죽을 때까지 1인 집정관의 자리에 있도록 했다. 이 종신 집정관의 지위는 가장 절대적인 권력을 가지게 되는 것이었으므로 카이사르는 이제 왕이나 다름없는 자리에 서게 된 것이었다.[149]

플루타르코스가 남긴 위의 기록처럼, 사람들이 두려워하는 것은 사실 전제보다 '혼란'이었다. 그래서 비록 로마의 자유민은 왕정시대에 대한 본능적 거부감을 가지고 있으면서도 사실상 전제군주를 받아들였던 셈이다. 기억이나 생각이 짧아서 그랬을 수도 있고, 현실이 너무 다급해서였을 수도 있다.

카이사르가 실제로는 황제나 다름없었다는 것은 그에 대한 극존칭이나 명예부여에서도 증명된다. 카이사르는 사실상의 전제군주인 '종신 독재관 Dictator Perpetua' 뿐만 아니라, 종신 '최고제사장 Pontifex Maximus', 종신 '최고사령관 Imperator', '국부 Pater Patriae', '원수 Princeps'와 같은, 인간으로서 누릴 수 있는 가장 높은 온갖 명예들을 다 가졌다. 또한 자신이 태어난 달을 자신의 성姓을 따 'July(영어로 7월, 라틴어로는 luglio)'로 명명하는 영광도 가졌다.[150] 사후에는 원로원 결의로 '신神'의 자리에 오르기도 했다.[151] 사후에는 황제를 건너뛰어 아예 신이 된 것이다.

---

149 플루타르크 영웅전, 이성규 역, 2000, 현대지성사, 1,342면
150 로마인이야기 5권, 시오노 나나미 저, 김석희 역, 2001, 한길사, 304~305, 342~344면 참조
151 로마인이야기 5권, 시오노 나나미 저, 김석희 역, 2001, 한길사, 441면 참조

알렉산더, 황제의 칭호를 얻지 못한 제국의 설립자

황제가 다스리는 국가는 그냥 국가가 아닌 '제국帝國'이다. 시오노 나나미는 《로마인이야기》에서 이렇게 기술하고 있다.

> 로마의 지배 아래 있는 로마세계는 민족과 종교가 다양하기 때문에 사용하는 언어도 많다. 이런 나라를 고대인은 제국(임페리움)이라 불렀다.[152]

이런 기준으로 황제의 출발을 따지자면 그 시원은 사실 알렉산더 대왕재위 BC336~BC323이다. 알렉산더는 고대 그리스의 국가 개념을 바꾼 인물이다. 그는 불과 13년이라는 짧은 정복기간 동안 도시국가 폴리스를 동서로는 그리스에서 인더스 강까지, 남으로는 이집트까지 확장시킨 인물이다. 그가 정복한 3대륙은 이를테면 다민족·다종교·다언어로 이루어진 최초의 '제국'이었고, 당연히 그 자신은 최초의 '황제'였다.

하지만 후인들은 그런 알렉산더를 알렉산더 대왕Alexandros the Great이라 부르지 알렉산더 황제라 부르지 않는다. 알렉산더가 인도 원정에서 돌아오는 도중 삶을 마침으로써 그가 정복한 3대륙을 제국체제를 갖춰 다스릴 기회를 아예 갖지 못했고, 또 그가 죽은 뒤 3대륙이 마케도니아의 안티고누스, 시리아의 셀레우코스, 이집트의 프톨레마이오스 왕조로 곧바로 분할되었기 때문이다. 알렉산더는 뛰어난 왕이라기보다 뛰어난

---

152 로마인이야기 5권, 시오노 나나미 저, 김석희 역, 2001, 한길사, 216면

장군이었다고 할 수 있다.

황제의 역사가 곧 유럽의 역사

서양 최초의 공식적인 황제는 카이사르의 후계자인 옥타비아누스재위 BC27~AD14이다. 카이사르의 여동생 율리아의 외손자인 옥타비아누스는 열여덟 살에 카이사르의 후계자이자 양자로 지명 받았다. 그 후 그는 카이사르의 유지를 받들어 지중해 세계의 마무리 정복활동과 함께 절대군주로서의 실질적·공식적인 1인 권력체제 확보에 나섰다. 그리고 마침내 서른여섯 살이 되던 해에 국가 운영에 대한 전권을 쥔 '황제'의 자리에 오르게 되었다. '임페라토르 율리우스 카이사르 아우구스투스 Imperator Julius Caesar Augustus'[153]라는 그의 공식적 명칭처럼 BC27년에 절대권력자가 된 것이다.

▪ 오현제(五賢帝) 이후 흔들린 로마 황제의 지위

'다민족·다종교·다언어'를 지배하는 로마 황제의 지위는 팍스 로마나Pax Romana로 불리는 오현제五賢帝시대96~180를 넘어서면서 조금씩 흔들리기 시작했다. 데키우스 황제재위 249~251가 게르만족의 일족인 고트

---

153 로마인이야기 6권, 시오노 나나미 저, 김석희 역, 2001, 한길사, 41면

족 토벌에 나섰다가 오히려 야만족의 유인에 빠져 전사한 이후 로마는 야만족들에게 돈을 주고 평화를 사게 되었다. 또 발레리아누스 황제재위 253~260는 새로 일어난 페르시아의 사산 왕조226~651를 공격하러 나섰다가 오히려 적에게 포로로 잡혀 굴욕적인 죽음을 당하고 말았다.

이런 혼란을 틈타 갈리에누스 황제재위 253~268 때는 군인이나 귀족들 중에서 황제를 참칭하는 자가 열아홉 명이나 나오는 하극상이 전개되기도 했다. 그 뒤에 제위에 오른 아우렐리아누스 황제재위 270~275는 광대한 국경과 경제력의 불균형 등으로 발생한 제국의 혼란을 '정신적 요소'로 해결하고자 '태양교'라는 종교를 들고 나왔다가 황제의 의도에 의혹을 품은 세력들에 의해 살해 당하고 만다.

디오클레티아누스 황제재위 284~308는 제국의 혼란을 수습하기 위해 전혀 다른 해결책을 제시했다. 바로 로마제국을 1차 동··서 분할284년에 이어, 다시 네 개 지역으로 분할해293년, 두 명의 황제(아우구스투스)와 두 명의 부황제(카이사르)가 각각 분할 통치하는 방식이었다.[154] 이때 디오클레티아누스 황제가 자신의 거점으로 삼은 곳은 로마가 아닌 '소아시아의 니코메디아Nicomedia(현재의 터키 이즈미트)'였다. 이로 인해 로마는 제국의 천 년 수도로서의 영광의 빛을 잃고 말았다.

콘스탄티누스 황제재위 306~337는 324년에 4분할된 제국을 다시 하나로 합치고, 제국의 혼란을 수습하기 위해 물리적 해결책이 아닌 '정신적 해결책'을 제시했다. 속주국인 팔레스타인에서 시작된 종교인 '기독교'를 로마 세계에 공인313년한 것이다. 하지만 다시 1인 황제가 된 콘스탄티누스가 수도로 삼은 곳 역시 로마가 아니었다. 그의 이름을 딴, 안전

---

154 로마인이야기 13권, 시오노 나나미 저, 김석희 역, 2001, 한길사, 27~41면 참조

하고 아름답고 풍요로운 도시 '콘스탄티노플'이었다.

■ 제국의 분열로 사라진 서로마 황제의 역사

황제들의 물리적 또는 정신적 해결책 제시에도 제국의 혼란은 종식되지 않았다. 이에 발렌티니아누스 황제재위 364~375는 기존의 '기독교 공인'에 '국토 2분할'이라는 물리적인 해결책을 더했다. 제국을 동로마와 서로마로 나누어 두 명의 공동 황제가 각각 다스리는 방식이었다. 발렌티니아누스 황제는 동로마를 동생 발렌스 황제에게 넘겨주고 자신은 서로마를 맡았다. 이때 역시 '로마의 영광'은 없었다. 발렌티니아누스 황제는 서로마의 수도로 로마가 아닌 '밀라노'를 택했다.

시소나 국가나 한 번 기울기 시작하면 그 움직임을 멈추게 하기가 쉽지 않다. '기독교 공인'이라는 정신적 해결책과 '제국 분할 통치'라는 물리적 해결책만으로는 기울어져 가는 제국을 바로 세울 수가 없다고 생각한 테오도시우스 황제재위 379~395는 기독교 공인을 넘어 '기독교 국교화'392년라는 강력한 정신적 해결책을 내놓았다. 하지만 '기독교를 통한 로마 세계의 통합'이라는 시도도 로마의 쇠망을 멈추게 하지는 못했다. 결국 서로마는 476년 용병대장 오도아케르에 의해 1,200여 년의 역사를 마감했고, '황제'의 역사 역시 503년BC27~AD476으로 마감하고 말았다. 다만 동로마 황제의 역사는 그보다 1,000년 가까이 더 지속되었다.

교황의 힘을 빌려 되찾아온 서로마 황제의 관(冠)

476년에 중단된 서로마 황제의 역사는 그로부터 324년이 지난 800년에 프랑크 카롤링거 왕조의 2대 군주인 샤를마뉴재위 768~814(별칭 카롤루스 대제, 카를 대제)에 의해 다시 되살아났다. 아버지 피핀에 이어 2대에 걸쳐 바티칸을 적극적으로 도와준 데 대한 감사의 표시로 교황 레오 3세재위 796~816가 샤를마뉴에게 서로마 황제의 관을 씌어준 것이다.

물론 샤를마뉴의 업적도 당연히 황제 칭호를 받을 만했다. 그가 차지한 땅이 유럽 대부분에 이르고 있어 300여 년 전 서로마 황제의 지배 영역보다 더 방대했기 때문이다. 하지만 샤를마뉴가 황제의 관을 쓰게 된 것은 단순히 교황의 감사 표시나 그가 넓은 땅을 지배하고 있어서만은 아니었다. 그의 황제 대관 이벤트에는 보다 정치공학적인 의도가 깔려 있었다. 바로 유럽의 권력구도, 멀게는 유럽 너머 세계와의 권력구도 뿐만 아니라, 세속과 종교 간의 현실적 상호 필요에 의한 세력연합이라는 의도가 깔려 있었던 것이다.

■ 동·서로마 기독교 세력의 분열

동로마와 서로마는 같은 유럽이고 기독교권이었지만, 사실 발렌티니아누스 황제에 의해 로마가 동·서로 분리된 이후 서로 제 갈 길을 가고 있었다. 헤라클리우스 1세재위 610~641 때부터 동로마의 황제는 더 이상 임페라토르 율리우스 카이사르 아우구스투스로 불리지 않고 그리스어로 황제를 의미하는 '바실레우스'로 불리었다. 이런 차이가 생김에 따라 역사는 헤라클리우스 1세 때부터의 동로마를 유럽적이지도, 아프리카 적이지도, 아시아적이지도 않은 정치·문화를 가진 '비잔틴제국'으로 규정하게 되었다. 동로마가 서로마와 분명히 구분되는 다른 문화를 갖게 되었다는 의미다.

기독교 역시 알렉산드리아의 사제인 아리우스250?~336(예수의 신성 부정)와 알렉산드리아의 주교인 아타나시우스295~373(예수는 성부와 동일한 본질)과 간의 예수의 신성에 대한 논쟁 이후 동·서 유럽 간에 미묘한 차이를 보이게 되었다. 그러다 마침내 1054년에 필리오케Filioque(그리고 성자로부터) 논쟁을 계기로 기독교는 교황을 중심으로 한 서유럽의 '로만 카톨릭'과 동유럽의 '정교회The Orthodox Church'로 갈라서게 되었다.

■ 교황의 필요에 의해 이루어진 서로마 황제의 부활

그렇지만 앞서의 샤를마뉴(카롤루스 대제)가 서로마의 황제 칭호를 회복한 800년 무렵에는 아직 기독교가 동서로 갈라선 것은 아니었다. 서로 간에 틈새가 서서히 벌어지고 있는 중이었다. 726년에 동로마(비잔틴 제국)의 황제 레오 3세재위 717~741가 성상聖像 숭배를 일절 금지하자, 교황이 여기에 반대한 사건이 있었다. 교황 입장에서는 자신들과 틈새가 벌어지고 있는 동로마 중심의 동유럽 기독교 세력에 대항하기 위해서라도 서유럽을 하나로 묶을 수 있는 중심이 필요했다.

여기에 더해 교황 입장에서 대비해야 할 상황이 하나 더 생겼다. 바로 이슬람의 등장이었다. 610년에 역사를 시작해 632년 마호메트 사후에 급속하게 성장하기 시작한 이슬람이 그로부터 정확히 100년이 지나 중동과 북유럽 그리고 서유럽의 끝인 에스파냐를 점령하고, 피레네 산맥을 사이에 두고 프랑크와 대치하고 있었던 것이다. 교황 입장에서는 이런 이슬람 세력의 확장을 막아내기 위해 무엇인가 조치를 취하지 않으면 안 되었다.

위와 같은 정치·종교적 변화에 대처하기 위해 교황이 800년에 내세운 해결책이 바로 샤를마뉴의 서로마제국 황제 대관이었다. 하지만 프랑크의 서로마 황제 자리는 100년이 못가 그 빛을 잃고 말았다. 843년 베르됭조약Treaty of Verdun에 의해 프랑크가 동·서·중 프랑크로 분할되어 세 형제에게 각각 상속되면서 황제 자리가 중프랑크의 맏형에게로 상속되었는데, 중프랑크의 로타르 2세835~869가 사망한 후 870년에 메르센조약Treaty of Mersen에 의해 중프랑크가 동·서 프랑크로 분할·병합되면서 황제 계승이 중단되었기 때문이다.

황제의 역사를 이어받은 신성로마제국의 흥망성쇠

위와 같은 일로 중단된 황제의 역사는 90여 년 뒤인 962년에 작센 왕조의 오토 1세재위 962~973에 의해 '신성로마제국'으로 다시 부활·계승되었다. 오토 1세는 마자르인(헝가리인)의 침입을 물리치고, 귀족 세력을 억압해 왕권을 강화함과 동시에 귀족들로부터 교회와 수도원 및 교황을 보호해 줌으로써 교황 요한 12세재위 955~963로부터 황제의 관을 받아냈다. 카롤링거 왕조의 샤를마뉴가 로마 교회의 보호자였다면, 오토 1세는 로마 교회와 통치상의 협업자였던 셈이다.

교회와 황제 간의 지속적인 영향력 다툼

하지만 오토 1세의 신성로마제국은 시간이 지나면서 교회와의 사이에서 균열을 드러내기 시작했다. 황제와 교황이 세속과 종교 영역으로 각자의 영향력을 나눈다지만, 그 영향력이 결국 같은 땅, 같은 사람들, 같은 재산을 대상으로 하는 한 둘 사이의 갈등은 필연일 수밖에 없었다.

하인리히 3세(재위 1039~1056) 때는 황제가 자신의 손으로 네 명의 교황을 임명하는 등 교회를 황제의 영향권 아래 두었다. 그러다 다음 황제인 하인리히 4세(재위 1057~1106)는 교황 그레고리우스 7세(재위 1073~1085)로부터 반격을 받았다. 대주교·주교·수도원장 등의 고위 성직자 임명에 대한 성직 서임권을 황제로부터 되찾고자 하는 교황의 도전이었다.

교황의 도전은 하인리히 4세의 교황에 대한 굴복(카노사의 굴욕)1077년과 재반격 등의 우여곡절을 거쳐, 하인리히 5세(재위 1106~1125)와 교황 칼리스투스 2세(재위 1119~1124) 사이에 맺어진 보름스협약(1122년)으로 일단락되었다. 협약내용은 성권(聖權)과 속권(俗權)을 분리해, 독일에서는 황제(또는 대리인) 출석 하에 선거로 고위 성직자를 뽑은 다음 황제가 영지를 내린 뒤 마지막으로 교황이 서임을 하고, 이탈리아와 부르고뉴에서는 순서만 달리해서 선거·서임·영지 수여를 하는 방식이었다.

신성로마제국의 황제와 교황 간의 다툼이 아니더라도 중세 동안 속권과 성권의 갈등은 수시로 발생했다. 프랑스 출신 교황이 일곱 명 연이어 나온 68년(1309~1377)간 교황들이 프랑스 왕의 간섭으로 로마가 아닌 남프랑스의 아비뇽에서 체류하는 상황(아비뇽 유수)이 발생하기도 했다. 유대인이 바빌론 유수(BC597~BC538에 유대인들이 신바빌로니아의 바빌론으로 포로로서 끌려간 사건)라는 고난기에 유대인의 정체성을 확보한 것처럼, 바티칸 역시 아비뇽 유수 동안 교회법, 교회 재정 등을 비롯한 여러 가지 바티칸 개혁을 이루기도 했다.

■ 러시아, 동로마 황제의 계승을 선포하다

몸은 아시아에 두면서 정신은 유럽을 지향하는 러시아는 1480년에 몽골 타타르의 러시아 지배1238~1480를 종식시키고 모스크바공국시대 1480~1613를 연 이반 3세재위 1462~1505 때 국명을 '루시(Rus)'에서 '러시아(Russia)'로 바꾸면서 모스크바를 '제3의 로마'로 선포했다. 1453년에 멸망한 동로마의 전통을 바로 자신들이 계승했고, 그리스 정교회의 중심이 러시아로 이동했고, 또 혈연적으로 이반 3세가 비잔틴제국의 마지막 황제인 콘스탄티누스 11세재위 1449~1453의 조카딸과 결혼했다는 근거에서였다.

러시아는 중앙집권화를 완성한 이반 4세재위 1533~1584 때 '황제(짜르, tsar)'를 자칭하고 나섰다. 동로마의 정통성 계승을 주장한 러시아 황제의 역사는 1917년 2월 혁명으로 역사의 뒤안길로 사라진 로마노프 왕조 1613~1917의 니콜라이 2세재위 1894~1917 때까지 380여 년간 지속되었다.

■ 황제의 지위와 권력을 둘러싼 갈등과 제국의 붕괴

신성로마제국의 황제를 대표하는 인물은 프리드리히 1세재위 1152~1190이다. 프리드리히 1세는 독일 민간 설화에서 불사의 영웅으로 전해지는 인물로, 봉건체제로서의 제국의 제도를 완성했을 뿐만 아니라, 중세 기사의 전형으로 이탈리아 원정을 여섯 차례나 단행한 인물이었다.

하지만 프리드리히 1세에 이은 프리드리히 2세재위 1215~1250 이후 신성로마제국은 쇠락기를 맞이한다. 제후 간 세력 갈등으로 황제가 존재하지 않았던 대공위시대1256~1273와, 대공위시대 이후 합스부르크 왕가가 세습으로 황제의 지위를 잇기 시작한 1438년까지의, 제위가 여러 제후를 옮겨 다녔던 기간이 바로 이 시기에 해당한다.

대공위시대를 전후로 제국은 황제 선출방식을 달리했다. 대공위시대 이전에는 혈통자에 의한 상속과 제후들의 선거라는 두 원칙의 결합방식으로 황제를 선출하던 것을, 대공위시대 이후인 1273년부터는 세 명의 대주교와 네 명의 제후로 이루어진 일곱 명의 선제후選帝侯가 황제를 선출하는 방식으로 바뀐 것이다. 일곱 명의 선제후에 의해 처음 선출된 황제는 오스트리아 합스부르크 왕가의 루돌프 1세재위 1273~1291였다.

1438년에 합스부르크 왕가의 알브레히트 2세재위 1438~1439가 신성로마제국의 황제 자리에 오른 이후, 일곱 명의 선제후에 의해 선출되던 황제 자리는 합스부르크 왕가에 의해 세습·독점되었다. 이러한 신성로마제국의 제위 세습은 1806년에 독일의 남서 지역 제후들이 라인동맹Rheinbund을 형성해 나폴레옹 지지세력으로 떨어져 나갈 때까지 368년간 지속되었다.

그리고 1508년, 합스부르크 왕가 중흥의 시조로 평가받는 막시밀리안 1세재위 1493~1519 황제의 즉위식부터는 로마에서의 교황 대관 관례를 없애버렸다. 황제와 교황 간 협업관계의 종식이자 속권俗權이 성권聖權보다 우위에 있음을 보여주는 상징적 사건이었다.

막시밀리안 1세의 아들인 필리프 1세 때는 결혼을 통해 네덜란드·벨기에·룩셈부르크 일대까지 통치 영역을 확대했고, 손자인 카를 5세재위 1519~1556, 에스파냐 왕으로는 카를로스 1세로 재위는 1516~1556 때는 역시 결혼을 통해 에스파냐를 통치 영역으로 확보했다.

카를 5세가 사망한 후에는 동생인 페르디난트 1세재위 1556~1564가 신성로마제국을, 아들인 펠리프 2세재위 1556~1598가 에스파냐를 물려받았으나, 에스파냐는 1700년에 후손이 끊겨 프랑스의 루이 14세의 손자 펠리프 5세재위 1700~1746에게로 왕위가 넘어갔다. 이때부터 합스부르크 왕가와 프랑스 부르봉 왕가 간의 동·서 유럽 대립이 시작되어 나폴레옹시대까지 이어졌고, 1806년에는 독일의 남서부 16개국 제후들이 라인동맹을 형성해 독일제국을 탈퇴하여 유럽의 새로운 강자인 나폴레옹 편으로 돌아섬으로써 신성로마제국은 붕괴되고 말았다.

유럽의 새로운 황제 나폴레옹의 영광과 몰락

신성로마제국의 황제 관을 벗은 프란츠 2세재위 1792~1806는 1804년부터 오스트리아 황제를 자칭하며 황제로서의 지위만 유지하게 되었고, 이렇듯 이름에 불과해진 오스트리아 황제 자리는 1918년에 오스트리아가 1차 대전에서 패함에 따라 역사 속으로 완전히 사라지게 되었다. 480년1438~1918간 이어진 합스부르크 왕가의 영광이 1918년에 오스트리아의 마지막 황제 카를 1세재위 1916~1918의 퇴위로 막을 내린 것이다.

세습으로 이어진 합스부르크 왕가 이전의 신성로마제국 황제는 '형식'과 '실질'이 일치하지 않았다. 시대에 따라 그 영향력의 범위가 다르긴 했지만, 황제의 절대적인 영향력은 주로 자기 소유 영지에 한정되었고, 다른 제후들과의 봉건계약은 대체로 형식적인 종속관계일 뿐이었다.

신성로마제국의 황제 자리는 새로운 유럽의 패자 나폴레옹재위 1804~1815에게로 이어졌다. 멀리 프랑크의 샤를마뉴재위 768~814, 더 멀리로는 카이사르BC100~BC44의 정통성을 잇는 것이 자신이라는 자부심에 대한 나폴레옹 스스로의 셀프 대관戴冠이었다. 그리스와 영국을 제외한 대부분의 유럽을 제패한 나폴레옹은 카이사르에는 못 미치지만 서로마제국보다는 훨씬 더 넓은 땅을 지배했다. 이후 1812년의 러시아 원정 실패와 1813년 10월의 라이프치히 전투에서 패배함으로써 결국 그 영광을 뒤로 하고 말았지만, 그 스스로 황제를 자칭할 만한, 충분히 위대한 업적이었다.

1815년에는 재기에 실패한 나폴레옹이 세인트헬레나로 영원히 떠났고, 그로부터 37년이 지난 뒤에 나폴레옹의 조카인 나폴레옹 3세재위 1852~1870가 잠시 황제의 자리에 오르기는 했으나, 이때의 황제는 '유럽'이 아닌 그냥 '프랑스'의 '왕'일 뿐이었다. 황제는 앞에 어떤 수식어가 붙든 실제적으로는 '유럽의 군주', 최소한 '서유럽의 군주'여야 했다. 나폴레옹의 영광과 함께 '황제의 역사'도 막을 내린 것이다.

황제의 역사는
곧 그 시대 주류의 역사

　우리나라는 1897년 2월에 '왕'을 '황제'로 개칭했다. 그런데 이때는 외세의 개입과 국가 리더들의 무능으로 이 땅에 역사가 시작된 이래 가장 나라가 만신창이가 되어 있던 시기였다. 1894년에 황제의 나라 청淸이 일본에 패한 마당에 우리라고 황제를 칭하지 못할 것이 없다고 생각했기 때문일까. 영광과 긍지로 가슴이 벅차올라야 할 '황제'라는 칭호가 오히려 아픔과 안쓰러움으로 다가온다. 말은 얼마든지 형식으로 꾸밀 수 있으나 느낌은 현실 그대로일 수밖에 없다. 영광과 긍지가 현실이 아니고, 느끼는 이가 다름 아닌 이 땅의 사람이라면 아픔과 안쓰러움이 정상이다.

　조선시대 중기의 문인인 임제1549~1587는 임종을 앞두고 자식들에게 '곡을 하지 말라(勿哭辭)'는 말을 남겼다.

　　사방팔방의 오랑캐들이 모두 황제를 칭하는데
　　四夷八蠻皆呼稱帝
　　오직 이 땅 조선만이 중국을 주인으로 받들고 있으니
　　唯獨朝鮮入主中國
　　내가 살아 있든 죽어 있든 무슨 의미가 있겠느냐.
　　我生何爲我死何爲
　　내 죽은 뒤 곡도 하지 말라.
　　勿哭[155]

중국의 '황제'는 진시황제를 제외하고는 대륙의 최고권력자 이상의 특별한 의미를 지니지 않는다. 이에 반해 서양에서의 '황제'는 역사의 굵은 궤적과 당시의 패권구도를 함축하고 있다. 동시대에 한 명의 황제가 존재하든 두 명의 황제가 존재하든, 또 그 호칭이 명실상부하든 아니면 단순한 형식에 불과하든 황제라 불리는 이와 그 주변세력은 항상 그 시대·상황의 주류였다. 특히 명실상부名實相符한, 즉 호칭과 실제가 맞아떨어질 경우 그 황제는 당대를 넘어 인류사에 있어서 실로 위대한 인물이었다.

유럽은 역사가 시작된 이래 하나로 뭉쳤을 때는 주로 페르시아나 이슬람과 대립했으며, 둘로 쪼개졌을 때는 대체로 동·서로 대립하곤 했다. 또한 세속의 권력과 영혼의 종교가 서로의 현실적 필요에 따라 연합하거나 대립하곤 했다. 그리고 그 중심에 '황제'라는 존재가 있었고, 또 스스로 자신이 중심이라고 생각한 인물들은 여지없이 황제를 자칭하고 나섰다. 카이사르부터 나폴레옹에 이르기까지 내내 그랬다. 따라서 유럽의 황제의 역사를 되돌아보는 것은 다름 아닌 서양 역사의 궤적과 패권구도의 흐름을 읽는 의미를 지닌다. 궤적과 구도를 알아보는 작업인 만큼 가지치기를 많이 했다.

*이 장의 인물들 관련 내용은 주로 네이버 사전의 두산백과 내용을 참조함

---
155 순오지, 홍만종, 2014, 신원문화사, 43면 참조

12장
법의 뿌리_

모든 법은 자연법으로 회귀한다

대통령이 취임할 때 하는 선서내용은 헌법에 정해져 있다. 바로 헌법 제69조에 명시되어 있는 이런 내용이다.

나는 헌법을 준수하고 국가를 보위하며 조국의 평화적 통일과 국민의 자유와 복리의 증진 및 민족문화의 창달에 노력하여 대통령으로서의 직책을 성실히 수행할 것을 국민 앞에 엄숙히 선서합니다.

대통령 취임선서가 '헌법 준수'로 시작되는 이유는 다름 아니다. 헌법은 '국가의 통치조직과 통치작용의 기본원리 및 국민의 기본권을 보장하는 근본 규범'[156]으로, 국가원수이자 행정권 수반인 대통령의 모든 역

---

156 두산백과 참조

할이 바로 이 헌법에 근거하고 있기 때문이다.

헌법이 국가와 국민에게 의미하는 것

그렇다면 한 나라의 최고 법규이자 통치기본법인 헌법의 내용은 어떻게 구성되어 있을까? 우리나라의 헌법은 전문前文과 본문인 제1장 총강, 제2장 국민의 권리와 의무, 제3장 국회, 제4장 정부, 제5장 법원, 제6장 헌법재판소, 제7장 선거관리, 제8장 지방자치, 제9장 경제, 제10장 헌법개정 등 열 개의 장(130개 조)과 부칙으로 되어 있다.

이 중에서 언론이나 일반에서 가장 많이 언급되는 내용은 다름 아닌 전문과 제1장 총강 그리고 제2장 국민의 권리와 의무이다. 각각의 주요 내용은 다음과 같다.

- **전문(前文)** : 헌법의 서문으로서, 헌법의 제정목적 등을 밝히고 있다.
- **제1장 총강** : 대한민국의 정체와 '대한민국의 주권은 국민에게 있고, 모든 권력은 국민으로부터 나온다(헌법 제1장 제1조 2항)'는 권력주체와 같은 내용 등이 담겨 있다.
- **제2장 국민의 권리와 의무** : 제목 그대로 국민의 행복추구권, 평등, 자유, 인간다운 생활을 할 권리 등의 내용이 담겨 있다.

언론 등에서 전문과 총강(제1장), 국민의 권리와 의무(제2장)가 자주 언급되는 데는 이유가 있다. 이 전문과 두 개의 장에 국가가 존재하는 이유와 국가구성원이, 아니 인간이라면 누구나 마땅히 기본적으로 지녀야 할 권리내용과 그 정신이 담겨 있기 때문이다. 그렇다면 국가가 존재하는 이유 그리고 인간이라면 누구나 언제 어디서나 기본적으로 가져야 할 권리는 어떻게 규정되게 되었을까?

자연법사상은 모든 기본권 논리의 중심

우리나라 헌법상의 국가의 존립이유와 인간의 기본권에 대한 정신은 미국의 독립선언문(1776.7.4.)과 프랑스 인권선언(1789.8.26.)의 영향을 받았다. 그리고 이들 선언은 T. 홉스Thomas Hobbes, 1588~1679, J. 로크John Locke, 1632~1704, J. J. 루소Jean Jacques Rousseau, 1712~1778, C. D. 몽테스키외Charles De Montesquieu, 1689~1755와 같은 근대 계몽사상가들의 자연권 및 사회계약론의 영향을 받았다.

또한 근대 계몽사상가들의 자연권과 사회계약론은 중세의 T. 아퀴나스Thomas Aquinas, 1225?~1274에, 아퀴나스는 헬레니즘시대 스토아학파의 자연법사상에 그리고 스토아학파는 플라톤Plato, 428?~348?의 이데아적 질서와 아리스토텔레스Aristoteles, BC384~BC322의 철학에 빚을 지고 있다.

오늘날 우리나라 헌법에 규정되어 있는 자유와 평등, 시민으로서의 권리가 거슬러 올라가면 고대 그리스의 철학자들에게로 이어지고 있는 것이다. 그리고 플라톤과 아리스토텔레스 이후 지금까지의 인간의 기본권 등에 대한 논리 전개의 중심에는 다름 아닌 '자연법Natural Law'사상이 자리하고 있다.

■ 아리스토텔레스, 자연법사상의 단초를 제시하다

아리스토텔레스는 이런 말을 통해 일찍이 '자연법'사상의 단초를 드러내고 있다.

> 정치적 정의에는 본성적인 것도 있고 인위적인 것도 있다. 본성적인 것은 어디서나 동일한 타당성을 갖고 있으며, 사람들이 옳다고 생각하건 말건 이에 구애되지 않는다. 이와는 달리 인위적인 것이란, 본래 이렇게도 될 수 있고 저렇게도 될 수 있었던 것이지만, 일단 정해지면 그럴 수 없게 되는 것이다.[157]

아리스토텔레스에게 정치는 다름 아닌 '법을 만드는 행위'[158]였다. 따라서 아리스토텔레스가 말한 위의 내용은 이런 이야기가 된다.

> 입법立法에는 원래의 본성을 따르는 경우도 있고 인위적으로 하는 경우도 있는데, 본성에 의한 법은 어느 시대 어느 장소에서나 동일한 타당성을 가지게 되고, 인위적인 법은 글자 그대로 작위적인 것이어서 상황에 따라 달라진다.

한마디로 '본성에 따른 법률'은 시대나 상황에 구애받지 않는다는 것

---

157 윤리학, 아리스토텔레스 저, 최민홍 역, 2001, 민성사, 150면
158 윤리학, 아리스토텔레스 저, 최민홍 역, 2001, 민성사, 319면

이다. 자연법은 다름 아닌 '자연적 성질에 바탕을 둔 보편적이고 항구적인 법률 및 규범'[159]을 의미한다. 그런데 아리스토텔레스가 말한 '본성에 따른 법률'은 인위에 의한 것이 아닌, 바로 '자연적 성질'에 바탕을 둔 '법률'이므로 '자연법'이라는 용어만 사용하지 않았을 뿐, 그는 이미 훗날 등장하는 '자연법' 개념을 정확하게 논하고 있었던 것이다.

스토아학파에 의해 등장한, 시대를 초월한 진리법칙

자연법은 헌법이나 형법, 민법과 같은 실정법에 대립되는 개념으로, 원칙에 그칠 뿐 실제 규정으로 존재하지는 않는다. 자연법이라는 용어는 헬레니즘시대 스토아학파에 의해 본격적으로 등장하게 된다. 스토아학파를 연 제논Zēnōn, BC335?~BC263?은 자연법에 대해 이렇게 말하고 있다.

신은 이 세계와 분리되어 있지 않다. 신은 세계의 영혼이며 우리 모두는 그 신성한 불의 일부분을 각자 지니고 있다. 만물은 모두 자연이라 불리는 단일한 체계의 한 부분이며, 모든 생명은 자연과 조화를 이룰 때 선善이 된다. 어떤 의미에서 모든 생명은 지금 자연과 조화를 이루고 있다. 왜냐하면 자연법

---

159 두산백과 참조

이 지금까지 만들어 온 결과가 바로 지금의 모습이기 때문이다. 하지만 다른 한편 인간은 개인의 의지가 자연법 가운데 있는 그 어떤 것을 목표로 지향할 때만 자연과 조화를 이룰 수 있다. 덕德은 자연과 부합되는 인간의 의지에서 비롯된다.

God is not separate from the world; He is the soul of the world, and each of us contains a part of the Divine Fire. All things are parts of one single system, which is called Nature; the individual life is good when it is in harmony with Nature. In one sense, every life is in harmony with Nature, since it is such as Nature's laws have caused it to be; but in another sense a human life is only in harmony with Nature when the individual will is directed to ends which are among those of Nature. Virtue consists in a will which is in agreement with Nature.[160]

모든 것들에 스며들어 있는 올바른 이성인 일반 법칙은 전 우주를 주재하는 최고의 신인 제우스와 같은 존재이다. 신, 정신, 운명, 제우스는 한 가지다.

The General Law, which is Right Reason, pervading everything, is the same as Zeus, the Supreme Head of the government of the universe: God, Mind, Destiny, Zeus, are one thing.[161]

이성이 없는 '일반 자연'이나 이성을 가진 '인간'이나 모두 '자연'이라는 단일한 체계에 속하므로, 당연히 '일반 자연'이나 '인간' 모두 자연법

---

160 The History of Western Philosophy, Bertrand Russell, 1972, A Touchstone Book, 254p
161 The History of Western Philosophy, Bertrand Russell, 1972, A Touchstone Book, 256p

칙, 즉 자연법과 조화를 이룰 때 가장 바람직하다는 이야기다. 따라서 인간의 의지, 즉 이성은 자연법칙과 조화를 이룰 때 가장 올바르고, 나아가 일반 법칙, 즉 시대와 상황에 구애받지 않는 보편적·항구적 법칙이 될 수 있다는 것이다. 이것을 한마디로 정의하면 이런 의미가 된다.

한마디로 인간세상의 법칙이 자연법칙인 인간의 본성을 따를 때 그것은 시대를 초월하는 만민법이 될 수 있고, 거꾸로 또 모든 시대 모든 사회에 통용되는 진리법칙이 되기 위해서는 마땅히 인간의 본성에 입각해야 한다.

제논으로부터 시작된 자연법사상은 BC3세기부터 AD2세기에 걸쳐 클레안테스Kleanthes, BC331?~BC232?·크리시포스Chrysippos, BC279?~BC206?, 파네티우스Panaetius, ?~?·포시도니우스Posidonius, ?~?·세네카Seneca, BC4?~65·에픽테투스Epictetus, 55?~135?·마르쿠스 아우렐리우스Marcus Aurelius, 121~180와 같은 스토아학파 학자들에게로 이어졌다. 그리고 그 중간에 로마인들에게 스토아철학을 전하는 데 있어서 중요한 역할을 한 키케로Cicero, BC106~BC43가 있었다.

기독교적 자연법으로 변신한 중세의 자연법사상

불완전하게나마 로마에 수용된 스토아학파의 자연법사상은 4세기

이후 기독교의 보편화·세계화에 영향을 미치게 되었다. 인간의 본성에 바탕을 둔 자연법사상은 인간의 보편성에 의존하기 때문에 사람 간에 차별이 존재할 수 없고, 사람 간에 차별이 없다면 당연히 지역·국가·민족에 따른 차별 역시 애초부터 끼어들 여지가 없다. 따라서 자연법사상은 자연스레 만민평등사상과 세계시민주의를 낳게 되었다. 기독교가 특정 민족을 벗어나 보편적 인류 종교로 발전하는 데 있어서 스토아학파의 자연법사상이 만민평등사상과 세계시민주의라는 주단을 깔아준 셈이다.

중세 들어 자연법사상은 기독교적 자연법으로 변신한다. 기독교적 법체계를 완성시키면서 기독교의 진리에 대한 이해를 신의 계시뿐 아니라 인간의 이성에도 의지하고자 했던 T. 아퀴나스(1225?~1274)는 이런 말을 통해 자연법을 기독교의 신법神法과 동일시했다.

> 신의 이성에 의해 사물에 주어진 성품, 즉 영원법(Lex aeterna)은 사물들의 본성에 새겨져 있고, 이성적 존재의 본성에 따라 인간에게도 분여分與되어 있다. 따라서 이성의 자연적 빛을 통해 인식된다. 이렇게 해서 영원법은 자연법(Lex naturalis)이 된다.[162]

중세적 시각답게 결국 신(신법)이 인간(자연법)을 규정한다는 이야기다. 인간의 모든 행동을 규정하는 보편적 법의 존재를 인정하는 동시에 그것을 '기독교적 신의 의도'로 연결하고 있는 것이다.

---

162 성 토마스 아퀴나스의 신학대전 요약, G. 달 사쏘·R. 꼬지 편찬, 이재룡·이동익·조규만 역, 2001, 가톨릭대학교 출판부, 195~196면

로크와 홉스의 자연법 논쟁

자연법에 대해 보다 현실적 의미를 갖는 구체적인 논의는 17~18세기에 들어서면서 본격적으로 시작되었다. 바로 계몽주의시대 주요 사상가들인 홉스와 로크, 루소 그리고 몽테스키외와 같은 인물들에 의해서이다. 이들은 자연법을 단순한 만민법으로서의 선언적 개념으로 인식하는 데 그치지 않고, 자연권(또는 천부인권), 사회계약설과 같은 현실적인 논의로 발전시켜 나갔다.

■ 생명보호와 자유에 대한 홉스의 인식

홉스는 다음 주장들을 통해 자연법Lex Naturalis과 자연권Jus Naturale을 각각 구분하여 정의했다.

> 자연법은 이성에 의해 발견되는 계율 또는 일반적인 규칙이다.[163]

> 자연권이란 각 사람이 자신의 생명을 보호하기 위해 원할 때는 언제나 자신의 힘을 사용할 수 있는 자유를 의미한다. 엄밀한 의미에서 자유는 외부적인 장애물이 없는 상태를 의미한다.[164]

그러면서 그는 다음 두 가지를 비롯하여 총 열아홉 가지의 자연법을

---
163 홉스의 사회정치철학, 김용환 저, 1999, 철학과 현실사, 163면
164 홉스의 사회정치철학, 김용환 저, 1999, 철학과 현실사, 163면

구체적으로 제시했다.

- 평화를 추구하고 따르라.
- 평화와 자기 보호를 위해 필요하다고 생각하는 한 모든 것에 대한 이 권리(자연권)를 다른 사람과 똑같이 기꺼이 포기해야만 한다. 그리고 자신은 다른 사람에게 허용한 만큼의 자유에 만족해야 한다.[165]

자연권은 글자 그대로 국가가 존재하지 않는 원시 '자연' 상태에서 각자가 가지고 있는 자유로운 권리를 의미하여, 그 범위는 당연히 무한대이다. 무한대로 자유로운 자연권의 용도는 바로 자신의 '생명보호'와 '자유'를 위한 것이다. 그런데 '만인에 대한 만인의 투쟁'인 원시자연 상태에서의 자연권은 무한대의 자유를 의미하지만, 현실에서는 당사자의 생명보호나 자유는 고사하고 잠시의 휴식 정도도 보장해 주지 못한다. 그래서 사람들은 '국가'를 만들게 된다.

국가 환경에서도 사람들의 궁극적 목적은 당연히 자신의 '생명보호'와 '자유'이다. 이때 사람들은 실질적인 자신의 생명보호와 자유를 위해 '평화를 추구하고 따르며', '평화와 자기보호를 위해 필요하다고 생각하는 한, 모든 것에 대한 이 권리(자연권)를 다른 사람과 똑같이 기꺼이 포기하고 다른 사람에게 허용한 만큼의 자유에 만족'하는 '평등'한 '자유'를 추구하게 된다. 이런 자연법들을 모든 사회구성원이 준수함으로써 사람들 각자는 자신의 궁극의 목적인 '생명보호'와 '자유'를 이루게 되고, 아울러 '평등'을 추구한다.

---

165 홉스의 사회정치철학, 김용환 저, 1999, 철학과 현실사, 163면

위의 흐름은 자연법이 '관념'에서 '문자'로 구체화되고, 자연법이 지향하는 것이 다름 아닌 자연권인 '생명보호'와 '자유', '평등'에 있으며, 그러한 자연권의 한계와 실효성이 국가를 존재하게 함과 동시에 국가의 역할을 규정한다는 것을 보여주고 있다. 자연법이 자연권 개념을 낳고 나아가 국가의 의미와 역할까지 논리적으로 규정하고 있는 것이다.

■ 원시자연 상태에 대한 로크의 인식

로크의 원시자연 상태에 대한 인식은 홉스의 '만인에 대한 만인의 투쟁'과는 반대 입장이었다. 로크는 자연 상태를 이렇게 인식했다.

> 사람들이 타인의 허락을 구하거나 그의 의지에 구애받지 않고, 자연법의 테두리 안에서 스스로 적당하다고 생각하는 바에 따라서 자신의 행동을 규율하고 자신의 소유물과 인신人身을 처분할 수 있는 완전한 자유의 상태[166]

즉, 자연 상태는 '자유의 상태(State of liberty)'이지 '방종의 상태(State of licence)'[167]가 아니라고 본 것이다. 그는 그러한 자연 상태에서 작용하는 자연법을 다름 아닌 '이성'으로 보고, 그런 관점에서 이렇게 주장했다.

> 인간은 모두 평등하고 독립된 존재이므로 어느 누구도 다른 사람의 생명, 건강, 자유 또는 소유물에 위해를 가해서는 안 된다.[168]

---

166 통치론, 존 로크 저, 강정인·문지영 역, 2006, 까치, 11면
167 통치론, 존 로크 저, 강정인·문지영 역, 2006, 까치, 13면
168 통치론, 존 로크 저, 강정인·문지영 역, 2006, 까치, 13면

로크는 인간이 궁극적으로 추구하는 것이 생명보호와 자유라는 차원에서는 홉스와 같은 입장이었으나, 그것을 현실적으로 실현하는 수단인 국가의 설립 이유에 대해서는 다른 입장을 취했다. 즉, 홉스는 국가 설립의 이유를 최악의 무한투쟁 상태에서 벗어나기 위한 것으로 인식한 반면, 로크는 보다 더 높은 수준의 생명보호와 자유를 보장받기 위해서라고 본 것이다.

■ 국가와 개인의 역학관계에 대한 인식 차이

원시자연 상태에 대한 두 사람의 인식 차이는 국가의 사회구성원에 대한 생명보호와 자유보장 역할에 있어서는 아무런 영향을 미치지 않는다. 하지만 국가와 개인의 역학관계에 있어서는 크게 영향을 미치게 된다. 즉, 홉스의 자연 상태에 대한 '만인에 대한 만인의 투쟁' 인식은 국가가 아무리 전제적이라 할지라도 실제적으로 생명보호와 자유를 전혀 보장하지 못하는 원시자연 상태보다는 더 낫기 때문에, '전제적 괴물'인 리바이어던Leviathan으로서의 국가 역할 가능성까지 용인하고 있다.

반면에 원시자연 상태에서의 인간을 '이성적 존재'로 가정한 로크는 개인에 대한 더 나은 생명보호와 자유보장을 존재 근거로 하는 국가가 개인의 생명보호와 자유를 원시자연 상태보다 더 높은 수준으로 보장하지 못할 경우 개인이 국가를 거부할 권리, 즉 '사회구성원의 저항권'을 인정했다. 따라서 로크에게서는 애초부터 리바이어던적 전제군주가 허용될 여지가 없었던 것이다.

■ 로크와 같은 입장을 취한 루소의 사회계약론

루소의 《사회계약론》은 이렇게 시작된다.

인간은 본래 자유인으로 태어났다. 그런데 그는 어디서나 쇠사슬에 묶여 있다. 어떤 사람은 자기를 다른 사람들의 지배자로 믿기도 하는데, 실은 이 사람은 더 심한 노예가 되어 있다.[169]

그는 또 같은 책에서 이렇게 주장했다.

인간에게 우선하는 법은 자신의 생명 보존에 유의하는 일이며, 우선하는 배려도 자신을 돌보는 일이다.[170]

모두가 평등하고 자유롭게 태어난 만큼 그들의 자유를 양도하는 것은 오직 자신들의 이익을 도모하기 위해서이다.[171]

인간은 평등하게 태어났으며 생명 보존과 자유 추구는 바로 인간의 본성이라는 것이다. 따라서 루소는 인간이 사회를 구성하는 이유가 바로 평등과 생명 보존, 자유 추구를 위해서이고, 이것들이 보장되지 않을 경우 로크와 마찬가지로 사회구성원의 국가에 대한 저항권을 인정했다.

▪ 인간의 '기본적' 욕구를 강조한 몽테스키외의 자연법사상
몽테스키외는 인간이 자연 상태에서 갖게 되는 자연법을 다음 네 가지로 들고 있다.

---

169 사회계약론, 장 자크 루소 저, 이환 역, 2002, 서울대학교출판부, 5면
170 사회계약론, 장 자크 루소 저, 이환 역, 2002, 서울대학교출판부, 6면
171 사회계약론, 장 자크 루소 저, 이환 역, 2002, 서울대학교출판부, 6면

① 서로 상대방이 공격해 올까 두려워하는 마음에서 비롯된 '평화'
② 육체적 필요에 의한 '먹을 것 추구'
③ 상대방도 자신을 두려워하고 있다는 것을 인지한 데서 비롯된 감정적 유대로서의 '이성 간 친교'
④ 동물과 달리 지식을 갖추게 됨으로써 갖게 되는 제2의 유대인 '사회적 친교'[172]

몽테스키외의 인간 존재에 대한 인식은 홉스와 로크의 중간에 위치했다. 즉, 홉스는 자연 상태에서의 인간을 맹수와 다름없이 만났다 하면 서로 투쟁만 하는 존재로 인식했고, 로크는 그 반대로 자연 상태에서도 인간은 이성을 활용하는 존재로 인식한 데 반해, 몽테스키외는 자연 상태에서의 인간을 인식능력은 있으나 아직 지식은 갖추지 못한 '불완전한 이성적 존재'로 인식했다. 이런 인식에 따라 몽테스키외는 원시자연 상태에서의 인간에 대해 이렇게 주장했다.

원시자연 상태의 인간은 '동물'과 '사회적 인간'의 중간 인지 수준으로, 소심하고 두려워하는 마음을 가지고 있어 '평화', '먹을 것 추구', '이성 간 친교'와 같은 것들을 추구하게 되며, 초기의 원시자연 단계를 벗어나면서 지식을 갖추게 되면 사회적 동물로서 '사회적 친교'를 추구하게 된다.

그리고 그는 이런 인간의 기본 속성에서 비롯되는 욕구들에 대해 이렇게 말하고 있다.

---

[172] 법의 정신, 몽테스키외 저, 하재홍 역, 2012, 동서문화사, 27~29면 참조

자연법은 종교법·도덕법·공법·사법의 발생 이전에 존재하는 법이다. 전적으로 인간의 구조와 존재에서 파생된 것이기 때문이다.[173]

여기서 그가 '인간의 구조와 존재에서 파생되었다'고 표현한 것은 그것 그대로 '인간의 기본적 욕구'라는 말과 다름없다.

이런 몽테스키외의 자연법 개념을 A. H. 매슬로Abraham H. Maslow, 1908~1970의 욕구 5단계 개념에 비추어 보면, 평화는 '안전의 욕구', 먹을 것 추구는 '생리적 욕구', 그리고 이성 간 친교와 사회적 친교는 바로 '사회적 욕구'에 해당된다. 몽테스키외의 자연법, 즉 '인간의 구조와 존재에서 파생된' 자연법은 다름 아닌 매슬로의 욕구 5단계에 있어서 상위의 '존경의 욕구'와 '자기실현 욕구'를 제외한, 그 아래 단계에 해당하는 세 가지 욕구를 말하고 있는 셈이다.

자연법사상은 모든 법을 규정하는 원칙이자 이데아

국가와 개인 간의 권리와 의무의 바탕인 사회계약론으로까지 발전한 자연법사상은 자유와 평등을 기본 가치로 삼는 미국의 독립선언문(1776.7.4.)과 프랑스의 인권선언(1789.8.26.)에 오롯이 담겨졌다. 미국의

---

173 법의 정신, 몽테스키외 저, 하재홍 역, 2012, 동서문화사, 714면

독립선언문은 먼저 선언의 불가피성을 언급하고 난 다음 곧바로 이렇게 이어진다.

> 우리는 다음과 같은 것들을 자명한 진리로 생각한다. 모든 인간은 평등하게 태어났으며, 조물주는 인간들에게 몇 가지 양도할 수 없는 권리를 부여했는데, 그 권리 중에는 생명, 자유 그리고 행복 추구가 있다.
> We hold these truths to be self-evident: That all men are created equal; that they are endowed by their Creator with certain unalienable rights; that among these are life, liberty, and the pursuit of happiness.

프랑스의 인권선언 역시 인권선언의 의미를 밝히고 난 다음 바로 이런 내용이 이어진다.

> **제1조** 인간은 자유롭고 평등하게 태어나서 생활할 권리를 가진다. 사회적 차별은 오로지 공동 이익을 위해서만 가능하다.

자연법사상이 개인과 국가 간의 상호인식, 사회구성원 간의 상호인식에 대한 영향은 물론, 헌법을 비롯한 모든 실정법에 영향을 미치고 있는 것이다. 뿐만 아니라 자연법사상은 모든 법을 규정하는 원칙으로서, 시금석으로서 그리고 법의 이데아로서의 역할을 하고 있다.
　우리나라 헌법 역시 당연히 자연법사상에 기초한다. 헌법에 명시되어 있는 다음과 같은 권리와 자유들의 뿌리가 결국 자연법사상인 것이다.

행복추구권(제10조), 평등권(제11조), 신체의 자유(제12조), 거주이전의 자유(제14조), 직업 선택의 자유(제15조), 주거의 자유(제16조), 사생활의 비밀과 자유 불가침권(제17조), 통신의 비밀 불가침권(제18조), 양심의 자유(제19조), 종교의 자유(제20조), 언론·출판 및 집회·결사의 자유(제21조), 학문과 예술의 자유(제22조), 재산권 보장(제23조), 인간다운 생활을 할 권리(제34조)

우리가 살고 있는 제도적 환경은 어느 것 하나 그냥 우연히 존재하는 것이 없다. 최소한 수천 년간 수많은 이들의 용기 있는 영웅적 행동, 더 나은 사회제도에 대한 학자들의 치열한 논리적·사실적 탐구 그리고 인간 본성에 대해 파고드는 사람들의 끈질긴 궁구窮究가 쌓여 오늘날의 제도적 환경을 만들어냈다. 자유와 평등, 행복 추구와 같은 소중한 가치들에 대해 한번쯤은 그들에게 일말의 채무의식을 가져 볼 일이다. 그들의 인생을 건 궁구와 탐구 그리고 영웅적 행동에 대한 기록인 오래된 책을 거슬러 올라가 보는 것은 그래서 의미가 있다.

13장
실용

시대를 대표하는 학문은
모두 실용을 지향한다

 《근사록近思錄》은 성리학의 완성자인 주희朱熹/朱子, 1130~1200가 친구인 여조겸呂祖謙, 1137~1181과 함께 쓴 성리학 입문서이다. 주희의 성리학 하면 사람들은 흔히 '관념적', '비실용적'이라는 이미지를 떠올린다. 그런데 정작 주희와 여조겸이 생각한 성리학은 오히려 그 반대였다. 여조겸은《근사록》후서後序에서 이렇게 말하고 있다.

 낮고 가까운 것을 싫어하고 높고 먼 것에만 노력을 기울이거나, 차례를 뛰어넘고 절차를 무시해 공허한 데로 흐르게 되면 결국 의지할 곳이 없어지게 될 것이다. 그렇게 되면 어찌 근사라 할 수 있겠는가? 이 책을 보는 자는 마땅히 이것을 자세히 살펴야 할 것이다.
 若乃厭卑近而騖高遠 躐等陵節流於空虛 迄無所依據 則豈所謂近思者耶 覽者宜詳之[174]

일상에서 먼 것을 추구해 공허한 데로 흐르면 안 된다는 가르침이다. 또한《근사록》내용 안에서도 이런 가르침을 주고 있다.

> 책 내용을 기억하고 암송하여 넓게 알기만 하는 것은 장난감을 가지고 놀다 본뜻을 잃는 것과 같다.
> 以記誦博識 爲玩物喪志[175]

단지 책 내용을 기억하고 암송하는 것은 장난감을 가지고 노는 것과 같이 의미가 없다는 뜻이다. 책 내용을 기억하고 암송하는 것은 그것 자체를 위해서가 아니라 다른 어떤 것을 위한 행위여야 한다는 이야기다. '일상생활에 응용되지 않는 지식, 인간의 삶에 도움 되지 않는 지식이 무슨 의미를 지닐 수 있겠는가?'로 이해할 수 있다.

책 제목인《근사록》의 '近思'는 주희가《논어》에서 가져온 것이다. 바로《논어》에서 공자의 제자 자하가 이렇게 말하는 내용에서다.

> 널리 배우고 뜻을 독실히 하여 절실히 묻고 가까운 것을 생각(近思)하면 그 가운데 인仁이 있다.
> 博學而篤志 切問而近思 仁在其中矣[176]

학문을 어떻게 할 것인가를 구체적으로 설명하는 과정에서 '먼 것'이 아닌 '가까운 것(近)', 즉 자신 또는 사람들의 삶과 직접 관련되는 것을

---

174 근사록, 주희·여조겸 저, 2012, 홍신문화사, 21~22면
175 근사록, 주희·여조겸 저, 2012, 홍신문화사, 91면
176 논어 3권, 2003, 학민문화사, 455면

'생각해야(思)' 한다는 주장이다. 그것이 바로 타인의 입장을 자기 일처럼 살피는 '측은지심惻隱之心'의 '인仁'이라는 것이다.

실용적인 학문(實學)이 갖추어야 할 두 가지 영역

흔히 사람들은 과거 동양의 학문 경향을 관념적·추상적이라고 생각한다. 공자와 맹자의 사상이 현실과 괴리가 있고, 주희의 성리학이 공리공론空理空論적이어서 '동양의 근대화를 늦추는 요인들로 작용했다'고 보는 것이 바로 그런 생각들 중 하나이다.

관념적이냐 현실적이냐의 단순한 관점으로 따진다면 서양 역시 관념적이라고 주장할 수 있는 여지가 적지 않다. 눈앞에 보이는 현실의 것은 모방이고, 감각으로 느낄 수 없는 머릿속의 개념은 진실이라고 하는 플라톤의 '이데아Idea'가 그렇고, 칸트의 '순수이성', 헤겔의 '세계정신'과 같은 개념들이 다 그렇다.

헬레니즘시대의 수학자인 유클리드Euclid, BC330?~BC275?와 같은 인물은 아예 대놓고 '공자님 말씀(?)'을 하기도 했다. 유클리드는 자신의 증명법을 듣고 한 제자가 '기하학을 배우면 어떤 이익이 있습니까?' 하고 묻자 노예를 불러 이렇게 말했다고 한다.

저 젊은이에게 3펜스를 주어라. 저 친구는 자기가 배운 것에서 꼭 무엇인가를 얻어야 하니까.

Give the young man three pence, since he must needs make a gain out of what he learns.[177]

빼고 더할 것도 없이 공자가 한 다음 말의 서양 버전이다.

군자는 옳음을 생각하고 소인은 이익만을 생각한다.
君子喩於義 小人喩於利[178]

■ 시대 상황에 따라 달라지는 물질과 정신의 무게중심

학문을 비롯한 인간의 모든 행위는 '실용'을 전제로 한다. 그런데 동물이 아닌 인간의 실용 범주 또는 대상은 물질에 한정되지 않는다. 복잡한 이성을 갖추고 있는 이상, 인간의 실용 대상에는 당연히 정신의 영역도 포함된다. 물질 향상은 물론 정신 향상에도 도움이 안 되는 노력이나 행위라면 그것은 두말할 것 없이 그야말로 공허하고 '비실용적'이다.

실용을 추구하는 데 있어서 물질과 정신 중 어느 쪽에 무게를 둘 것인지는 상황에 따라 다를 것이다. 정신을 더 채워야 할 상황이면 정신에 더 비중을 두어야 할 것이고, 물질이 다급하면 물질을 더 추구해야 할 것이다. 물질이 다급한데 정신만 강조하고 있으면 '공허'하고, 정신이 문제인데 물질만 강조하고 있으면 그것 역시 '비현실적'이다. 한마디로 학문이 사회에 적절한 솔루션을 제시하지 못하고 있는 상황이다.

물론 인간은 육체와 이성을 함께 지닌 존재인 만큼 사회가 아무리 정

---

177 The History of Western Philosophy, Bertrand Russell, 1972, A Touchstone Book, 211p
178 논어 1권, 2003, 학민문화사, 323면

신적으로 병들어 있는 상태라 할지라도 물질 추구를 완전히 부정할 수는 없다. 반대로 아무리 물질적으로 궁핍한 상태라 할지라도 인간의 존엄과 사회 유지를 위한 최소한의 정신 향상 노력은 언제나 유지되어야 한다. 따라서 학문은 물질은 물론 정신의 향상을 위해, 즉 두 가지 속성의 인간적 실용實用에 끊임없이 도움이 되어야 한다. 물론 시대 상황에 따라 물질과 정신 영역에 대한 적절한 비중 조절을 하면서. 그럴 때 학문은 실용적인 학문, 즉 '실학實學'이 될 수 있다.

▪ 실용성 판단의 주체는 그 시대의 주도세력

그렇다면 현실에서 정신과 물질 중 어디에 더 비중을 둘 것인지, 또는 다른 어떤 것을 강조할 것인지는 누가 결정할까? 바로 학문 생산자 또는 그 시대의 권력자이다. 그리고 학문 생산자 또는 권력자의 자기 생각과 실천적 행동(노력)이 일치하게 되면, 그것은 일반인들의 인식과 상관없이 그들에게 실용적인 학문, 즉 실학이 된다. 따라서 실학은 절대적·고유명사적 개념이라기보다 상대적·보통명사적 개념이다.

공자에게 실학은 인간으로서의 도리를 따지는 것

공자孔子, BC551~BC479는 자신이 살았던 당시에 '사람들이 잘못된 행동을 하는 것은 자신의 행동이 잘못된 것인지를 모르기 때문'이라고 생각

했다. 지금으로부터 100년 전, 아니 불과 몇 십 년 전 우리나라의 문맹률이 상당히 높았을 때의 사회를 상상해 보면 충분히 수긍이 간다. 불과 몇 십 년 전만 하더라도 사람들이 잘못을 저질렀을 때 적지 않은 경우 그 원인이 무지 때문이었다.

오늘날 국가 또는 사회 간에는 '민도民度 차이'가 존재한다. 질서와 배려 등의 측면에서 국가 또는 사회에 따라 수준 차이가 있다는 것이다. 민도 차이의 가장 큰 원인은 당연히 '교육'이다. 2,500년 전 공자가 살았던 춘추시대에는 오늘날과 같은 학교가 있었던 것도, 의무교육이 있었던 것도 아니다. 당연히 일부 귀족들을 빼놓고는 문자를 알지도 못했고, 당장 오늘 하루 먹을 것이나 몸 가릴 것 마련에 쫓기는 생계 위협 속에서 예禮나 체면을 따질 상황도 못되었다.

> 짐승과 함께 무리지어 살 수는 없는 노릇이니, 내가 사람의 무리와 함께하지 않는다면 누구랑 함께할 것인가.
> 鳥獸不可與同羣 吾非斯人之徒與 而誰與[179]

공자가 내뱉은 위와 같은 한탄은 당시 일반인들의 도덕·의식수준이 짐승과 별반 차이가 나지 않았음을 말해 준다. 그러기에 공자는 '널리 배워 예禮로 집약한다(博學於文 約之以禮)'[180]라고 하여, 배움이라는 것은 결국 사람들이 짐승과 다른, 즉 인간으로서의 기본인 예를 갖추기 위한 것임을 강조했다. 그리고 번지가 농사에 대해 물었을 때 이렇게 답함으로써 자신이 볼 때 당시 시대 상황이 무엇을 더 절실히 필요로 하는지

---
179 논어 3권, 2003, 학민문화사, 418면
180 논어 1권, 2003, 학민문화사, 503면

를 은연중에 드러내고 있다.

나는 늙은 농부만 못하고, 나는 늙은 채소 키우는 이보다 못하다.
吾不如老農 吾不如老圃[181]

자신이 해야 할 역할은 물질 향상을 가져오는 지식 전달과 같은 것이 아니라, 먼저 사람들의 무지몽매함을 깨우쳐 예와 부끄러움을 알게 하는 것이라고 확신한 것이다. 그는 귀족 출신으로서 혼란의 춘추시대를 다시 '봉건 초기의 질서 있는 시대로 되돌려야 한다'는 것과 함께, 아직 문명화되지 않은 '무지 상태의 사람들을 깨우치는 것'이 자신에게 주어진 가장 절실한 과제라고 생각했다.

공자에게 있어서 당시 현실적으로 사회가 가장 필요로 하는, 즉 가장 실용적인 것은 바로 '동시대의 사람들에게 사람으로서의 도리를 가르치는 것'이었다. 지금으로부터 2,500년 전, 춘추시대의 공자에게 실학實學은 바로 '인간으로서의 도리를 따지는 것'이었다. 한마디로《논어》는 춘추시대의 실학이었다.

---

181 논어 3권, 2003, 학민문화사, 14면

분서갱유는 사상통일을 이루려 한 진시황제의 실학적 행위

춘추전국시대를 종식시키고 최초로 대륙 통일을 이룬 진시황제의 진秦나라BC221~BC207시대에는 학문적 단절을 초래하는 사건이 일어났다. 바로 선진先秦시대의 사상서들을 모두 불태워 버린 '분서갱유焚書坑儒, BC213~BC212'이다.

진시황제는 지리적 통일과 함께 사상적 통일을 꾀하는 과정에서 농사나 의약 및 점占 등에 관한 실용서를 제외한 책들을 모두 모아 불살라 버렸다. 강력한 중앙집권을 추진한 진시황제 입장에게 현실에서 가장 절실한 것은 다름 아닌 '사상 통일'이었다. 진시황제에게는 사상 통일에 방해가 되는 저술들을 없애는 것, 그것이 이를테면 그에게는 '실학實學적 행위'였다.

훈고학은 산실된 경전 해석을 위한 실용적 연구방식

한漢 왕조는 2대 황제인 혜제惠帝, 재위 BC195~BC188 4년에 진시황제의 분서갱유로 인해 산실散失된 유가儒家의 고서 정리에 나섰다. 또 BC136년 7대 황제 무제武帝, 재위 BC141~BC87 때는 동중서董仲舒, BC170?~BC120?의 건의로 공자로부터 시작된 유가사상을 한 왕조의 관학官學으로 정하는 결정을 내렸다. 유방을 비롯한 창업 주도세력이 주로 기층민 출신으로 배움이 많지 않았고, 또 진秦 왕조의 법가法家적 통제에 대한 피로감도 남아 있어서 왕조 초기에는 도가道家의 무위자연無爲自然 사상을 중시함으로써 사실상 사상적 방임 상태를 유지했던 한 왕조가 사상 통일에 나선 것이다. 그런데 문제가 있었다. 바로 진시황제의 분서갱유로 인해 정작 경학經學이 된 유가 경전들이 제대로 남아 있지 않았던 것이다.

여기에 한 왕조는 문자개혁까지 단행했다. 직전 왕조인 진 왕조 때에는 '전서篆書'를 정식 서체로 사용했으나, 한 왕조 들어 전서의 자획을 좀 더 간략히 하고 서체를 사용하기 편하게 바꾼 '예서隸書'로 정식 서체를 교체한 것이다.

이렇듯 산실散失된 경전들을 기억에 의존해 보충해야 했고, 거기에 문자까지 전서에서 예서로 바뀌다 보니 당연히 한漢나라 이전의 서적을 읽는 데 상당한 어려움이 있었다. 그런 까닭에 이 시대에 현실적으로 가장 절실한 것이 이제는 경학이 된 선진先秦시대 유가 경서들에 대한 정확한 자구 해석, 즉 '훈고訓詁'가 되었다. 단절된 학문의 역사를 다시 잇기 위해서도 그렇고, 학문을 하기 위한 가장 기본적 작업이기도 하다는 점에서 원전 내용의 복원과 글자 하나하나의 뜻을 밝히는, 즉 훈고 주석이 무엇보다 중요해진 것이다. 당나라시대까지 경학 연구의 주요 방식으로 지속된 '훈고학訓詁學'은 이 시대의 실학實學, 즉 현실에서 가장 필요로 하는 학문방식이었다. 실용성 있는 학문 연구방식이었다.

성리학을 중심으로 한 실용적 학문 변화의 흐름

송宋·명明나라시대에 들어서는 경학에 대한 학문 연구방식이 '의리義理사상'으로 바뀌었다. 《논어》나 《맹자》 등 유가 경서에 대한 미시적 자구 해석 중심의 연구방법인 훈고학에서, 그 문장에 담겨져 있는 형이상학적 의미를 파악하고 철학으로서의 완성된 체계를 마련하는 '의리사상'으로 바뀐 것이다.

■ 의리사상을 연구하는 두 가지 관점, 성리학과 육왕학(양명학)

의리사상의 연구경향은 두 가지 대립되는 관점으로 전개되었다. 바로 주희1130~1200의 성즉리性卽理 관점의 '성리학性理學'과 육상산陸象山, 1139~1192과 왕양명王陽明, 1472~1529의 심즉리心卽理 관점의 '육왕학陸王學(또는 양명학陽明學)'이다.

남송시대의 주희는 북송시대의 소옹邵雍, 1011~1077, 주돈이周敦頤, 1017~1073, 장재張載, 1020~1077, 정호程顥, 1032~1085, 정이程頤, 1033~1107 5인의 유가사상을 집대성하여 단순한 윤리나 정치 이데올로기가 아닌 철학으로서의 성리학을 완성했다. 우주와 인간의 본질을 밝히고 개인의 수양과 국가의 통치를 연결하는 하나의 '실용 철학'을 만들어 낸 것이다. 역성혁명易姓革命으로 시작한 조선 왕조의 통치 철학으로 성리학을 채택한 정도전과 같은 이는 자신의 불교에 대한 반사회성·비인륜성이라는 비판적 관점에서 주자의 성리학을 '실학實學'이라 했다.

지식만을 강조하는 성리학에 반발하여 양심과 비슷한, 즉 배우지 않고도 알 수 있는 '양지良知'를 강조하고, 이 양지의 실천을 지식의 완성으로 보는 경학 학문방식이 왕양명이 완성한 육왕학(또는 양명학)이다.

우리나라는 성리학이 만개했던 것에 반해 육왕학의 세가 약했다. 반면에 일본은 성리학보다 육왕학이 주류였다. 우리나라에서의 육왕학은 장유1587~1638, 최명길1586~1647, 정제두1649~1736와 같은 일부 학자들에 의해 연구되었으며, 양득중1665~1742과 같은 이는 육왕학의 '양지'가 빠진 학문을 '허학虛學'이라고 하여 양지를 실학의 실사구시實事求是설과 절충하기도 했다. 정제두로부터 시작되어 2백여 년간 지속된 육왕학의 강화학파는 실학파 중 홍대용1731~1783, 박지원1737~1805, 박제가1750~1805와 같은 북학파(또는 이용후생학파)에 영향을 끼친 것으로 평가된다.

■ **우리나라에서 성리학 전에 사장학이 실학이 된 이유**

우리나라에서는 주희의 성리학에 앞서 고려시대 후기 12세기 무렵부터 과거를 보기 위한 실용학으로서 사장학詞章學이 유행했다. 사장학詞章學은 한시漢詩를 비롯한 한자문학의 문학적 능력과 감성을 중요시하는 학문 경향을 말하는데, 우리나라에서는 주희의 성리학 또는 조선 왕조의 정몽주1337~1392-길재1353~1419-김숙자1389~1456-김종직1431~1492-김굉필1454~1504-조광조1482~1519로 이어지는 사림파士林派의 학문 경향과 상대되는 명칭으로 쓰였다.

당唐나라 전의 한시인 고시古詩와 대비해 당나라 때 엄격한 형식으로 발전한 한시인 근체시近體詩를 비롯한 한자문학은 신라 말에서 고려 초 무렵에 우리나라에 들어와서 외교상의 필수 소양과 과거시험을 위한 필수 지식인 사장학으로 자리 잡았다.

그러다 사장학은 고려 말 안향1243~1306에 의해 성리학이 도입되면서 여러 가지 폐해가 지적되기 시작했다. 문장의 아름다움과 기술적 뛰어남만을 추구하는 기송사장記誦詞章의 사장학은 '개인의 도덕성 향상'이나 '왕도정치를 밝히는 것'과 같은 어떤 현실적인 도움도 주지 못한다는 것이었다. 그럼에도 불구하고 사장학은 공문서 작성에 있어서 문학적 미려함을 중요시하는 전통과 중국과의 인문 외교상의 필요로 인해 그 뒤로도 오랫동안 관료 선발의 주요 수단으로서 지위를 보존한다.

그러다 조선 왕조 들어 성종재위 1469~1494부터 선조재위 1567~1608에 걸쳐 사림이 정국 주도권을 쥐게 되면서 우리나라의 주요 학문 경향은 비로소 사장학에서 주희의 성리학으로 대체되었다. 이 시기에 성리학이 본격적으로 관학화되면서 한시를 비롯한 사장학은 문학적·미적 차원에서 한낱 '성리학의 도道를 실어 전달하기 위한 수단', 즉 재도載道적 수단으로 전락한다.

고증학은 현실을 바탕으로 사실을 밝히려 한 연구방식

청나라 때 들어서는 학문의 연구 경향이 송·명나라시대 때의 성리학과 양명학에서 실사구시實事求是의 '고증학考證學'으로 바뀌었다. 서양 과학의 영향으로 관념적·추상적 학문방식에 회의가 일어나면서 현실에 바탕을 두고 사실을 밝히고자 하는 실증적인 연구방식이 대두된 것이다.

송·명나라시대에서의 형이상학적 학문방식을 배척하고 고증학을 연 고염무顧炎武, 1613~1682는 '귀창貴創'과 '박증博證' 그리고 '치용致用'을 강조했다. 귀창은 창의성을 귀하게 여긴다는 것이고, 박증은 널리 증거를 찾는다는 것이고, 치용은 바로 실용을 추구한다는 것이다. 앞서가는 서양의 과학문명을 제대로 평가하고 반성한 대륙의 지식인이라면 당연히 취할 수밖에 없는 태도였다.

고거학考據學 또는 박학朴學으로도 불리는 고증학은 기계적·전통적 경서 해석을 지양하고 철저한 고증에 의한 객관적·체계적 경서 해석을 추구했다. 그러한 새로운 시도가 바로 훈고학訓詁學, 음운학音韻學, 금석학金石學, 교감학校勘學과 같은 연구방식들이었다.

■ **다양한 연구방식의 시도와 태생적 한계**

청나라 때의 '훈고학'은 한·당나라시대 때의 훈고학과 같이 경서 해석에 중점을 두긴 했지만, 답습하는 해석방식에서 탈피하여 과학적 해석방식을 모색했다.

'음운학'은 문자 도입의 전 단계인 언어 또는 문자와의 불가분 관계인 언어에 대한 체계적인 연구였다. 당연히 문자의 체계적인 의미를 밝히는 데 도움이 되었다.

'금석학'은 쇠나 동 또는 돌에 새겨진 오래된 문자 또는 문장에 대한 연구였다. 종이가 있기 전에 당연히 쇠와 돌이 있었고, 또 서책이나 죽간竹簡(대쪽으로 된 기록도구), 목간木簡(나무로 된 기록도구)은 내구성이 좋지 않아 양호한 상태로 오랫동안 보관할 수가 없었다. 따라서 쇠나 동 또는 돌에 새겨진 문자를 연구하는 금석학은 당연히 종이 책보다 훨씬 더 오랜 시대로 거슬러 올라가 문자의 원형이나 문장에 대한 연구는 물론 고대사를 해명하는 데도 큰 도움이 되었다.

'교감학'은 자료들의 상호 대조를 통해 잘못된 문장을 바로 잡는 학문 연구방식이다. 학문적 단절을 가져온 진시황제의 분서갱유로 인해 한나라 때 다시 만든 경서들은 적지 않은 부분이 기억에 의존해 쓰였다는 점에서 내용상 원전과 차이가 날 가능성이 높았다. 또 다행스럽게 분서갱유를 피해 살아남은 책이라 할지라도 죽간·목간의 내구성상 일부의 망실 또는 착간錯簡, 즉 순서의 뒤바뀜 등으로 인해 문제가 있을 수밖에 없었다. 따라서 자료를 상호 대조하는 교감학은 경서의 객관적 완성도를 높이는 데 있어서 매우 유용했다.

하지만 고증학은 위와 같은 문헌 고증 또는 그러한 연구방식에 대한 집착의 한계로, 당연히 사상적인 측면에서는 주목할 만한 성과를 남기지 못했다.

고증학과 서양 학문의 영향을 받아 등장한 조선의 실학

우리나라에서는 고증학이 조선시대 영·정조 때1724~1800의 실학實學 등장에 직접적인 영향을 미쳤다. 16세기 후반부터 17세기 전반에 걸쳐 일어난 네 차례의 전란과, 성리학으로 무장한 사림 세력의 본격적인 등장 전후로 있었던 사화士禍 및 붕당朋黨정치에 의한 여러 사회적 문제를 극복하기 위한 과정에서 청나라의 고증학과 서양 학문의 영향을 받아

실학이 등장한 것이다.

17세기 중엽부터 19세기 초반에 걸쳐 조선 사회에 등장한 실학은 도덕적 형식에 치우친 성리학의 관념성을 비판하고, 현실 생활에 실질적인 도움이 되는 실용성을 중시했다. 한백겸$_{1552\sim1615}$, 이수광$_{1563\sim1628}$, 유형원$_{1622\sim1673}$ 등에 의해 시작된 조선의 실학파는 다음과 같이 크게 3기로 나누어 진행되었다.

- 경세치용학파(또는 중농학파)
  - 주요 시기 : 17세기 중엽~18세기 전반
  - 주요 내용 : 성호$_{星湖}$(이익의 호)학파를 중심으로 토지개혁과 농민들의 생활 안정을 중시
  - 주요 인물 : 유형원$_{1622\sim1673}$, 이익$_{1681\sim1763}$, 정약용$_{1762\sim1836}$

- 이용후생학파(또는 중상학파)
  - 주요 시기 : 18세기 후반
  - 주요 내용 : 북학파를 중심으로 상공업의 발전을 중시
  - 주요 인물 : 홍대용$_{1731\sim1783}$, 박지원$_{1737\sim1805}$, 박제가$_{1750\sim1805}$

- 실사구시학파
  - 주요 시기 : 19세기 전반
  - 주요 내용 : 실증적인 학문 연구방법으로서 유교 경서와 금석문 및 역사 연구를 시도
  - 주요 인물 : 김정희$_{1786\sim1856}$, 이규경$_{1788\sim1856}$, 최한기$_{1803\sim1877}$

유교의 지나친 형이상학적 학문 추구를 공리공론으로 인식한 조선의 실학은 실용적인 학풍 조성과 함께 근대 지향적 인식의 발전을 가져왔다. 하지만 주요 인물들이 대부분 몰락한 지식인 신분이었다는 한계로 인해 현실적 개혁으로까지 이어지기는 어려울 수밖에 없었다.

실학은 그 시대의 현실적 유용성에 따라 바뀌는 것

공자의 유교를 주류 사상으로 하는 중국의 학문 연구 경향은 시대별로 크게 네 단계로 전개된다. 바로 진나라 이전의 본원本源 유학, 한·당나라 때의 훈고 유학, 송·명나라 때의 성리학 그리고 청나라 때의 고증학이다.

각 시대별로《논어》와《맹자》원전 익히기, 훈고학, 성리학, 고증학이 주된 학문방식이었던 이유는 그 각각의 방식이 바로 그 시대에 현실적으로 가장 '유용'했기 때문이다. 즉, 그것이 바로 그 시대의 '실학實學'이었다. 뒤집어서 생각하면 이렇게 시대별로 주요 학문방식이 바뀐 이유는 바로 바뀐 시대와 환경에서 기존의 학문방식이 더 이상 '유용하지 않았기' 때문이다. 한마디로 기존의 학문방식은 더 이상 그 시대의 실학이 아니었다.

유교의 영향을 가장 크게 받았던 우리나라 역시 학문 경향의 변화가 중국과 크게 다르지 않았다. 즉, 중국과 마찬가지로 훈고학, 성리학 그리고 고증학의 영향을 받은 실학의 순서로 학문의 경향이 진행되어 왔다. 그리고 훈고학에서 성리학으로 넘어가는 중간에 중국 당·송나라 때의 한시를 비롯한 한자문학의 영향으로 사장학詞章學이 한 시대를 풍미했다.

맹목적인 인문학 숭배에 의해 가려지는 것

21세기 초, 세계적으로 유례없는 짧은 시간에 산업화를 이룬 우리나라는 몸집의 확장에 맞춰 정신적 확장기를 마련하고 있다. 그 내적 충실도에 있어 의문과 회의가 없는 것은 아니지만, 설령 겉모습뿐일지라도 '인문학 르네상스'를 맞이하고 있다.

어느 정도 사회적 영향력이 있는 사람치고 인문학을 강조하고 나서지 않는 이가 없다. 대통령이 인문의 중요성을 강조하고, 재벌 회장이 직접 인문학 강의에 나서 열성을 내고, 매년 수백억 원의 국가 예산이 인문학 지원에 투입되고 있다. 내용 불문하고 많은 강좌, 많은 행사가 인문학을 표방한다.

그런 사회적 분위기 때문일까. 《논어》와 《맹자》를 비롯한 동양 고전 공부에 나서는 이가 많다. 그리고 그들 중 적지 않은 이가 고전의 향기에 취하고, 공자·맹자 애호가가 되고 심지어 열렬한 숭배자가 되기도 한다.

'근사近思'는 다름 아닌 '실용성'을 의미한다. 자하도 《논어》에서 그런 의미로 말했고, 주희와 여조겸도 그들이 공저한 책을 《근사록》으로 이름 지은 이유가 '공허함'을 부정하고 '실리'를 강조하기 위한 의도라고 밝히고 있다. 《논어》와 《맹자》의 궁극적인 공부방식 또는 공부목적이 경전의 자구 하나하나의 뜻풀이에만 지나치게 집착하는 훈고학일 수는 없다. 더욱이 오늘날 인간평등시대에 공자의 이름을 피휘避諱(성인 등을 높이 받들어 그 이름자를 발음하지 않는 등 사용하지 않는 것)하는 것과 같은, 공자를 신처럼 숭배하기 위한 것일 수는 없다.

>나는 나면서부터 잘 아는 자가 아니다. 옛것을 좋아해 부지런히 그것을 구한 자이다.
>我非生而知之者 好古 敏以求之者[182]

공자 스스로 이렇게 말한 것처럼, 공자는 사람 위의 사람이 아니다. 즉, 신이 아니다. 그런데도 절대자인 신처럼 공자를 떠받든다면 그것은 공자의 인간적 노력인 '敏而求之者민이구지자(부지런히 그것을 구한 자)'를 오히려 평가에서 제외하는 행위가 되고 만다. 결함 있는 보통의 한 인간이 평생 동안 각고의 노력을 통해 신에 버금갈 정도로 자신을 향상시킨 그 위대한 노력을 아예 외면하는 꼴이 된다는 것이다.

공자나 맹자가 사람들의 존중과 존경을 받는다면 그 전제는 그들이 신이 아닌 '인간'이고, 그 존중과 존경의 대상은 그런 훌륭한 인격과 소양을 갖추기까지 기울인, 보통사람을 뛰어넘는 인간으로서의 '각고의

---

182 논어 2권, 2003, 학민문화사, 63면

노력'이어야 한다. 그것이 신이 아닌 인간인 공자와 맹자에 대한 정당한 대우이고 이성적 존중이다.

논어·맹자 공부의 궁극적 목적은 시대적 실용성

그렇다면《논어》와《맹자》의 공부방법 또는 궁극적 목적은 무엇이어야 할까. 한마디로 경전의 뜻풀이와 공자에 취醉하는 데서 머무르는 것이 아닌, '근사近思'여야 한다. '실용적'이어야 한다. 실용성의 기준은 현재 우리에게 주어진 환경이다. 이 시대, 이 사회에 가장 결핍되어 있는, 가장 절실한 부분을 채우는 역할이어야 한다. 그 결핍되고 절실한 것을 메우는 데《논어》와《맹자》를 활용하는 것이 유교적 근사이고 실용이다.

■ 현대인의 정신적 결핍을 해결하는 고전의 실학적 쓰임새

우리나라 사회는 일단 정신적으로 많이 결핍되어 있다. 그리고 물질적으로는 언제든지 빠르게 결핍된 상태로 빠져들 수 있다.

정신적 결핍은 다름 아닌 염치 부재를 비롯한 인성의 붕괴, 이성의 약화이다.《논어》와《맹자》공부가 한·당나라시대의 훈고학처럼 그 자구 하나하나에 집착하고 취한 상태에만 머물러 있기에는 현실이 녹록치 않다. 또 대다수 사회구성원이 군주 한 사람의 종에 불과했던 시대에 생산된《논어》와《맹자》의 내용이 모든 사회구성원이 주인인 이 시대에 교리

(dogma)적으로 강조되는 '시대착오적 가치관 전도'의 문제도 존재한다.

공자와 맹자의 가르침이 현대적 의미로 재해석됨과 동시에, 플라톤이나 칸트 그리고 불교와 이슬람교 등 지구 차원의 여러 다른 보편적 진리와 상호 견주어지면서, 당위적 진리가 아닌 이성적 진리의 형태로 이 사회에 제공되어야 한다.

절대군주시대에서 생산된 공자와 맹자의 주장들이 오늘날의 민주주의시대에 날것 그대로 적용될 수가 없고, 공자와 맹자의 주장만으로 어떤 상황에 대한 입장을 내세운다면 그것은 당연히 보편성을 확보하기가 어렵다. 신이 아닌 이상 당위적 진리란 있을 수가 없고 당연히 설득의 논리와 과정이 동원되어야 하기 때문이다.

따라서 염치 부재, 인성 붕괴 그리고 이성이 약화된 시대에 동양 고전은 서양 고전을 비롯한 여러 인류의 보편적 진리들과 어울려, '무엇(What)이 염치이고 인성인지?'가 아니라 '왜(Why) 염치와 인성을 갖추지 않으면 안 되는지?'를 알려 주어야 한다. 또한 인간으로서, 민주주의 시민으로서 살아가는 데 있어서 '감성을 통한 스스로의 또는 타인으로부터의 위로와 힐링'뿐만 아니라 '이성을 통한 자기반성과 주체적 극복'이 얼마나 절실한 것들인지를 알려 주는 역할을 해야 한다. 그것이 바로 이 시대와 사회가 가장 절실히 필요로 하는 두 가지 중 하나인 정신적 결핍문제를 해결하는 동양 고전의 '실학적 쓰임'이다.

■ **경영철학으로서의 동양 인문학의 역할**

물질적으로 언제든지 빠르게 결핍된 상태로 빠질 수 있다는 것은 바로 '의식주'에 관련된 문제이다. 우리나라가 세계 10위권의 경제수준을 유지하는 데는 수출이 적지 않은 부분을 차지한다. 부존자원이 없기 때문에 수출이 경제를 떠받쳐 주지 않으면 지금의 의식주 수준이 언제든 급락할 수 있다. 심지어 몇 십 년 전의 의식주 수준으로 다시 돌아갈 수도 있다. 따라서 지금의 의식주 수준을 유지 또는 향상시키기 위해서는 기업의 지속적인 국제경쟁력 확보가 그 어떤 사회 문제보다 절실하다.

따라서 이 글의 주제인 '그 사회와 시대에 맞는 학문의 실용성'이라는 관점에 맞춰 말한다면, 오늘날의 학문은 기업의 국제경쟁력 확보에 기여할 수 있어야 하고, 또 그렇게 할 때 이 시대의 '실학實學'이 된다.

동양 고전 공부 역시 마찬가지다. 즉, 유교가 지금까지 동양의 주류 사상으로서 시대 상황이 안고 있는 문제들을 해결하기 위해 변신해 온 것처럼, 오늘날에도 시대적 문제인 기업의 국제경쟁력 향상과 같은 부분에 기여할 수 있어야 한다. 창의력을 향상시키는 데, 인사관리를 하는 데, 마케팅을 하는 데, 홍보를 하는 데 그리고 윤리적 경영을 위한 경영철학을 갖추는 데 도움이 되어야 한다는 것이다. 기존에 서양 일변도의 논리와 배경 중심이던 경영학에 유교를 비롯한 동양의 인문학들이 '경영철학' 등으로 추가되어 기업의 국제경쟁력 향상에 기여해야 한다. 그것이 바로 21세기의 실학이고, 그렇게 하는 것이 바로 우리가 조선 후기 실학의 역사를 공부한 의미이고 가치다.

우리나라는 동양이면서도 학문 경향을 비롯해 현재 우리를 둘러싼 환경 중 적지 않은 부분이 서양에서 비롯된 것 일변도이다. 그러면서도 당연히 동양적 고전이 낯설지는 않다. 우성優性은 이종異種 간의 결합에서 나온다. 거시적으로 볼 때 상당히 희망적이다. 단, 지금까지 제쳐놓았던 유교를 비롯한 동양의 인문학을 '근사近思'적으로, 즉 '실학實學'적으로 잘 활용할 때 그렇다.

14장
이론의 역류 —

생산요소는 왜 노동·자본이 아닌,
토지·노동·자본일까?

대학교 1학년 때 '경제학 원론' 수업 첫 시간에 교수가 '생산의 3요소'에 대해 설명을 했다. 토지·노동·자본이 '생산의 3요소'라는 내용이었다. 설명을 듣는 순간 의문이 들었다. '돈으로 땅을 사면 '토지'이고, 그 토지를 다시 팔면 그 돈이 '자본'인데, 굳이 토지와 자본을 별도 요소로 구분할 필요가 있는가' 하는 의문이었다.

생산요소가 아닌 생산요소의 소유자 기준으로 볼 때도, '노동'의 주체는 노동자이니 '노동'을 생산의 한 요소로 보는 것은 적절하고, '토지'와 '자본'은 형태만 다를 뿐 동일한 '부富'로 부자 또는 자본가가 모두 소유하고 있는 것들이니 그냥 '자본' 하나로 묶는 것이 당연히 논리적이고 타당하다는 생각이었다. 따라서 논리적으로도 그렇고 실질적으로도 그렇고, 생산요소는 토지·노동·자본이 아닌 노동·자본 두 가지여야 했다.

그런데 주변 분위기를 살펴보니 수업을 같이 듣고 있는 다른 학생들

어느 누구도 그것을 의심하거나 궁금해 하는 표정이 아니었다. 교수도 설명하는 표정이, 너무나도 자명한 것이기 때문에 생산요소를 토지·노동·자본 세 가지로 규정하는 이유까지 설명할 필요는 없다는 분위기였다. 같이 강의를 듣고 있는 다른 모든 친구들은 분명히 알고 있는 무엇인가를 나만 모르고 있는 것 아닌가 하는 소심한 생각과, 평화로운 수업 분위기를 깨면서(?)까지 손들고 물어볼 용기도 없어 생산의 3요소의 불합리에 대한 의심과 궁금증은 그냥 기억 속에 꾸깃꾸깃 구겨 넣고 말았다.

그 뒤 학교를 마치고 직장생활을 하면서 가끔 기억상자에서 삐져나오는, 구겨진 '생산의 3요소'에 대한 의심을 한 번씩 만지작거린 적은 있지만 애써 그 의심을 반듯하게 펴 볼 생각까지 하지는 않았다. 학생 때는 내가 확신하지 못한 것에 대해 손들고 물어볼 용기가 없었다면, 사회인이 되어서는 빵과 밀접하게 관계되지 않은 것에 대해서는 굳이 알아볼 성의나 의욕이 없었다.

A. 스미스의 생산의 3요소에 대한 입장

A. 스미스Adam Smith, 1723~1790는 그의 책 《국부론》에서 생산의 3요소에 대해 이렇게 기술했다.

모든 나라의 토지와 노동의 해마다의 전全 생산물, 결국 그와 같은 것이지만 그 해마다의 생산물의 전全 가격은 자연적으로 세 부분으로 나누어진다. 토지의 지대, 노동의 임금 그리고 자본의 이윤이 그것이다. 그리고 그것은 세 계급의 사람들의 수입을 규정한다. 즉, 지대地代로써 생활하는 사람들, 임금으로 생활하는 사람들, 이윤으로 생활하는 사람들이 그것이다.[183]

경제학의 시조인 만큼, 또 그의 저서인 《국부론》이 경제학의 수원지이자 자본주의 경제학의 바이블 역할을 하고 있는 만큼, '생산의 3요소' 역시 A. 스미스의 《국부론》에서 시작되고 있다. 어느 생산물을 있게 한 것이 바로 '토지', '노동', '자본'이고, 그 생산물의 가격을 형성하는 것이 '토지의 지대', '노동의 임금', '자본의 이윤'이며, 토지의 지대, 노동의 임금, 자본의 이윤이 바로 당시 사회를 구성하고 있는 세 계급인 '지주', '노동자', '자본가' 각자의 수입이 된다는 이야기다.

차지농업가에 대한 K. 마르크스와 A. 스미스의 생각

A. 스미스는 왜 형태만 다를 뿐 결국 같은 부富인 '토지'와 '자본'을 굳이 별도의 생산요소로 구분했을까? 그의 입장을 알아보기 전에 먼저

---

183 국부론 1권, 아담 스미스 저, 최호진 · 정해동 역, 2002, 범우사, 322~323면

그의 비판자인 K. 마르크스Karl Marx, 1818~1883의 입장을 살펴보자. 마르크스는 《자본론 Ⅰ》에서 이렇게 말하고 있다.

> 영국에서 차지농업가借地農業家의 최초의 형태는 그 자신이 농노였던 영주 토지의 관리인Bailiff이었다.
>
> (중략)
>
> 14세기 후반에는 영주 토지의 관리인Bailiff이 지주로부터 종자·가축·농기구를 공급받는 차지농업가借地農業家에 의해 교체되었다. 차지농업가의 처지는 소농의 처지와 그렇게 다를 것이 없었다. 그는 다만 더 많은 임금노동을 착취했을 따름이다. 그는 얼마 안 가서 분익농分益農, Share-cropper인 메테예Metayer가 되었다.
>
> 그는 농업에 필요한 자본의 일부를 제공했으며, 지주는 다른 부분을 제공했다. 두 사람은 계약에 의해 규정된 비율로 총 생산물을 분배했다. 이 형태는 영국에서는 급속히 소멸하고, 진정한 차지농업가의 형태에 자리를 양보한다. 진정한 차지농업가는 임금노동자를 사용함으로써 자기 자신의 자본을 증식시키며, 잉여생산물의 일부를 화폐 또는 현물로 지주에게 지대地代로 지불한다.
>
> (중략)
>
> 15세기의 마지막 1/3에 시작해 16세기의 거의 전체 기간에 걸쳐 계속된 농업혁명은 차지농업가를 부유하게 만들었다.[184]

봉건시대에서 자본주의시대로 경제체제가 바뀌는 과정에서, 산업자

---

[184] 자본론 1권, 칼 마르크스 저, 김수행 역, 2002, 비봉출판사, 1,020~1,021면

본가에 앞서 농업자본가라 할 수 있는 '차지농업가借地農業家'가 먼저 등장했다는 사실을 말하고 있다. 아울러 이름 그대로 '땅을 빌려 자기 책임 하에 농사를 경영'하는 이 차지농업가가 토지 소유자인 지주의 땅을 빌려 자신의 자본을 투자하고 임금노동자의 고용으로 자본을 증식시켰다는 사실을 보여주고 있다.

한편, 차지농업가에 대한 A. 스미스의 생각은 이렇다.

> 이런 종류의 차지 관계tenancy를 이어받은 것은 비록 서서히 등장하기는 했지만 자기 자신의 자본으로 토지를 경작하고 일정한 지대를 지주에게 지불하는 본래의 의미의 농업자farmers였다. 이러한 농업자들이 일정 기간 토지 임차권lease을 얻으면 농지 개량에 자기의 자본의 일부를 투하하는 것이 유리하다고 생각할 수도 있다. 왜냐하면 그들은 차지권의 소멸 이전에 자기의 투하 자본을 회수하고 많은 이윤을 획득할 수 있다고 기대할 수가 있기 때문이다.[185]

■ 두 사람의 주장으로 증명되는 생산요소 이론의 비현실성

K. 마르크스와 A. 스미스 두 사람의 차지농업가에 대한 설명을 종합하면 이렇게 정리해 볼 수 있다.

> 생산의 3요소 이론은 오늘날의 전형적 자본가인 '산업자본가' 또는 오늘날의 전형적인 생산 형태인 '제조업'에 기초한 것이 아니라, 산업자본가 이전의 15세기의 '차지농업가'와 '차지농업'에 기초하고 있다.

---

[185] 국부론 1권, 아담 스미스 저, 최호진 · 정해동 역, 2002, 범우사, 481면

'토지', '노동', '자본'이 차지농업가가 차지농업을 할 때 반드시 필요한 세 가지 요소이고, 이 세 가지 요소 각각의 소유자가 당시의 세 계급인 '지주', '노동자' 그리고 '자본가'이며, 생산물의 가격을 구성하는 것이 바로 세 요소 각각의 소유자에 대한 대가인 '토지의 지대', '노동의 임금', '자본의 이윤'이기 때문이다.

아울러 당연한 이야기이지만, 오늘날의 제조업을 중심으로 한 일반적인 생산 형태에서는 이 토지, 노동, 자본 세 가지로 구분하는 '생산의 3요소'의 틀이 맞지 않는다는 사실도 분명하게 확인할 수 있다. 제조업 중심의 경제체제에서는 토지와 자본이 별개가 아닌 '동일한 것'이기 때문이다. 즉, 오늘날에는 부자가 토지와 자본을 '모두' 소유하고 있을 뿐 아니라, 필요에 따라 언제든지 서로의 상대 형태(토지 ↔ 자본)로 '전환'할 수 있다.

제조업시대에 그대로 계승된 오래된 이론

그렇다면 15세기의 차지농업가와 차지농업을 설명하기 위한 경제이론이라 할 수 있는 생산의 3요소가 차지농업가라는 말 자체가 아예 죽은 말이 된 오늘날의 산업자본가와 제조업시대에까지 경제학의 기본이론으로 건재해 우리를 헷갈리게 하는 것은 무슨 연유일까.

그 원인은 바로 최초의 '경제학자 무리'라고 할 수 있는 18세기 후반

의 '중농주의Physiocracy학파'의 역할에 있다. K. 마르크스는 중농주의重農
主義에 대해 이렇게 말하고 있다.

> 사실상 중농주의는 자본주의적 생산에 대한 최초의 체계적 파악이다. 산업자본의 대표자인 차지농업자 계급이 전체 경제운동을 지도한다. 농업은 자본주의적으로, 즉 자본주의적 차지농업자의 대규모 기업으로서 운영되며, 토지의 직접적 경작자는 임금노동자이다.
> 생산은 사용대상뿐만 아니라 가치도 생산하는데, 생산의 추진 동기는 잉여가치의 획득이다. 유통에 의하여 매개되는 사회적 재생산과정의 담당자로서 나타나는 세 계급(지주, 차지농업자, 제조공업자) 중 생산적 노동의 직접적 착취자(즉, 잉여가치의 생산자)인 자본주의적 차지농업자는 잉여가치의 단순한 취득자(지주)와 구별되고 있다.[186]
>
> 중농주의자들은 그들의 학설이 더욱 발전함에 따라 이 구별(고정자본과 유동자본)을 다른 종류의 자본에도, 산업자본 일반에도 적용시키게 되었다.[187]

자본가적 농업인 '차지농업'에 대한 경제이론을 '제조업' 형태의 '산업자본' 일반에도 적용하게 된 것이 최초의 경제학파인 중농주의자들에 의해서였다는 주장이다.

■ 초기 제조업에는 적절했던 중농주의적 관점

최초의 경제학자인 A. 스미스는 중농주의의 후예이다. 그는 중농주

---

[186] 자본론 2권, 칼 마르크스 저, 김수행 역, 2002, 비봉출판사, 432면
[187] 자본론 2권, 칼 마르크스 저, 김수행 역, 2002, 비봉출판사, 222면

의의 거두인 케네를 만남으로써《국부론》저술에 나섰고, 자본주의 경제학의 시조가 되었다. 이런 과정에서 그는 생산의 3요소에 대한 중농주의자들의 관점을 그대로 이어받았고, 그런 그가《국부론》에서 기술한 생산의 3요소에 대한 관점이 오늘날의 '경제학 원론'에도 그대로 이어지고 있는 것이다.

이 과정에서 A. 스미스가 '차지농업'이 아닌 당시의 '제조업'에 있어서까지 생산의 3요소에 대한 중농주의적 관점을 그대로 적용한 것은 상황적으로 사실 특별히 문제될 것이 없었다. A. 스미스가 활동한 18세기 후반 당시에는 제조업이라고 하지만 매뉴팩쳐Manufacture, 즉 공장제 수공업 형태의 본격적인 제조업의 맹아 단계였을 뿐만 아니라, 엔클로저Enclosure가 진행되고 있는 상태로 지주 계급과 산업자본가 계급이 각각 구분되어 존재하는 상태였기 때문이다.

즉, 공장제 수공업인 매뉴팩쳐는 이름 그대로 집안에서 이루어지던 가내 수공업을 공장이라는 일정 공간으로 함께 모아 분업·협업을 하는 수공업 형태로, 지금의 자동화된 제조업 형태와는 크게 달랐다. 또한 공유지·미개간지의 토지사유화인 엔클로저가 15,16세기와 18,19세기에 활발하게 이루어졌기 때문에, 1776년 A. 스미스의《국부론》이 출간될 무렵에는 당연히 아직 토지 소유자와 자본 소유자가 명백하게 구분되어 있을 수밖에 없었다.

이처럼 당시에는 제조업이라고는 하지만 원시적 초기 형태에 불과했고, 산업 자본가가 등장하긴 했지만 그들은 단순히 '자본'만을 가지고 있는 계급이었을 뿐 토지 소유자는 아니었다. 따라서 당시 상황으로 볼 때 '차지농업'이 아닌 '제조업'에 대해서도 생산요소를 토지·노동·자본 세 가지로 인식한 A. 스미스의 관점은 논리적으로나 현실적으로 크게 문제될 것이 없었다.

A. 스미스와 거의 같은 시기에 살았던 보수주의의 시조 E. 버크Edmund Burke, 1729~1797의 다음과 같은 기술도 당시 기준으로는 생산의 3요소에 대한 A. 스미스의 관점이 적절하고 현실적이었다는 사실을 보여주고 있다.

> 프랑스 고래古來의 지배적 관습에서는 재산의 일반적 유동성이, 특히 토지를 화폐로 바꾸거나 화폐를 토지로 바꾸는 것이 언제나 어려운 사안이었다. 영국에서보다 더 일반적이며 더 엄격한 가족재산 처분, 재구입 권리, 왕 소유지로서 프랑스 법의 원리에 따라 양도 불가능한 광대한 토지, 종교기관이 지닌 막대한 영지, 이 모든 것이 프랑스에서는 지주 계급과 화폐 소유자 계층을 더 분리시켜 놓았다.[188]

산업자본가시대에 적합한 K. 마르크스의 2요소 관점

이에 반해 마르크스는 생산은 '생산수단'과 '노동력' 두 가지에 의해 이루어진다고 보았다. 자본주의에 있어서 이 두 가지 생산요소의 소유자는 각각 '자본가'와 '노동자'이다. 마르크스의 두 계급에 대한 갈등적

---

188 프랑스혁명에 관한 성찰, 에드먼드 버크 저, 이태숙 역, 2012, 한길사, 188~189면

관점은 일단 차치하고 본다면, '농업' 중심의 '차지농업가'시대가 아닌 '제조업' 중심의 '산업자본가'시대에는 A. 스미스의 토지·노동·자본의 3요소 관점이 아닌 마르크스의 노동·자본의 2요소 관점이 당연히 더 논리적이고 현실적이다.

마르크스의 《자본론Ⅰ》은 A. 스미스의 《국부론》이 출간된 때1776로부터 91년이 지난 1867년에 출간되었다. 당연히 지는 계급인 지주 계급은 더 기울었을 터이고, 떠오르는 태양인 자본가 계급은 그 동안 100년간의 자본축적을 통해 새로운 기득권 세력으로서의 입지가 탄탄히 다져졌을 터였다. 제조업 역시 J. 와트James Watt, 1736~1819의 개량형 증기기관이 등장한 때로부터 100년 가까이 지난 시기였으므로 기계화와 함께 활짝 꽃피고 있던 상황이었다. 이런 상황에서는 마르크스 아닌 누가 보더라도 생산요소는 두 가지, 즉 '노동'과 '자본'으로 인식했을 터였다. 물론 오늘날은 더욱더 말할 필요가 없다.

환경에 따라 달라지는 사회과학의 이론과 지식

사회과학에 있어 이론이나 지식은 환경에 따라 달라진다. 사회과학의 대상이 다름 아닌 '사람'과 그 사람들이 모인 '사회'이기 때문이다. 사회 전체의 의사를 결정하는 방식인 정치체제나 재화의 생산과 분배 방식인 경제체제가 달라지면 사회와 사람의 행동을 설명하는 이론과 지식도 당연히 달라진다.

생산요소라는 이론 형식 역시 마찬가지다. 굳이 생산요소라는 형식에 비추어 보자면, 자급자족형 경제체제에서는 '노동'이 유일한 생산요소이고, 고대노예제나 봉건주의 경제체제에서는 시민 또는 영주의 '토지'와, 노예 또는 농노의 '노동' 두 가지가 생산요소이다.

그리고 잠시 동안이지만 농업자본가가 등장해 토지 소유자와 자본 소유자가 분리된 농업혁명 이후부터 본격적인 산업화 이전까지의 상황에서는 지주의 '토지', 차지농업가의 '자본' 그리고 농업노동자의 '노동' 세 가지가 생산요소가 된다. 농업자본가라 할 수 있는 차지농업가가 지주로부터 토지를 빌리고 여기에 농업노동자를 고용해 생산을 하니, 생산 참여자는 '지주', '노동자', '자본가'가 되며, 또 재화의 가격 구성요소는 A. 스미스 식으로 표현하자면, '지대', '임금', '이윤' 세 가지가 된다.

그런데 산업혁명 이후 자본주의가 본격적으로 진행되면서 자본가가 토지 소유자이고 토지 소유자가 곧 자본가인 상황이 되었다. 토지와 자본을 별도로 구분해야 할 필요가 없어진 것이다. 그렇다면 이제 생산 참여자는 '노동자'와 '자본가'로, 생산 구성요소는 '노동'과 '자본' 두 가지로 구분하는 것이 실제에 있어서나 논리적으로 적절하다. 생산을 이루는 전통적인 '2요소' 틀로 다시 돌아가게 되는 것이다. 즉, '물질(주요 물질)과 노동' 또는 '물질(주요 물질)의 소유자와 노동의 소유자'라는 상대적 관계를 이루는 2요소 형식으로 환원한다.

사회과학의 모든 이론과 지식은 그 시대배경을 부모로 한다. 따라서 특정 이론과 지식의 근거를 알려면, 또는 그 이론과 지식에 불합리가 있다면 지금의 환경에서 이해하려 할 것이 아니라 당연히 그 이론과 지식이 탄생한 시대로 거슬러 올라가 보아야 한다. 물론 직접 그 시대로 가 볼 수는 없는 노릇이니 의지할 수 있는 것은 바로 그 시대를 서술한 오래된 책들이다.

15장
자유주의와 보호주의

곡물법 논쟁을 알면
FTA가 보인다

　모든 교환(거래)은 분업을 전제로 한다. 그리고 분업은 교환(거래)을 전제로 한다. 교환을 하기 위해서는 각자가 자신이 생산한 상품(또는 서비스)이 있어야 하고, 또 각자가 상품(또는 서비스)을 생산하기 위해서는 교환을 할 수 있어야 하기 때문이다. 따라서 분업과 교환은 서로를 전제로 하는 관계로, 한 사람의 배와 등처럼 한 몸이면서 동시에 서로 다른 측면이다. 하지만 시간상으로는 순서가 있다. 바로 분업이 먼저이고 교환이 나중이다.

　분업은 각자가 어느 한 가지에만 전념하는 것이다. 일찍이 순자荀子, BC298?~BC238?는 사람이 한 가지에만 전념했을 때 이룰 수 있는 것에 대해 이렇게 말했다.

　문자를 좋아하는 이가 많았지만 오직 창힐만이 그 이름이 전해지는 것은 그가 문자에만 집중했기 때문이고, 농사짓기를 좋아하는 이가 많았지만 오직 후직만이 그 이름이 전해지는 것은 그가 농사에만 집중했기 때문이고, 음악을 좋아하는 이가 많았지만 오직 기만이 그 이름이 전해지는 것은 그가 음악에만 집중했기 때문이고, 의를 좋아하는 이가 많았지만 오직 순만이 그 이름이 전해지는 것은 그가 의에만 집중했기 때문이다.

수는 활을 만들고 부유는 화살을 만들고 예는 활을 뛰어나게 잘 쏘았으며, 해중은 수레를 만들고 승두는 말을 잘 타는 법을 연구했고 조보는 말을 잘 달렸다. 옛부터 일찍이 두 가지에 모두 뛰어난 이는 없었다.

好書者衆矣 而倉頡獨傳者壹也 好稼者衆矣 而后稷獨傳者壹也 好樂者衆矣 而夔獨傳者壹也 好義者衆矣 而舜獨傳者壹也 倕作弓 浮游作矢 而羿精於射 奚仲作車 乘杜作乘馬 而造父精於御 自古及今 未嘗有兩而能精者也[189]

사람은 한 가지에 전념함으로써 그것을 남들보다 더 잘할 수 있게 된다는 의미다. 이 말처럼 분업을 통해 사람들이 각자 한 가지에만 집중하게 되면 생산성을 높여서 원가를 낮추거나 더 좋은 품질의 상품을 만들어 낼 수 있다. 그리고 그렇게 만든 상품을 자신과 마찬가지로 어느 한 가지에 전념해서 만든 다른 사람의 상품과 교환한다. 그렇게 함으로써 분업에 참여한 사람들은 자신에게 필요한 것들을 자기가 모두 만들어 쓰던 때보다 더 낮은 가격으로 그리고 더 좋은 품질의 상품을 소비할 수 있게 된다.

---

189 순자, 1991, 홍성신서, 301~302면

FTA에서 상품별로
관세조건이 달라지는 이유

우리나라는 2012년 3월 15일에 한·미 FTA 발효를 시작으로, 2015년 12월 13일에는 한·EU FTA를, 같은 해 12월 20일에는 한·중 FTA를 발효하는 등 세계 3대 경제국 및 경제권 모두와 '경제통합의 한 형태로 당사국 간의 상품 및 서비스 교육에 있어 관세와 기타 무역장벽들을 상호적으로 제거하는 것을 목적으로 체결하는 협정'인 '자유무역협정FTA : Free Trade Agreement'를 맺게 되었다.

그런데 이 세 협정 모두에서 볼 수 있는 공통점이 있다. 바로 '쌀' 등의 농·수·축산물이 FTA 협상대상에서 아예 제외되거나 공산품에 비해 조건이 완화되어 있다는 것이다. 한·미 FTA에서는 쌀 및 쌀 관련 제품이 FTA 협상에서 완전히 제외되었고, 돼지고기와 소고기 같은 축산물은 10년 내지 15년에 걸쳐 단계적으로 관세를 철폐하는 조건으로 되어 있다. 한·EU FTA와 한·중 FTA 역시 쌀 등의 주요 농·수·축산물들이 협상대상에서 아예 제외되거나 장기에 걸쳐 단계적으로 관세를 철폐하는 조건으로 되어 있다.

자유무역협정 추진과정에서 뉴스에 제일 많이 오르내리던 소식 역시 쌀과 소고기를 비롯한 농·수·축산물 관련 이슈들이었다. 쌀이 협상대상에서 아예 제외되고 일부 농·수·축산물이 공산품 등에 비해 완화된 조건으로 되어 있는 이유는, 누구나 알고 있듯이 바로 우리나라가 그 상품들에 대해 경쟁력이 없기 때문이다. 즉, 교환을 위한 분업적 생산에서 우리나라가 상대 국가보다 더 낮은 원가와 더 나은 품질로 생산하기 어려운 상품들이기 때문이다. 달리 말하면, '자유무역협정FTA'의 정신 그대로 모든 상품에 대해 관세를 철폐할 경우 우리나라 입장에서 쌀 등 몇몇의 농·수·축산물은 경쟁력을 확보할 수 없어 국가 간 분업 차원에서 생산을 포기해야 한다는 이야기다.

따라서 쌀은 협상대상에서 아예 제외하고 다른 농·수·축산물은 시간을 두고 장기적으로 관세 등 무역장벽을 없앤다는 것은, 쌀은 식량안보 등 여러 가지 이유로 국내 생산자를 계속 보호하겠지만 다른 농·수·축산물들은 충격을 시간적으로 분산시킬 뿐 결과적으로 국내 생산을 줄이겠다는 의도이다. 국가 전체적인 차원에서는 농·수·축산업을 내놓고 공업을 챙기겠다는 것이다. 한마디로 국가 간 분업에 있어 우리나라는 주로 공업을 맡겠다는 것이다.

세 가지로 나누어지는 분업의 유형

분업은 농업, 공업 식으로 구분하는 '일반적General 분업'과 농업이나 공업 부문을 각각 다시 세부적으로 구분하는 '특수한Particular 분업' 그리고 일정한 공간(공장 등의 작업장) 안에서 이루어지는 '개별적Individual 분업'[190] 등 세 가지 유형으로 나누어 볼 수 있다.

---

190 자본론 1권, 칼 마르크스 저, 김수행 역, 2002, 비봉출판사, 475면 참조

국가 간 거래에서는 '특수한 분업'이나 '개별적 분업'도 존재하지만, 해당 국가의 부존자원이나 경제발전 단계에 따른 '일반적 분업'이 가장 의미 있게 존재한다. 즉, 국토가 넓으면 농업이 경쟁력이 있고, 경제발전 단계가 높으면 농·수·축산물 등의 원재료보다 2차 산업의 공산품이나 3차 산업의 서비스 등이 더 경쟁력이 있다는 것이다. 따라서 일반적으로 국토가 넓은 국가는 농산물 생산에 집중하는 분업을 하게 되고, 경제발전 단계가 높은 나라는 공산품이나 서비스 생산에 집중하는 분업을 하게 된다.

물론 이런 '일반적 분업'이 국가 간에만 존재하지는 않는다. 다음과 같은 A. 스미스Adam Smith, 1723~1790의 말처럼, 한 국가 내부의 도시와 농촌 간에도 일반적 분업이 존재한다.

> 모든 문명사회의 대규모의 상업은 도시의 주민과 농촌의 주민 사이에서 이루어지는 거래이다.
> (중략)
> 양자의 이득은 상호적인 동시에 호혜적인 것으로, 분업은 다른 모든 경우와 마찬가지로 여기에서도 세분화된 여러 생업에 종사하는 사람들에게는 누구에게나 유리한 것이다.[191]

---

191 국부론 1권, 아담 스미스 저, 최호진·정해동 역, 2002, 범우사, 466면

영국에서 곡물법을 제정하게 된 역사적 배경

국가 간 '일반적 분업'에 대한 논점과 논쟁의 전형은 다름 아닌 19세기 초에 영국에서 있었던 '곡물법Corn Law 논쟁'이다. 이 논쟁을 통해 농업과 공업 간의 국가 간 분업 형태가 처음으로 선명하게 드러났으며, 그 주요 쟁점이 오늘날 국가 간 무역협정에서 발생하는 갈등의 핵심 그대로였다. 또한 곡물법 논쟁은 오늘날 국제 거래에 있어서 가장 큰 환경이라 할 수 있는 보호주의와 자유주의 간 갈등의 출발이기도 했다.

곡물법Corn Law이란 나폴레옹Napoleon I, 1769~1821, 재위 1804~1815의 대륙봉쇄령이 붕괴된 후, 영국이 1815년에 제정해 1846년에 폐지한 '소맥수입제한법'을 말한다. 이에 대한 역사적 배경을 간단하게 살펴보자.

■ 대륙봉쇄령 해제로 인한 곡가의 폭락

나폴레옹은 1799년 11월에 쿠데타를 일으켜서 프랑스 공화정의 제1통령에 취임했다. 그 후 1802년에는 종신통령이 되었으며, 1804년 12월에는 국민투표로 황제 자리에 올랐다. 황제가 된 나폴레옹은 오스트리아 주축의 신성로마제국을 해체하는 등 1812년에 러시아 원정에서 실패할 때까지 연전연승으로 전 유럽을 제압해 나갔다.

반면에 해전에 있어서는 프랑스 해군이 대불동맹對佛同盟의 주축인 영국과 1805년 10월에 벌인 트라팔가 전에서 넬슨 제독1758~1805에게 괴멸되는 참패를 맛보았다. 나폴레옹은 숙적 영국을 굴복시키기 위해 1806년에 유럽 대륙 국가들과 영국 간의 통상을 일절 금지하는 '대륙

봉쇄령Blocus continental'을 내렸다. 하지만 이 봉쇄령은 러시아의 이탈로 균열이 일어났고, 나폴레옹은 그런 러시아를 응징하기 위해 1812년 가을과 겨울에 걸쳐 60만 대군을 동원해 모스크바에 입성했지만 추위와 기근, 질병에 시달리다 대부분의 병력을 잃고 패배하고 다시 프랑스로 철수하고 말았다.

이때부터 내리막길을 걷기 시작한 나폴레옹은 1813년 10월에 대불동맹과 벌인 라이프치히 전투에서 대패하고, 이듬해인 1814년 3월 31일에는 급기야 파리를 동맹군에게 넘겨주고 말았다.

그로부터 얼마 안 가 제위에서 물러난 나폴레옹은 이탈리아 서쪽의 엘바 섬으로 유배를 떠났다가 1년 뒤인 1815년 2월 26일에 섬을 탈출했다. 그리고 같은 해 3월 20일에 파리에 도착해 다시 권좌에 올랐지만 6월 18일에 벌어진 대불동맹군과의 워털루 전투에서 대패하고 다시 남대서양의 고도孤島 세인트헬레나로 유배되고 말았다. 그리고 6년 뒤인 1821년 5월 5일에 세상을 떠났다.

산업혁명의 진행과 인구증가 등으로 곡물 수요가 늘어나 곡물수입국이 된 영국은 나폴레옹의 대륙봉쇄령 기간 동안 높은 곡물가격이 유지되다 나폴레옹의 퇴위로 봉쇄령이 풀리자 곡가가 폭락하기 시작했다. 그러자 의회를 지배하고 있던 지주 계급은 1815년에 소맥 1쿼터(약 12.7킬로그램)당 가격이 80실링 수준에 오를 때까지는 소맥 수입을 금지하는 내용의 '곡물법Corn Law'을 제정했다. 이때 제정된 곡물법은 1828년에 소맥가격 변화에 수입관세를 연동하는 방식으로 개정되는 과정 등을 거쳐 1846년까지 유지되었다.

■ **곡물법 제정의 의도는 지주의 이익 보호**

곡물법 제정의 의도는 바로 농업을 쥐고 있는 지주(지주 계급)들의 이익을 보호하기 위한 것이었다. 곡물 수입국인 영국은 늘 곡식이 부족한 상태였으므로, 사실 곡물법이란 흉년이든 풍년이든 생산비에 상관없이 쿼터당 소맥가격을 80실링으로 보장해 주는 시스템이었다.

이처럼 생산비에 비해 훨씬 높은 가격으로 곡가를 유지하게 함으로써 지주(지주 계급)의 이익을 보호한다는 것은, 곧 다른 두 계급인 산업자본가(자본가 계급)와 노동자(노동자 계급)에게는 불이익을 강요한다는 의미였다. 노동자들은 생계비 부담이 증가하는 손해를 보았고, 산업자본가들은 원재료 가격의 상승뿐 아니라 생계비 증가로 인한 노동자들의 임금인상 요구로 인한 손해 등 이중 손해를 보게 되었다.

일찍이 중국 춘추시대 월왕 구천의 신하인 계연은 상품의 가격이 일반적 분업상의 양편兩便이라 할 수 있는 상인과 농민에게 끼치는 영향에 대해 이렇게 이야기했다.

> 무릇 쌀값이 한 말에 20전밖에 안 되면 농민이 고통을 겪고, 90전의 비싼 값으로 되면 상인이 고통을 받는다. 상인이 고통을 받으면 상품이 나오지 않고, 농민이 고통을 받으면 농경지가 황폐해진다. 비싸더라도 80전을 넘지 않고, 싸더라도 30전 아래로 떨어지지 않게 하면 농민과 상인이 모두 이롭게 된다.[192]

이 말을 영국의 곡물법에 빗대어 보면, 90전의 비싼 값으로 산업자본

---

192 사기열전 2, 사마천 저, 박일봉 편역, 2003, 육문사, 554면

가와 노동자가 고통을 받는 상황이었던 셈이다. 계연의 말대로 인위적으로 상품 가격을 너무 낮게 유지하면 그 상품의 생산자가 망하고, 너무 높게 유지하면 그 상품의 소비자와 유통업자가 고통을 받게 되어 있다. 가격을 시장에 맡겨놓는 것이 최선이지만, 불가피하게 통제를 할 경우에도 그 제한 가격이 너무 높거나 낮아서는 안 된다는 것이다.

곡물법을 둘러싼 맬서스와 리카도의 논쟁

이 곡물법 제정에 따라 촉발된 논전論戰이 바로 경제학 역사에서 그 유명한, T. 맬서스Thomas Robert Malthus, 1766~1834와 D. 리카도David Ricardo, 1772~1823 간의 '곡물법 논쟁'이다. 이 논쟁에서 맬서스는 기득권 계급인 '지주' 편을 들었다. 반면에 리카도는 신흥 계급인 '산업자본가' 편을 들었다.

맬서스는 식량을 다른 나라에 의존하는 것은 안보상 좋지 않으며, 곡가 하락은 토지 경작을 저해하고 농업 자본을 파괴한다고 주장했다. 이와 함께 지주 계급은 공황이 발생할 때 추가적인 소비를 함으로써 사회 전체 이익에 기여한다고 주장했다.

산업자본가를 옹호하는 리카도의 세 가지 주장

리카도는 좀 더 정리된 주장을 폈다. 그는 산업자본가의 입장을 옹호하기 위해 '노동가치론'과 '비교우위론' 그리고 '차액지대론'이라는 세 가지 이론을 들고 나왔다.

■ **노동가치론**(Labour value theory)

노동가치론은 W. 페티William Petty, 1623~1687, J. 로크John Locke, 1632~1704 에 이어 A. 스미스1723~1790와 같은 인물들이 기존에 주장해 왔던 이론으로 그 핵심 내용은 다음과 같다.

> 모든 상품은 노동의 산물이고 그 가치는 그 상품의 생산에 필요한 노동량에 의해 결정된다.

이런 핵심 내용처럼 노동가치론은 상품 가치를 형성하는 데 있어서 지주는 아무런 기여(노동)도 하지 않는다는 것을 주장하기 위한 수단으로 활용되었다.

■ **비교우위론**(Theory of comparative advantage)

리카도가 내세운 두 번째 이론인 비교우위론의 핵심 내용은 이런 것이다.

두 국가가 각각 동일한 두 개의 상품만을 생산한다고 가정할 때, 한 국가가 다른 국가보다 두 상품 모두 절대생산비(노동량)가 더 적게 들어간다 할지라도 두 상품 간의 생산비 비율이 더 낮은 쪽 한 가지만을 생산하고 다른 한 가지 상품은 상대 국가가 생산하도록 해 서로 교역을 하면 양 국가 모두에게 더 이익이 된다.

분업으로 각각 한 가지 상품만을 생산했을 때 두 국가가 생산한 두 상품의 총량은, 분업 전 동일한 노동력으로 두 국가가 생산한 두 상품의 합계보다 더 많아지기 때문이라는 주장이다.

비교우위론은 여러 가지 가정에 의해 성립되는 이론이나, 비교우위론 등장 이후 국가 간 교역을 설명하는 여러 이론들이 등장했음에도 불구하고 오늘날까지도 어떤 국가 사이에서도 상호 교역은 일어날 수 있으며 또 교역으로 인해 두 국가는 서로 이익을 보게 된다는 주장의 핵심 논리로 이용되고 있다. 한마디로 '자유무역'을 옹호하는 핵심 근거이다.

■ **차액지대론**(Differential rent theory)

리카도가 내세운 세 번째 이론인 차액지대론의 핵심 내용은 다음과 같다.

인구가 많아지고 경제가 확대되면 예전에 사용하지 않던 척박한 토지도 경작에 활용되는데, 이렇게 되면 기존의 기름진 토지의 지대는 상승하고 그 지대는 지주들의 불로소득으로 돌아가게 된다.

오늘날로 말하면 건물을 임차해 장사를 했을 때, 장사가 잘되면 잘된 만큼 임대료가 올라가서 결국 장사하는 사람은 평균 이익률에 그대로 머무르게 되고, 건물주만 이익을 보게 되는 경우이다. 차액지대론 역시 앞의 노동가치설처럼 지주의 기여 없는 향유를 강조하기 위한 근거로 활용되었다.

맬서스의 입장과 일치하는 우리나라의 FTA 협상조건

FTA에서 우리나라가 쌀을 협상 대상에서 아예 제외한 것은 곡물법 논쟁에서 맬서스 및 그가 편들었던 지주 입장과 일치한다. 물론 당시의 지주는 기득권 세력이었고, 지금의 농민은 영세 자영업자로, 곡물 생산자의 사회적 지위는 서로 반대이다. 하지만 곡물의 자유로운 수입을 반대하는 논리적 근거는 동일하다. 농업 국가인 프랑스 등으로부터의 소맥 수입은 곧 영국의 토지 경작을 저해하고 농업자본을 파괴하는 일이며, 나아가 국가의 식량 안보상 위험한 일이라는 것이었다. FTA 협상과정에서 서울로 상경한 농민들이 주장했던 내용과 동일하다.

미국이나 중국과 같은 광대한 토지를 가진 국가와 우리나라와 같이 협소한 토지를 가진 국가는 곡물 원가 싸움에서 처음부터 경쟁이 되지 않는다. 더구나 미국과 같은 경우 농업의 주체가 대규모 기업농인 데 반해, 우리나라는 영세 자영농이 대부분이다. 규모의 경제나 생산성 모두 뒤질 수밖에 없다. 수평 경쟁을 할 경우 국내 농업의 종말은 불을 보듯 뻔하다. 그래서 우리 정부가 주요 식량인 쌀은 협상 대상에서 아예 제외하고 다른 농·수·축산물들은 시간을 두고 제한을 단계적으로 풀려고 하는 것이다.

시간을 벌어놓는 의미는 두 가지다. 하나는 그동안 수평 경쟁이 아닌 다른 방식으로 경쟁력을 확보해 보자는 것이고, 다른 하나는 도저히 어떤 다른 방식으로도 경쟁력을 확보하지 못하면 결국 그 상품에 대한 경쟁은 포기할 수밖에 없다는 것이다. 아니 포기가 아니라 불가항력이다. 물론 마지노선은 있다. 맬서스가 주장했듯이 식량의 무기화에 대한 대비다. 갑작스런 환경 변화나 국가 간 갈등으로 식량이 무기화될 경우를 대비해 주요 식량인 쌀을 비롯한 일부 농·수·축산물의 생산은 최소한 어느 정도 유지해야 한다.

국가 간 무역자유화의 근거는 리카도의 비교우위론

FTA Free Trade Agreement(자유무역협정)나 WTO World Trade Organization(세계무역기구)가 추구하는 국가 간 무역자유화는 다름 아닌 리카도가 곡물법 폐지를 주장하기 위해 내세운 비교우위론에 근거한다. 앞에서 이야기했듯이 리카도는 새롭게 떠오르는 계급인 산업자본가 편을 들기 위해 노동가치론, 차액지대론, 비교우위론이라는 세 가지 이론을 내놓았다.

이 중에서 노동가치론과 차액지대론은 산업자본가와 대립하고 있는 지주, 즉 곡물법 제정을 통해 자신들의 이익을 수호하려는 지주 계급의 불로소득을 공격하기 위한 무기로서의 의미를 지닐 뿐이다. 두 이론 모두 지주들은 기여 없이 향유만 한다는 논리이기 때문이다. 따라서 이 두 논리는 오늘날 우리나라의 영세농업자들에게는 해당사항이 없다. 영세농업자들은 직접 노동을 하고, 또 지대를 수입원으로 하지도 않기 때문이다.

리카도의 주장 중 오늘날 주목해야 할 것은 '비교우위론'이다. 대부분의 국가들은 이중적이다. 입으로는 자유무역을 주장하면서 태도는 보호무역을 취한다. 다른 나라의 수입에 대해서는 자유무역을 주장하면서, 자기 나라의 수입에 대해서는 보호무역적 태도를 지닌다. 그런데 국제 사회는 상호관계이기 때문에 자기 편할 대로 자유와 보호 입장을 선택적으로 취할 순 없다. 상대방과의 합의를 통해 양쪽에 동일하게 또는 같은 부담으로 적용되는 교역원칙을 준수해야 한다. 따라서 자유무역적 협정이든 보호무역적 협정이든 양쪽 모두 언제나 감수해야 할 피해가 있고 향유하는 이익이 있다.

■ **리카도가 자유무역을 주장한 이유**

그렇다면 리카도는 왜 자유무역을 주장했을까? 일단은 당연히 자신이 옹호하는 산업자본가들에게 이익이 되기 때문이다. 당시 산업혁명을 통해서 가장 먼저 공업화를 이룬 영국은 부가가치가 높은 공산품들을 생산하는 공업국가의 입장으로서 넓은 시장을 필요로 했다. 당연히 자유무역 상황이 산업자본가들에게 이익이었다.

추가적으로, 국가 전체 차원에서도 이익이었다. 곡물을 생산하는 지주 계급은 봉건주의의 후예였을 뿐 아니라 소수였고, 대다수 국민은 노동자였다. 아직 문화수준이 높지 않았던 때라 당연히 엥겔계수Engel coefficient(가계의 전체 지출에서 식료품비가 차지하는 비율)가 지금보다 훨씬 높았을 터였다. 값싼 곡물의 제한 없는 수입은 노동자들에게, 그리고 나라 전체 차원에서 당연히 큰 이익이었다.

■ FTA에 대한 우리나라의 입장

오늘날 FTA에 대한 우리나라의 입장은 기본적으로는 19세기 초의 영국과 많이 닮아 있다. 정보통신·자동차·중화학 등 첨단 분야에서 앞서 나가는 선진공업국에 해당되기 때문이다. 따라서 무역정책에 있어서 자유냐 보호냐를 따진다면 당연히 자유 쪽이다. 게다가 부존자원이 없어 국가 경제를 내수보다 수출에 더 크게 의존하는 상황이라는 점에서 국제사회에서 사실 어느 나라보다 앞장서 자유무역을 부르짖어야 할 입장이다. 따라서 경쟁력이 없는 쌀 등의 농·수·축산물에서 고품질·고가격 전략 또는 고부가가치화 등 어떤 식으로든 경쟁력 확보를 하지 못할 경우, 시간이 지날수록 국가 간 '일반적 분업'에 있어서의 농·수·축산물의 생산(분업) 축소는 불가피하다.

공업후진국들의 환영을 받은 F. 리스트의 유치산업보호론

곡물법 논쟁은 영국 내 기득권 세력(지주 계급)과 신흥 세력(산업자본가)

간의 이해 다툼이었지만, 동시에 '일반적 분업'에 대한 국가 간 자유주의 대 보호주의 갈등의 출발이기도 했다.

당시 공업후진국이었던 독일의 경제학자 F. 리스트Friedrich List, 1789~1846는 보호주의를 주장하고 나왔다. '국제경제(자유무역)란 사실상 영국을 주요한, 아니 유일한 공업국이 되게 한다'[193]는 것이 그의 생각이었다.

공업화를 먼저 이룬 국가와 공업화에 늦은 국가가 자유무역을 할 경우 제일 큰 문제는 '일반적 분업'의 심화로 국가의 산업구조가 고착화된다는 것이다. 우리나라와 국민소득이 매우 낮은 아프리카의 어느 나라가 '자유무역'을 한다고 가정할 때, 자유무역이 당장은 국민소득이 낮은 나라에도 이익이 될지 모른다. 하지만 결국 아프리카에 있는 그 나라는 오랜 시간이 지나도 계속 바나나만 생산하게 되고 이미 첨단기술을 확보한 우리나라는 더 성능이 좋은, 고부가가치의 스마트폰과 자동차를 계속 생산하게 될 것이라는 이야기다.

이런 이유로 리스트는 보호주의를 주장하면서, '공업후진국인 독일은 유치한 수준의 국내 산업이 영국과 수평 경쟁이 가능한 수준이 될 때까지 보호해야 한다'는 '유치산업보호론'을 주장했다. 오늘날 선진국 주도의 자유무역과 신 자유주의를 반대하는 사람들의 핵심 논리 그대로이다.

리스트의 보호무역론은 당시 공업후진국이었던 미국에서 대환영을 받았다. 하지만 지금의 21세기에 들어서 19세기의 영국의 입장이 된 미국에서는 보호무역론을 부정하고 있으며, 19세기의 미국의 입장이

---

193 혁명의 시대, 에릭 홉스봄 저, 정도영·차명수 역, 1998, 한길그레이트북스, 347면

된 개발도상국이나 후진국에서는 환영하고 있는 상황이다.

미국의 남북 전쟁을 불러온 농업과 공업 간의 입장 차이

'일반적 분업'에 의한 '곡물법 논쟁'적 갈등은 국가 간이 아닌 한 국가 내에서도 존재한다. 미국 남북 전쟁1861~1865의 근본 원인은 사실 노예제도의 폐지 자체라기보다는 '농업과 공업 간의 입장 차이'에 있었다. 19세기 중반의 미국 남부는 주로 플랜테이션 노예노동으로 면화를 재배해서 선진공업국인 영국으로 수출하는 산업 형태를 이루고 있었다. 이에 반해 북부와 동부는 제조업 중심의 공업 형태를 이루었다.

그러던 중 1860년에 노예제 반대론자인 링컨이 대통령에 선출되었다. 그러자 노예노동을 이용한 대규모 농업에 경제를 의지하던 남부의 일곱 개 주에서는 노예제 폐지를 예상하고 별도 국가로서의 독립선언을 했고, 공업지역인 북부에서는 남부의 분리 독립에 반대하며 전쟁을 선언했다. 결과는 당연히 자본력과 공업 생산력을 갖춘 북부의 승리로 돌아갔다. 노예를 반드시 필요로 하는 대규모 '농업'과 노예를 필요로 하지 않는 '공업' 간의 이해관계, 즉 '일반적 분업'에 의한 이해관계의 상충이 내전으로까지 이어진 것이다.

국가가 자유주의 또는 보호주의를 선택하는 기준

현실에서 국가 간 교역을 자유롭게 하는 것이 좋냐, 제한을 두는 것이 좋냐 하는 질문에 대한 정답은 없다. 각 국가의 산업화 차이에 따라, 더 깊이 들어가면 상품 하나하나에 따라서도 그 입장이 달라질 수밖에 없다. 하지만 분명한 것은 국가 간에는 세부적인 산업 분야 측면에서 또는 산업 전반적인 측면에서 항상 경쟁력 차이가 있을 수밖에 없다는 사실이다. 과거에는 그것이 주로 산업화 단계에 따른 농업국과 공업국 간의 차이였다면, 앞으로는 동일 산업 내 기술수준의 차이 또는 새로운 첨단기술의 확보 여부 등에 따른 차이가 될 것이다.

다만 중요한 것은, 경쟁력 차이를 결정하는 기준이 달라졌다고 해서 그 본질이 바뀌지는 않는다는 것이다. 리카도가 그랬듯이 그리고 리스트가 그랬듯이, 자유무역 입장에 설 것인지 보호무역 입장에 설 것인지는 결국 자국의 전체 이익을 기준으로 정해진다. 즉, 전체 국가 단위 차원에서 경쟁력이 있으면 자유주의 경향으로, 반대로 경쟁력이 없으면 보호주의 경향으로 더 기울어질 것이다.

물론 어느 쪽으로 기울던 세부적인 차원에서는 취사取捨 선택이 따른다. 자유주의라 해서 모든 것을 자유화할 리 없고 보호주의라 해서 무조건 모두 보호할 수도 없다. 결국 이러한 개별 국가의 취사 선택은 그 국가 내부에서 산업별, 기술수준별, 상품별 희비喜悲를 불러일으키게 된다. 이 과정에서 어느 한 쪽에 대해서는 국가가 일방적 피해 감수를 강요하고, 다른 쪽에 대해서는 특혜를 준다는 주장도 나온다.

하지만 궁극적인 선택은 결국 국가가 아닌 국민, 즉 국내 소비자가 하게 되어 있다. 국가 입장에서는 소비자가 원하지 않을 것들에 대해서는 미리 분업적 생산을 줄여 나가고, 원할 것들은 미리 분업적 생산을 늘려 나가는 역할을 할 뿐이다. 결과적으로 국가의 취사 선택이 시간이 지난 후에 국민의 현실적 선택과 일치하게 되면 국가는 협정을 잘 체결한 것이 되고, 그 반대의 경우는 협정을 잘못 체결된 경우가 된다. 그리고 현재 국민들은 '말(예를 들면 미국산 소고기 수입 반대)'이 아닌 '행동(예를 들면 미국산 소고기 구매)'으로 끊임없이 선택을 하고 있는 중이다.

영국의 곡물법은 1846년에 폐지되었다. 그리고 자유무역을 통해 '태양이 지지 않는 나라, 영국'의 빅토리아 왕조시대1837~1901를 구가한다. 20~21세기의 세계제국 미국 역시 영국의 길을 따라 간다. 보호주의에서 자유주의로.

곡물법을 둘러싼 논쟁과 과정은 국가 간 무역협정에서 비롯되는 모든 국내외 쟁점의 전형이다. 따라서 오늘날의 모든 무역 논쟁은 곡물법 논쟁으로 회귀한다. 곡물법 논쟁이 무역논쟁의 고전古典, 즉 오래된 책인 셈이다.

16장
깨달음-

반야심경 260자에 담긴
삶의 깨달음

불교에 전혀 관심이 없거나 불교를 잘 모르는 사람이라도 '마하반야바라밀다' 정도의 불경 구절은 대체로 기억을 한다. 사찰에서는 물론 불교 관련 행사나 영화 같은 데서 언제나 빠지지 않고 등장하는 약방의 감초 아닌 불교의 감초가 바로 이 '마하반야바라밀다' 구절이기 때문이다.

BC544년에 인도에서 시작된 불교는 원시불교, 부파불교 시기를 거쳐 우리나라를 비롯한 동북아 지역에서 대승불교로 활짝 꽃피었다. '마하반야'로 시작되는《마하반야바라밀다심경》(보통《반야심경》이라 부른다)은 이 대승불교의 반야계통 집대성인《대반야경》600권의 미묘한 이치를 함축하고 있는 경전이다.

《대반야경》의 421권과 429권에서 주로 추려낸 내용과《다라니경》에서 가져온 주문으로 구성된 이 경전[194]은 대승불교 공空사상의 정수로 평가받는다. 그런데 놀랍게도 그 분량이 한자로 불과 '260자'에 지나지 않는다.

인도 고대어인 산스크리트어로 되어 있는 《반야심경》의 한역본_{漢譯本}은 여덟 종류 또는 열한 종류가 있다고 알려져 있다. 이 중 중국과 우리나라에서 주로 쓰이는 《반야심경》은 현장_{玄奘, 602?~664}의 번역본이다. 소설 《서유기》에서 삼장법사로 등장하는 현장은 당나라 때의 실존 인물로, 위진남북조시대의 구마라집_{鳩摩羅什, 344~413}과 함께 동북아 지역의 불교 발전에 가장 큰 역할을 한 인물이다.

반야심경의 핵심 가르침은 '공(空)사상'

《반야심경》 가르침의 핵심은 '공_空사상'이다. '공_空'은 산스크리트어 '슌냐'의 의역으로, 그 의미는 다음과 같다.

> 현상은 모두 각종 조건들이 모여 형성된 것이기 때문에 그러한 조건이 변하게 되면 현상도 역시 그것을 따라 변하는 것이며 본래 진정한 실체는 없다.[195]

한마디로 모든 존재는 현상일 뿐 '그 자체로 존재하는' 실체는 없다는 이야기다.

---

194 반야심경, 지쁘 저, 현장법사 원역, 김진무 역, 2015, 일빛, 98면 참조
195 반야심경, 지쁘 저, 현장법사 원역, 김진무 역, 2015, 일빛, 45면

원시불교에서는 현상을 다음과 같은 '연기緣起'의 진리로 설명한다.

이 세상 모든 존재는 앞선 원인인 '인因'과 환경조건인 '연緣'의 결합에 의해 생기는 것으로, 이 인연因緣이 결합하면 존재하고 인연이 흩어지면 존재도 사라진다. 따라서 이 세상에는 현상만 있을 뿐 실체는 존재하지 않는다.[196]

이 책에서는 독자들에게 공空사상을 충분히 이해시키는 것을 목적으로 하지 않는다. 깨달음의 세계를 향해 매진하는 사람조차도 그것을 이해하기가 쉽지 않을진데, 지식적 탐욕 정도에 머무르고 있는 자가 독자들에게 깨달음의 세계를 제대로 전달하겠다면 그것은 과욕이다. 언감생심이다.

여기에서는 대승불교의 반야사상, 나아가 부처의 팔만사천법문 대장경 전체의 핵심이라 할 수 있는《반야심경》내용에 대한 일반적 이해와, 그 구성요소인 원시불교의 핵심 가르침 등을 알아보는 것을 목표로 한다. 그 정도만 이해해도 일반인 입장에서 개인적 삶에 적지 않은 도움이 될 것이다. 한자로 된 내용을 한글로 번역하는 만큼, 한자의 의미를 새기면서 기존 번역 및 불교 관련 내용들을 참조하고 아울러 현실적 관행도 함께 고려했다. 먼저《반야심경(마하반야바라밀다심경)》의 전문을 살펴보자.

마하반야바라밀다심경(摩訶般若波羅蜜多心經)

관자재보살 행심반야바라밀다시 조견오온개공 도일체고액 사리자 색불이

---

196 반야심경, 지뿌 저, 현장법사 원역, 김진무 역, 2015, 일빛, 57~58면 참조

공 공불이색 색즉시공 공즉시색 수상행식역부여시 사리자 시제법공상 불생
불멸 불구부정 부증불감 시고 공중무색 무수상행식 무안이비설신의 무색성
향미촉법 무안계 내지 무의식계 무무명 역무무명진 내지 무노사 역무노사진
무고집멸도 무지역무득 이무소득고 보리살타 의반야바라밀다고 심무가애
무가애고 무유공포 원리전도몽상 구경열반 삼세제불 의반야바라밀다고 득
아뇩다라삼먁삼보리 고지반야바라밀다 시대신주 시대명주 시무상주 시무
등등주 능제일체고 진실불허 고설반야바라밀다주 즉설주왈 아제아제 바라
아제 바라승아제 모지 사바하

觀自在菩薩 行深般若波羅密多時 照見五蘊皆空 度一切苦厄 舍利子 色不
異空 空不異色 色卽是空 空卽是色 受想行識亦復如是 舍利子 是諸法空
相 不生不滅 不垢不淨 不增不減 是故 空中無色 無受想行識 無眼耳鼻舌
身意 無色聲香味觸法 無眼界 乃至 無意識界 無無明 亦無無明盡 乃至 無
老死 亦無老死盡 無苦集滅道 無智亦無得 以無所得故 菩提薩埵 依般若
波羅密多故 心無罣碍 無罣碍故 無有恐怖 遠離顚倒夢想 究竟涅槃 三世
諸佛 依般若波羅密多故 得阿耨多羅三貌三菩提 故知般若波羅密多 是大
神呪 是大明呪 是無上呪 是無等等呪 能除一切苦 眞實不虛 故說般若波
羅密多呪 卽說呪曰 揭諦 揭諦 波羅揭諦 波羅僧揭諦 菩提 娑婆訶

반야심경 공부를 위해 알아야 할 두 가지 지식

반야심경의 의미를 알아보는 데 있어서는 다음 두 가지를 염두에 두어야 한다.

■ **반야심경은 원시불교의 핵심 사상에 대한 부정**

첫 번째는 '반야심경은 궁극적으로 원시불교, 심지어는 대승불교의 핵심 사상들까지 부정하고 있다'는 것이다. 그것은 다름 아닌 원시불교의 사상과 실천인 12연기와 삼법인, 사성제와 팔정도 그리고 대승불교의 6바라밀이 세속 차원(世俗諦, 세속제)을 다루고 있는 반면, 반야심경은 세속 너머의 공空 세계(勝義諦, 승의제)를 다루고 있기 때문이다. 즉, 깨달음 이전(此岸, 차안)과 깨달음 이후(彼岸, 피안)로 그 영역이 달라지기 때문이다.

이런 차이는 《금강경》의 '뗏목 비유(筏喩, 벌유)'[197]를 통해 쉽게 이해할 수 있다. 종교라는 것은 깨달음을 얻기 위한 수단으로, 강을 건너는 데 있어 그 수단인 '뗏목'과 같다는 것이 불교의 입장이다.

강을 건널 때 뗏목이 반드시 필요하지만 강을 건너고 난 다음에는 그 뗏목을 버려야 하듯이, 깨달음의 세계 역시 깨닫고 난 다음에는 그 깨달음의 수단인 종교와, 그 종교의 가르침을 버려야 한다. 따라서 불교에서는 현세에서 깨닫기 위한 수단으로 여러 가르침들을 강조하지만, 궁

---
197 금강경, 최대림 역해, 2007, 홍신문화사, 50면

극적으로는 결국 이 수단들을 다시 부정하게 된다. 이런 세속과 깨달음의 세계, 일시적 긍정과 궁극적 부정이 함께하는 대승불교의 핵심 가르침이 바로 '반야심경'이다.

■ **의역과 음역의 선택적 사용**

반야심경의 의미를 파악하는 데 있어 두 번째로 염두에 두어야 할 것은, 고대 인도어인 산스크리트어로 되어 있는 반야심경을 한자로 번역하는 데 있어서 '명사는 의역意譯과 음역音譯을 선택적으로 사용'하고 있다는 것이다. 물론 명사 이외의 동사와 같은 것들은 모두 '의역'이다.

의역은 '의미'를 살려 번역한 것으로 영어의 'Basketball'을 '농구(籠球)'로 번역한 것과 같은 경우이고, 음역은 '발음' 자체를 한자로 그대로 옮긴 것으로 'France'를 '불란서(佛蘭西)'로 바꾼 것과 같은 경우이다. 따라서 산스크리트어를 표의문자表意文字인 한자로 바꾼 반야심경은, 의역한 내용은 뜻은 통하나 발음은 원래의 산스크리트어와 아무런 관계가 없고, 음역한 내용은 발음은 원문의 산스크리트어와 비슷하나 한자 자체는 표의문자이면서도 아무런 의미를 지니지 못한다.

그리고 하나 더 첨언하자면, 반야심경의 전체 내용은 대승불교사상의 압축이지만, 그 구성요소는 원시불교의 핵심 가르침들로 되어 있다. 따라서 대승불교의 공空사상을 이해하려면 원시불교의 핵심 가르침들에 대한 최소한의 이해가 필요하다. 그런 점에서 여기에서는 한자로 된 반야심경을 한글로 푸는 과정에서 반야심경 전체 내용에 대한 번역과 함께, 그 구성요소들인 원시불교의 핵심 가르침들에 대한 최소한의 설명을 곁들였다.

'마하반야바라밀다심경' 제목에 담긴 의미

제목인 '마하반야바라밀다심경摩訶般若波羅蜜多心經'의 의미부터 알아보자. 먼저 전체 제목에서 의역과 음역을 구분해 보면 마하摩訶와 반야般若, 바라밀다波羅蜜多는 모두 산스크리트어 발음을 단순히 한자로 바꾸었을 뿐인 음역이고, 심心과 경經은 의미로 번역한 의역이다. 산스크리트어로 마하는 '크다' 또는 '위대한'이라는 뜻이고, 반야에 해당되는 '프라쥬냐'는 '큰 지혜' 또는 '큰 깨달음'이라는 뜻이며, 바라밀다에 해당되는 '파라미타'는 '건너편 기슭에 이르다'라는 뜻이다. 따라서 '마하반야바라밀다摩訶般若波羅蜜多'의 전체 의미는 이렇게 된다.

큰 깨달음의 세계인 건너편 기슭에 이르다.

여기서 산스크리트어 파라미타는 바라밀다로 음역하기도 하지만, 때로는 '건너편 기슭에 이르다'라는 의미 그대로의 한자인 '도피안(到彼岸)'으로 의역하기도 한다. 앞에서 말한 뗏목 비유와 관련하여 '이쪽 강가'인 차안此岸은 현실 세계인 '예토(穢土)'를 말하고, '저쪽 강가'인 피안彼岸은 '정토(淨土)' 또는 '깨달음의 세계'라 말할 때의 그 '피안(彼岸)'에 이른다는 말이다.

뗏목이 종교의 비유이듯 여기에서의 도피안 역시 비유이다. 단순히 '강 건너편 기슭에 이르다'의 의미가 아니라, '지혜를 완성하다' 또는 '지혜에 이르다'라는 의미의 비유이다.

심心은 '핵심'이라는 의미를 지닌 산스크리트어 '하리다야'의 의역이고, 경經은 '경전'이라는 의미를 지닌 '수트라'의 의역이다. 따라서 심경心經은 '핵심 경전'이라는 의미가 된다.

여기에서 잠깐 '경經'의 의미에 대해 좀 더 자세히 알아보자. 앞서 언급했듯이 반야심경의 한역본漢譯本 번역자인 삼장법사의 원래 법명은 현장이다. 그를 '삼장(三藏)'이라 부르는 이유는 그가 불교의 삼장(三藏), 즉 경(經), 율(律), 논(論)에 통달했기 때문이다. 여기에서 경, 율, 논은 각각 이런 의미가 있다.

- 경經 : 부처님의 가르침
- 율律 : 승가의 규범
- 논論 : 부처님의 가르침인 경經을 해설한 내용

따라서 삼장三藏은 보통명사로서, 삼장법사는 이 셋을 통달한 법사라는 의미다. 따라서 반야심경의 전체 제목인 '마하반야바라밀다심경摩訶般若波羅蜜多心經'의 의미는 다음 내용 정도로 이해할 수 있다.

큰 깨달음에 이르게 하는 부처님의 핵심 가르침

'관자재보살 행심반야바라밀다시 조견오온개공 도일체고액'의 의미

이번에는 반야심경의 본문 앞 구절인 '관자재보살 행심반야바라밀다시 조견오온개공 도일체고액觀自在菩薩 行深般若波羅密多時 照見五蘊皆空 度一切苦厄'의 의미를 알아보자.

먼저 '관자재觀自在'는 '관세음觀世音'과 같은 말이다. 둘 다 산스크리트어로 '자유롭게 관찰하다'라는 의미를 갖는 '아바로키테스바라'를 한자로 의역한 것이다. 물론 한자의 의미에서는 약간의 차이가 있다. 삼장법사 현장이 의역한 관자재보살觀自在菩薩은 '세상을 자유롭게 관찰하는 보살'이라는 의미이고, 현장에 앞서 구마라집이 의역한 관세음보살觀世音菩薩은 '세상의 소리를 관찰하는 보살'이라는 의미다.

행行은 '실행한다'로 동사이고, 심深은 '깊은'이라는 의미로 뒤에 나오는 명사를 수식하는 말이다. 반야般若와 바라밀다波羅密多는 앞에서 설명한 대로 산스크리트어 프라쥬냐와 파라미타의 음역으로 각각 '지혜'와 '완성하다'라는 의미다. '시時'는 '때'라는 의미다.

따라서 '관자재보살 행심반야바라밀다시觀自在菩薩 行深般若波羅密多時'의 의미를 이어서 풀어보면 이렇게 된다.

관자재보살이 깊은 지혜의 완성을 실행할 때

이어 나오는 조견照見은 '비추어 보다'의 의미이고, 오온五蘊은 산스크리트어로 '인간을 구성하는 다섯 가지 요소'를 의미하는 '판차스칸다'를 의역한 것이며, 개공皆空은 '모두 비어 있다'라는 의미다. 여기에서 오온五蘊은 '색(色)·수(受)·상(想)·행(行)·식(識)' 다섯 가지 요소로서, 색은 육체와 같은 물질요소를, 수·상·행·식은 정신요소를 말한다.

이어서 도度는 '건너다'의 의미로, 앞의 뗏목 비유에서 이야기한 '이쪽 강가(차안)에서 저쪽 강가(피안)으로 건넌다'라는 뜻이다. 일체一切는 '모든 것'을 의미하고, 고액苦厄은 '고통과 재앙'을 의미한다.

따라서 '조견오온개공 도일체고액照見五蘊皆空 度一切苦厄'의 전체 의미는 이렇게 된다.

인간의 육체와 정신이 실체가 없음을 비추어 보고 모든 고통과 재앙에서 벗어났다.

이것을 앞의 '관자재보살 행심반야바라밀다시'와 이어서 번역하면 이런 뜻이 된다.

관자재보살이 깊은 지혜의 완성을 실행할 때, 인간의 육체와 정신이 모두 실체가 없음을 비추어 보고 모든 고통과 재앙에서 벗어났다.

'사리자 색불이공 공불이색 색즉시공 공즉시색 수상행식역부여시'의 의미

이어서 '사리자 색불이공 공불이색 색즉시공 공즉시색 수상행식역부여시舍利子 色不異空 空不異色 色卽是空 空卽是色 受想行識亦復如是'의 의미를 알아보자.

사리자舍利子는 부처님의 10대 제자 중 한 명인 '샤리푸트라'의 음역이고, 색불이공 공불이색色不異空 空不異色은 '물질은 실체가 없는 것과 다르지 않고, 실체가 없는 것은 물질과 다르지 않다'라는 뜻이다. 색色은 '물질'이나 '육체'를 의미하는 산스크리트어 '루파'의 의역이고, 공空은 '실체가 없다'라는 의미를 가진 '슌냐'를 의역한 것이다.

그런데 여기서 물질이나 육체에 해당하는 색色은 다름 아닌 고대 그리스의 철학자 엠페도클레스Empedocles, BC490?~BC430?가 만물의 근원(Arche)이라고 주장한 '흙·물·불·공기'를 의미한다. 이처럼 불교에서 물질의 근원을 고대 동양 관점에서의 만물의 근원이자 변화원리인 5행의 목·화·토·금·수가 아닌, 서양 관점의 흙·물·불·공기 4원소로 보는 이유는 바로 불교가 브라만교의 영향을 받았고, 브라만교가 다름 아닌 유럽인의 조상 아리안족에서 나왔기 때문이다.

다음 문장인 색즉시공 공즉시색色卽是空 空卽是色은 '물질은 곧 실체가 없는 것이고, 실체가 없는 것이 곧 물질이다'라는 의미다. 수상행식역부여시受想行識亦復如是는 '수·상·행·식 역시 이와 같다'라는 의미로, 물질만 존재하지 않는 것이 아니라 정신작용인 수·상·행·식 역시 존재하지 않는다는 이야기다. 여기서 색·수·상·행·식은 인간을 구성하는 다섯 가지 요소인 오온五蘊으로, 앞에서 설명했듯이 색色은 '육체'를 말하고, 나머지 네 가지는 '정신작용'을 말한다.

정신작용에 있어 수受는 산스크리트어 '베다나'를 의역한 것으로 '감각작용'을 의미하고, 상想은 '삼즈냐'를 의역한 것으로 '표상작용'을 의미한다. 행行은 '삼스카라'의 의역으로 '의지작용'을 의미하며, 식識은 '비즈냐나'의 의역으로 '인식작용'을 의미한다. 이러한 정신작용들 역시 물질이나 육체와 다름없이 사실 실체가 없다는 것이다.

지금까지 설명한 '사리자 색불이공 공불이색 색즉시공 공즉시색 수상행식역부여시舍利子 色不異空 空不異色 色卽是空 空卽是色 受想行識 亦復如是' 전체를 이어서 번역하면 이런 뜻이 된다.

> 사리자여 물질은 실체가 없는 것과 다르지 않고, 실체가 없는 것은 물질과 다르지 않다. 물질은 곧 실체가 없는 것이고, 실체가 없는 것이 곧 물질이다. 감각·표상·의지·인식과 같은 정신작용 역시 마찬가지로 실체가 없다.

'사리자 시제법공상 불생불멸 불구부정 부증불감 시고 공중무색 무수상행식'의 의미

다음 문장인 '사리자 시제법공상 불생불멸 불구부정 부증불감 시고 공중무색 무수상행식舍利子 是諸法空相 不生不滅 不垢不淨 不增不減 是故 空中無色 無受想行識'을 알아보자. 여기서 사리자를 제외한 모든 문장은 의역이다. 사리자舍利子는 '사리자여'라는 뜻이고, 시제법공상是諸法空相에서 '시제법'은 '이 모든 현상적 존재들'을 의미하며, '공상'은 '실체가 없는 상태'라는 의미다.

불생불멸不生不滅은 '생겨나지도 않고 없어지지도 않으며'의 의미이고, 불구부정不垢不淨은 '더러움도 없고 깨끗함도 없으며'의 의미이며, 부증불감不增不減은 '늘어날 일도 없고 줄어들 일도 없다'라는 의미다.

또한 시고是故는 '그러므로'의 의미이며, 공중무색空中無色은 '실체가 없는 상태에서는 물질이 존재하지 않고'의 의미이고, 무수상행식無受想行識은 '감각·표상·의지·인식작용과 같은 정신작용도 존재하지 않는다'라는 의미다.

따라서 '사리자 시제법공상 불생불멸 불구부정 부증불감 시고 공중무색 무수상행식舍利子 是諸法空相 不生不滅 不垢不淨 不增不減 是故 空中無色 無受想行識' 전체를 이어서 번역하면 이런 뜻이 된다.

> 사리자여, 이 모든 현상적 존재들은 실체가 없는 상태이니, 생겨날 일도 없어질 일도 없으며, 더러움도 깨끗함도 없으며, 늘어날 일도 줄어들 일도 없다. 그러므로 실체가 없는 상태에서는 물질이 존재하지 않고, 감각·표상·의지·인식작용과 같은 정신작용도 존재하지 않는다.

'무안이비설신의 무색성향미촉법 무안계 내지 무의식계'의 의미

이어서 나오는 '무안이비설신의 무색성향미촉법 무안계 내지 무의식계無眼耳鼻舌身意 無色聲香味觸法 無眼界 乃至 無意識界'라는 문장은 모두 의역이다. 무안이비설신의無眼耳鼻舌身意는 '눈·귀·코·혀·몸·생각도 존재하지 않으며'의 의미이고, 무색성향미촉법無色聲香味觸法은 '색·소리·냄새·맛·감각·개념도 존재하지 않으며'의 의미이며, 무안계無眼界 내지乃至 무의식계無意識界는 '시각 인식기능부터 시작해 의식 인식기능까지 모두 존재하지 않는다'라는 의미다.

불교에서는 이 세상 모든 고통을 '108번뇌百八煩惱'로 표현한다. 108번뇌는 번뇌의 숫자가 108개라는 의미가 아니다. 우리에게 번뇌를 일으키는 모든 통로와 그 작용관계를 계산한 숫자가 바로 '108'이라는 의미다. 인간은 눈·귀·코·혀·몸·생각 여섯 가지 감각기관(六根, 육근)으로, 색·소리·냄새·맛·감각·의식이라는 여섯 가지 인식대상(六境, 육경)을, 안식·이식·비식·설식·신식·의식이라는 여섯 가지 인식기능(六識, 육식)을 통해 접촉(觸, 촉)함으로써 느낌이나 생각을 갖게 된다. 불교에서는 이 열여덟 가지(=6×3)가 바로 모든 번뇌의 근원이라고 생각하는 것이다.

그런데 예를 들어 우리는 볼륨을 끄고 TV에서 교통사고 뉴스를 시청한다고 할 때도 사실 시각만 사용하지는 않는다. 사고장면을 보면서 끼이익 하는 브레이크 밟는 소리, 타이어 타는 냄새, 충돌하는 느낌 등도 함께 느낀다. 그래서 우리 자신이 마치 현장에 있는 것처럼 고통을 느끼면서 몸을 움츠리거나 전율하게 되는 것이다. 이처럼 사람이 시각

(눈)이라는 하나의 감각만을 사용할 때도 사실은 다른 다섯 가지 감각기관이 함께 동원된다. 따라서 불교에서는 앞의 열여덟 가지 요소에 '눈·귀·코·혀·몸·생각'이라는 여섯 가지 감각기관을 의미하는 숫자 6을 곱해준다. 그렇게 해서 나온 숫자가 바로 '108'인 것이다.[198]

지금까지 설명한 '무안이비설신의 무색성향미촉법 무안계 내지 무의식계無眼耳鼻舌身意 無色聲香味觸法 無眼界 乃至 無意識界' 전체를 번역하면 이런 뜻이 된다.

감각기관인 눈·귀·코·혀·몸·생각도 존재하지 않으며, 인식대상인 색·소리·냄새·맛·감각·개념도 존재하지 않으며, 인식기능인 안식·이식·비식·설식·신식·의식도 존재하지 않는다.

'무무명 역무무명진 내지 무노사 역무노사진'의 의미

다음에 나오는 '무무명 역무무명진 내지 무노사 역무노사진無無明 亦無無明盡 乃至 無老死 亦無老死盡' 역시 모두 의역이다.

무무명無無明은 '어리석음도 없고'라는 뜻으로 '무명'은 산스크리트어로 '어리석음'을 의미하는 '아비드야'의 의역이다. 역무무명진亦無無明盡

---

198 불교와의 만남, 강건기 저, 2002, 불지사, 306면 참조

은 '역시 어리석음이 없어지는 것도 없고'의 의미이고, 내지乃至는 '~부터 ~까지'의 의미다. 무노사無老死는 '늙고 죽는 것이 없고'의 의미이고, 역무노사진亦無老死盡은 '역시 늙고 죽는 것이 없어지는 것도 없다'라는 의미다.

불교에서는 고통의 원인을 '집착(集, 집)'으로 본다. 이 '집集'은 원시불교에서 말하는 12연기緣起에 의해 일어난다. 고통을 발생시키는 12연기와 그 의미는 다음과 같다.

① 무명(無明) : 연기緣起의 진리를 모르는 어리석음
② 행(行) : 그런 무지 상태에서 몸과 말과 생각으로 짓는 잘못된 행위
③ 식(識) : 행行으로 인해 발생하는 인식
④ 명색(名色) : 인식대상인 색·성·향·미·촉·법
⑤ 육입(六入) : 명색名色을 느끼는 감각기관인 안·이·비·설·신·의
⑥ 촉(觸) : 여섯 가지의 인식대상과 여섯 가지 감각기관이 여섯 가지의 인식 기능을 통해 만나는 것으로, ③, ④, ⑤, ⑥은 동시에 발생
⑦ 수(受) : 그 만남(촉觸)에서 갖게 되는 고통 또는 기쁨
⑧ 애(愛) : 고통과 기쁨으로 인해 발생하는 미움 또는 욕심 상태
⑨ 취(取) : 미움 또는 욕심이 더 깊어진 것으로 폭행·살인 또는 도둑질과 같은 행동
⑩ 유(有) : 그런 행동(취取)으로 인해 남게 되는 영향
⑪ 생(生) : 그런 영향력(유有)이 나타나는 삶의 전 과정
⑫ 노사(老死) : 그런 과정(생生)으로 발생하는 모든 고통[199]

---

[199] 불교와의 만남, 강건기 저, 2002, 불지사, 142~145면 참조

지금까지 설명한 '무무명 역무무명진 내지 무노사 역무노사진無無明 亦
無無明盡 乃至 無老死 亦無老死盡' 전체를 번역하면 이런 뜻이 된다.

어리석음도 없고 어리석음이 없어지는 것도 없고,

잘못된 행위도 없고 잘못된 행위가 없어지는 것도 없고,

인식도 없고 인식이 없어지는 것도 없고,

색·성·향·미·촉·법도 없고 색·성·향·미·촉·법이 없어지는 것도 없고,

안·이·비·설·신·의도 없고 안·이·비·설·신·의가 없어지는 것도 없고,

인식대상과 감각기관의 만남도 없고 그 만남이 없어지는 것도 없고,

고통과 기쁨도 없고 고통과 기쁨이 없어지는 것도 없고,

미움과 욕심도 없고 미움과 욕심이 없어지는 것도 없고,

폭행·살인이나 도둑질 같은 행동도 없고 폭행·살인이나 도둑질 같은 행동이 없어지는 것도 없고,

그런 행동의 영향도 없고 그런 행동의 영향이 없어지는 것도 없고,

영향력이 나타나는 삶의 전 과정도 없고 영향력이 나타나는 삶의 전 과정이 없어지는 것도 없고,

궁극적으로 고통도 없고 고통이 없어지는 것도 없다.

'무고집멸도 무지역무득'의 의미

이어지는 '무고집멸도 무지역무득無苦集滅道 無智亦無得'도 모두 의역으로 그 뜻은 다음과 같다.

무고집멸도無苦集滅道는 '고·집·멸·도가 없다'라는 의미이고, 무지無智는 '깨달음도 없다'의 의미이며, 역무득亦無得은 '역시 얻을 것도 없다'의 의미다. 따라서 세 문장 전체를 이으면 이런 의미가 된다.

고·집·멸·도가 없고 깨달음도 없고 역시 얻을 것도 없다.

여기서 고·집·멸·도는 다름 아닌 석가모니가 깨달음을 얻은 후 최초로 설법한 초전법륜에서의 사성제四聖諦를 말한다. 사성제는 고통인 '고苦'와 그 고통의 원인인 '집集', 그 고통을 없앨 수 있다는 '멸滅', 고통을 없애는 방법인 '도道' 네 가지를 말한다. 먼저 고苦는 여덟 가지 고통, 즉 다음과 같은 인생팔고人生八苦를 말한다.

① 윤회의 이 세상에 태어나는 '생고(生苦)'
② 늙어가는 '노고(老苦)'
③ 병으로 인한 '병고(病苦)'
④ 죽음으로 인한 '사고(死苦)'
⑤ 언젠가는 사랑하는 이들과 헤어져야 하는 '애별리고(愛別離苦)'
⑥ 가지고 싶은 것을 다 가질 수 없는 '구부득고(求不得苦)'

⑦ 원망하고 증오하는 이들과도 무리지어 살아야 하는 '원증회고(怨憎會苦)'
⑧ 존재 자체에서 비롯되는 '오음성고(五陰盛苦)'

이런 고통들의 발생 원인인 집集이 바로 앞에서 말한 '12연기'이고, 그 고통을 없애는 방법인 도道가 바로 '팔정도八正道'이다. 석가모니가 사성제와 함께 최초의 설법인 초전법륜에서 말한 팔정도는 다음과 같다.

① '바르게 보는' 정견(正見)
② '바르게 생각하는' 정사(正思)
③ '바르게 말하는' 정어(正語)
④ '바른 행동을 하는' 정업(正業)
⑤ '바른 생활을 하는' 정명(正命)
⑥ '바르게 꾸준히 노력하는' 정정진(正精進)
⑦ '자신의 마음과 움직임에 정신을 집중하는' 정념(正念)
⑧ '선정에 몰두하는' 정정(正定)

'이무소득고 보리살타 의반야바라밀다고 심무가애 무가애고 무유공포 원리전도몽상 구경열반'의 의미

이어지는 내용인 '이무소득고 보리살타 의반야바라밀다고 심무가애 무가애고 무유공포 원리전도몽상 구경열반'以無所得故 菩提薩埵 依般若波羅密多

故 心無罣碍 無罣碍故 無有恐怖 遠離顛倒夢想 究竟涅槃'의 의미는 다음과 같다.

이무소득고以無所得故는 의역으로 '따라서 얻을 바가 없으므로'의 의미이고, 보리살타菩提薩埵는 산스크리트어 '보디사트바'의 음역으로 '깨달음을 추구하는 사람'이라는 의미다. 보리살타는 보통 '보살菩薩'이라는 줄임말로 사용된다. 보살은 깨달음을 얻기 이전의 석가모니 부처님, 관세음보살 등 대승불교에서의 여러 보살들 그리고 깨달음을 얻기 위해 수행하는 수행자와 신도 등 다양한 부류에 대한 호칭으로 사용된다. 우리나라에서는 흔히 여성 재가신자들을 보살이라고 호칭하는데, 석가모니 부처든 관세음보살이든 수행자든 또는 여성 재가신자 등 모두 '깨달음을 추구한 사람' 또는 '깨달음을 추구하는 사람'임에는 틀림없기 때문에 보살이라는 호칭과는 괴리가 없다.

의반야바라밀다고依般若波羅密多故에서 '의依'는 '의존하다'의 의미이고, 반야바라밀다般若波羅密多는 앞서 설명했듯이 산스크리트어로 '지혜'를 의미하는 '프라쥬냐'와 '건너편 기슭에 이르다'를 의미하는 '파라미타'의 음역이 합해진 것으로, '지혜의 완성'이라는 의미다. '고故'는 '까닭으로'라는 의미로, 전체 문장을 이어서 해석하면 '지혜의 완성에 의존함으로써'라는 뜻이 된다.

그 다음에 이어지는 '심무가애 무가애고 무유공포 원리전도몽상 구경열반心無罣碍 無罣碍故 無有恐怖 遠離顛倒夢想 究竟涅槃'은 열반涅槃을 제외하고 모두 의역으로 각각의 의미는 다음과 같다. 심무가애心無罣碍는 '마음에 거리낌이 없이'의 의미이고, 무가애고無罣碍故는 '거리낌이 없기 때문에'의 의미이며, 무유공포無有恐怖는 '두려움이 있을 수 없다'의 의미다. 또 원리전도몽상遠離顛倒夢想은 '잘못된 헛된 생각을 멀리하여'의 의미이고, 구경열반究竟涅槃은 '마침내 열반에 들다'의 의미다. 따라서 전체를 이어서 해석하면 '마음에 거리낌이 없고, 거리낌이 없기 때문에 두려움이 있을 수 없으며, 잘못된 헛된 생각을 벗어나 마침내 열반에 들었다'라는 뜻이 된다.

여기에서 구경열반究竟涅槃의 '열반涅槃'은 산스크리트어 '니르바나'의 음역으로, 원래 '불이 꺼진 상태'를 말하는데, 불교에서는 '번뇌가 사라져 괴로움이 없어진 상태'의 의미로 쓰인다.

지금까지 설명한 '이무소득고 보리살타 의반야바라밀다고 심무가애 무가애고 무유공포 원리전도몽상 구경열반以無所得故 菩提薩埵 依般若波羅密多故 心無罣碍 無罣碍故 無有恐怖 遠離顚倒夢想 究竟涅槃' 전체를 번역하면 이런 뜻이 된다.

따라서 얻을 바가 없으므로 보살은 반야바라밀다에 의존함으로써 마음에 거리낌이 없고, 거리낌이 없기 때문에 두려움이 있을 수 없으며, 잘못된 헛된 생각을 벗어나 마침내 열반에 들었다.

'삼세제불 의반야바라밀다고 득아뇩다라삼먁삼보리'의 의미

이어지는 '삼세제불 의반야바라밀다고 득아뇩다라삼먁삼보리三世諸佛 依般若波羅密多故 得阿耨多羅三藐三菩提'의 의미를 알아보면 다음과 같다.

삼세제불三世諸佛은 '과거·현재·미래의 여러 부처들'의 의미이고, 의

반야바라밀다고依般若波羅密多故는 앞에서와 같이 '지혜의 완성에 의존함으로써'의 의미다. 여기서 '건너편 기슭에 이르다' 또는 '완성하다'라는 의미의 '바라밀波羅密多'은 대승불교에서 다음과 같이 여섯 단계로 이루어진다.

① 보시(布施) : 남에게 재물(재시)이나 진리의 말(법시) 또는 친절(무외시)을 베푸는 것
② 지계(持戒) : 계율을 지키는 것
③ 인욕(忍辱) : 욕됨을 참는 것
④ 정진(精進) : 목표를 정하고 꾸준히 앞으로 나아가는 것
⑤ 선정(禪定) : 몸과 호흡과 마음을 가라앉히고 안정되게 하는 것
⑥ 반야(般若) : 존재의 실상을 깨닫는 것

이렇게 다른 이들에게 베푸는 것에서부터 시작해 깨달음의 단계까지 이르는 것이 다름 아닌 바라밀波羅密, 즉 '지혜의 완성'이다.

이어지는 구절인 득아뇩다라삼먁삼보리得阿耨多羅三藐三菩提에서 득得은 '얻는다'의 의미이고, 아뇩다라阿耨多羅는 산스크리트어로 '더할 나위 없이 높은'이라는 의미를 가진 '아누타라'의 음역이다. 삼먁三藐은 '올바른'이라는 의미를 가진 산스크리트어 '삼야크'의 음역이고, 삼보리三菩提는 '완전한 깨달음'이라는 의미를 가진 산스크리트어 '삼보디'의 음역이다.

따라서 지금까지 설명한 '삼세제불 의반야바라밀다고 득아뇩다라삼먁삼보리三世諸佛 依般若波羅耨多故 得阿密多羅三藐三菩提' 전체를 번역하면 이런 의미가 된다.

과거·현재·미래의 여러 부처들이 지혜의 완성(반야바라밀다)에 의존함으로써 더할 나위 없이 높고 올바르고 완전한 깨달음(아뇩다라삼먁삼보리)을 얻었다.

'고지반야바라밀다 시대신주 시대명주 시무상주 시무등등주'의 의미

다음 '고지반야바라밀다 시대신주 시대명주 시무상주 시무등등주故知般若波羅密多 是大神呪 是大明呪 是無上呪 是無等等呪'의 의미를 알아보자.

고故는 '그런고로'의 의미이고, 지知는 '알다'의 의미이며, 반야바라밀다般若波羅密多는 '지혜의 완성'이라는 의미다. 또 시대신주是大神呪는 '이것은 매우 신비한 주문이며'의 의미이고, 시대명주是大明呪는 '이것은 매우 밝은 주문이며'의 의미다. 시무상주是無上呪는 '이것은 더 없이 높은 주문이며'의 의미이고, 시무등등주是無等等呪는 '이것은 그 어느 것과도 비교할 수 없는 것과 동등한 주문이다'라는 의미다.

따라서 '고지반야바라밀다 시대신주 시대명주 시무상주 시무등등주故知般若波羅密多 是大神呪 是大明呪 是無上呪 是無等等呪' 전체를 번역하면 이런 뜻이 된다.

그런고로 지혜의 완성(반야바라밀다)은 매우 신비한 주문이며, 매우 밝은 주문이며, 더 없이 높은 주문이고, 또 그 어느 것과도 비교할 수 없을 정도의 주문이라는 것을 알아야 한다.

'능제일체고 진실불허 고설반야바라밀다주 즉설주왈'의 의미

다음 '능제일체고 진실불허 고설반야바라밀다주 즉설주왈能除一切苦 眞實不虛 故說般若波羅密多呪 卽說呪曰'의 의미를 알아보자.

능제일체고能除一切苦는 의역으로 '모든 고통을 없앨 수 있고'의 의미이고, 진실불허眞實不虛 역시 의역으로 '진실할 뿐 거짓이 없다'의 의미다. 또 고설반야바라밀다주故說般若波羅密多呪는 '그러므로 지혜의 완성(반야바라밀다) 주문을 말해주노니'의 의미이고, 즉설주왈卽說呪曰은 '주문을 말하자면'의 의미다.

따라서 '능제일체고 진실불허 고설반야바라밀다주 즉설주왈能除一切苦 眞實不虛 故說般若波羅密多呪 卽說呪曰' 전체를 번역하면 이런 뜻이 된다.

모든 고통을 없앨 수 있고, 진실할 뿐 거짓이 없다. 그러므로 지혜의 완성(반야바라밀다) 주문을 말해주노니 그 주문은 이렇다.

'아제 아제 바라아제 바라승아제 모지 사바하'의 의미

위에서 말하는 '주문'에 해당하는 '아제 아제 바라아제 바라승아제 모지 사바하揭諦 揭諦 波羅揭諦 波羅僧揭諦 菩提 娑婆訶'는 전체가 산스크리트어 '가테 가테 파라가테 파라삼가테 보디 스바하'의 음역이다. 주문은 신비의 문구로 원칙적으로 해석을 하지 않지만 내용 파악을 위해 해석하면 다음 문구 정도로 이해할 수 있다.

가세 가세 피안으로 가세. 모두 함께 피안으로 건너가 서둘러 깨달음을 성취하세.[200]

반야심경, 마음공부를 위한 가르침의 정수

지금까지 설명한 '마하반야바라밀다심경(반야심경)' 전체를 번역하면 다음과 같다.

큰 깨달음에 이르게 하는 부처님의 핵심 가르침

관자재보살이 깊은 지혜의 완성을 실행할 때, 인간의 육체와 정신이 모두 실체가 없음을 비추어 보고 모든 고통과 재앙에서 벗어났다. 사리자여, 물질은 실체가 없는 것과 다르지 않고, 실체가 없는 것은 물질과 다르지 않다.

---

200 반야심경, 지뿌 저, 현장법사 원역, 김진무 역, 2015, 일빛, 310면 참조

물질은 곧 실체가 없는 것이고, 실체가 없는 것이 곧 물질이다. 감각·표상·의지·인식과 같은 정신작용 역시 마찬가지로 실체가 없다. 사리자여, 이 모든 현상적 존재들은 실체가 없는 상태이니, 새로 생겨날 일도 없어질 일도 없으며 더러움도 깨끗함도 없으며, 늘어날 일도 줄어들 일도 없다. 그러므로 실체가 없는 상태에서는 물질이 존재하지 않고, 감각·표상·의지·인식작용과 같은 정신작용도 존재하지 않는다.

눈·귀·코·혀·몸·생각도 존재하지 않으며, 색·소리·냄새·맛·감각·개념도 존재하지 않으며, 안식·이식·비식·설식·신식·의식도 존재하지 않는다. 어리석음도 없고 어리석음이 없어지는 것도 없는 것부터 시작해 궁극적으로 고통도 없고 고통이 없어지는 것도 없다. 고·집·멸·도가 없고 깨달음도 없고 역시 얻을 것도 없다. 따라서 얻을 바가 없으므로 보살은 반야바라밀다에 의존함으로써 마음에 거리낌이 없고, 거리낌이 없기 때문에 두려움이 있을 수 없으며, 잘못된 헛된 생각을 벗어나 마침내 열반에 들었다.

과거·현재·미래의 여러 부처들이 반야바라밀다에 의존함으로써 더할 나위 없이 높고 올바르고 완전한 깨달음을 얻었다. 그런고로 반야바라밀다는 매우 신비한 주문이며, 매우 밝은 주문이며, 더없이 높은 주문이고, 또 그 어느 것과도 비교할 수 없는 주문이라는 것을 알아야 한다. 모든 고통을 없앨 수 있고, 진실할 뿐 거짓이 없다. 그러므로 반야바라밀다 주문을 말해주노니 그 주문은 이렇다.

아제 아제 바라아제 바라승아제 모지 사바하.

성철스님은 살아생전 '불교佛敎', 즉 부처님의 가르침은 한마디로 '마음공부'라 했다. 현대인들은 물질적으로 예전 사람들보다 훨씬 풍요로워졌다. 하지만 고통은 오히려 더 커졌다. 자살의 증가, 정신이 온전치 않은 사람들의 증가 등이 바로 그 증거들이다. 물질 향상이 인간의 행복 크기와 비례하지 않음을 인정할 수밖에 없다.

그렇다면 답은 무엇인가? '마음'이다. 마음을 다스리는 수밖에 없다. 성철스님이 마음공부라고 정의한 불교의 정수가 바로 《마하반야바라밀다심경》이다. 천만다행이게도 이것은 불과 260자로 된 경전이다. 충분히 이해를 못하고 언저리만 가더라도 어느 정도 마음공부가 되지 않을까. 마음공부는 다름 아닌 행복으로 가는 길이다.

* 이 글은 《불교와의 만남》(강건기 저, 2002, 불지사)과 《금강경》(최대림 역해, 2007, 홍신문화사), 《반야심경》(지뿌 지음, 현장법사 원역, 김진무 역, 2015, 일빛), 《왕초보 반야심경 박사 되다》(김명우 저, 2012, 민족사), 조계종 홈페이지 통합정보사이트 포교법문 '반야심경과 그 가르침' 등을 참고했음

17장
치명적 유혹―

그들은 왜 골프라는
팜므파탈에 희생되었나

'공직자들도 골프를 자유롭게 쳤으면 좋겠다.'

대통령의 이 말 한마디에 언론이 일제히 '공직자 골프 해금'이라는 제목으로 '공직자의 골프 자유화'를 알린 적이 있었다. 물론 그때까지 대통령이 단정적으로 '공직자는 골프를 쳐서는 안 된다'라고 언급한 적은 없었지만, 골프에 대한 대통령의 지나가는 말 한마디나 표정, 태도 등으로 미루어 골프를 치는 것이 신상에 별로 좋을 일이 없다고 판단해서 알아서 몸을 사렸던 것이다. 그랬던 공직사회가 위의 대통령의 말 한마디를 이른바 골프 해빙, 골프 해방선언으로 받아들였던 것이다.

골프는 여러 가지 면에서 사냥과 많이 닮았다. 숲속에서 하는 것이 그렇고, 목표물(사냥감, 홀컵)을 겨냥하는 것이 그렇고, 도구(활, 클럽)를 이용해 매개물(화살, 공)을 목표를 향해 보내는 방식이 그렇고, 경쟁을 하되 상대방과의 제로섬Zero-sum식 직접 결투방식이 아닌 자기 자신과의 싸움에서 얻은 성과(자신이 사냥한 짐승 수, 자신이 기록한 스코어)를 다른 사람들과 비교하는 방식이 그렇고, 멘탈Mental적인 측면(둘 다 어드레스Address를 할 때의 호흡 조절과 정신 집중)이 어떤 다른 요소보다 중요하다는 것이 그렇다. 거기에 또, 일단 한 번 재미를 붙이게 되면 좀처럼 헤어나기가 쉽지 않아서 현자賢者들이나 외부에서 너무 빠져들지 않도록, 심지어는 원천적으로 아예 하지 못하도록 금지한다는 것이 더욱 그렇다.

골프와 사냥의 용어적 친근성

그런 유사함 때문일까. 골프와 사냥은 사용하는 용어에도 친근성이 있다.

골프에서 제일 환상적인 것은 '홀인원Hole in one'이다. 티샷으로 한 번에 홀컵에 공을 쳐 넣는 것이다. 1만 2천 분의 1 확률이다. 사냥에서 가장 기분 좋은 것 역시 마찬가지다. 단번에 목표물을 맞히는 것이다.

홀인원 다음으로 골퍼들이 꿈꾸는 것은, 아니 사실은 홀인원 이상으로 어려운 것이 '앨버트로스Albatross'이다. 기준 타수(Par)보다 세 타나 줄여 홀컵에 공을 넣는 것이다. 홀인원의 행운 또는 기술에 장타력이 더해져야 가능하다. 홀인원 이상으로 골퍼들이 바라는 앨버트로스의 원래 의미는 한자말로 신천옹信天翁으로 불리는, 날개 길이가 2미터 이상에 이르는 큰 새이다. 사냥에서도 큰 새를 잡은 것이 단번에 목표물을 맞히는 것 이상으로 기쁜 일에 해당할 것이다.

그다음으로 골퍼들이 바라는 것은 '이글Eagle'이다. 기준 타수보다 두 타 줄여 홀컵에 공을 넣는 것이다. 이글은 다름 아닌 독수리다. 독수리는 신천옹 정도의 큰 새는 아니지만 날짐승 중 왕이다. 사냥에서도 독수리, 즉 이글을 잡는 것은 매우 기쁜 일이다. 새 중의 왕을 잡는 것이니 기쁘지 않을 수가 없다.

그다음 골퍼들이 간절히 원하는 것은 '버디Birdie'다. 기준 타수보다 한 타 줄여 홀컵에 공을 넣는 것이다. 버디는 어린아이들이 사용하는 영어 표현으로, 일반 새를 가리킨다. 비록 신천옹이나 독수리가 아닌 일반 새일지라도 사냥에서 무엇인가를 잡는 것은 매우 기쁜 일이 될 것이다.

골프와 사냥이 품고 있는 치명적 중독성

문민정부를 연 김영삼 전 대통령재임 1993~1998은 '골프는 너무 재미있는 게 단점'이라고 말했다. 영국의 A. J. 밸푸어 총리Arthur James Balfour, 재임 1902~1905는 골프를 '건강과 보양, 상쾌함과 흥분, 끊임없는 즐거움을 주는 놀이'라고 말했다.[201]

이런 치명적인 중독성이 있는 운동인 만큼 김영삼 대통령은 골프의

---

201 서울경제, 2016년 4월 27일자 기사 참조

거부하기 힘든 마력魔力을 미리 경계해, 1993년에 대통령이 되자마자 골프를 치지 않겠다고 선언했다. 골프의 발상지인 스코틀랜드에서도 일찍이 제임스 2세재위 1437~1460와 그의 아들 그리고 손자인 제임스 3세재위 1460~1488, 제임스 4세재위 1488~1513에 이르기까지 국민들에게 골프 금지령을 내렸다고 한다.[202] 중국에서도 모택동이 통치하던 시기에 골프가 '백만장자를 위한 운동'으로 치부되어 금지되었다가, 중국의 개혁개방을 가져온 등소평에 의해 해금되었다. 그리고 지금 시진핑시대에 와서는 다시 골프가 금지되고 있는 분위기다.[203]

사냥 역시 그 치명적 중독성이 결코 골프에 뒤지지 않는다. 《서경》에서는 다음과 같이 중독성이 심하여 사람을 망가뜨리는 요인 중 하나로 '사냥'을 꼽고 있다.

> 안으로는 여색에 취하고 밖으로는 사냥에 빠져서 날 가는 줄 모르거나, 허구한 날 달콤한 술에 취하고 감미로운 음악에 빠져 있거나, 나라 돈을 들여 궁실을 높이고 담장을 꾸미는 것들 중 어느 것 한 가지만 해당되더라도 망하지 않는 자가 없다.
> 內作色荒 外作禽荒 甘酒嗜音 峻宇彫牆 有一於此 未或不亡[204]

또 《정관정요》에는 이런 내용이 나온다.

> 곡나율이 간의대부가 되어 한 번은 태종의 사냥 길에 따라 나섰는데 가는 도

---

202 문화일보, 2016년 1월 11일자 이인세의 '골프 인문학' 참조
203 헤럴드경제, 2014년 12월 21일자 기사 참조
204 서경, 권덕주 역해, 혜원출판사, 108면

중에 비를 만나 태종이 물었다.

"비옷이 비가 새지 않게 하려면 어떻게 하여야 하는가?"

곡나율이 대답하기를, "기와로 비옷을 만든다면 절대로 비가 새지 않을 것입니다"라고 하였다. 태종이 너무 자주 사냥을 나가지 않기를 바라는 마음에서 한 대답이었다. 태종은 곡나율의 말을 기쁘게 받아들이고 비단 50단과 금대를 하사하였다.

谷那律 爲諫議大夫 嘗從太宗出獵 在塗遇雨 因問曰 油衣若爲得不漏 對曰 能以瓦爲之 必不漏矣 意欲太宗弗數遊畋 太宗嘉納 賜帛五十段 可以金帶[205]

앞의 《서경》의 내용이 군주가 사냥에 미치면 나라가 망할 수도 있다는 경고라면, 뒤의 《정관정요》에는 사냥에 빠져들어 정사를 소홀히 하는 군주를 신하가 지혜롭게 말리는 내용이 담겨 있다.

골프는 비즈니스, 사냥은 역사의 변곡이 이루어지는 무대

필드를 자주 나가는 골퍼에게 배우자나 자녀가 그렇게까지 골프를 자주 치는 이유를 물었을 때, 김영삼 전 대통령처럼 '골프가 너무 재미

---

205 정관정요, 2001, 홍신문화사, 382면

있어서'라거나, 밸푸어 총리처럼 '건강과 보양, 상쾌함과 흥분, 끊임없는 즐거움을 주는 놀이'라고 대답하는 사람은 거의 없을 것이다. 아마 대부분은 '비즈니스' 때문이라 말할 것이다. 거기에 '필수' 또는 '불가피성'이 부연될 것이다. 네 시간 이상을 자연 속에서 맑은 공기를 마시면서 함께 골프를 치다보면 당연히 서로 가까워지는 데 도움이 된다. 하지만 그 만남이 기본적으로 비즈니스 때문이라면, 각자가 의도하고 있는 것은 당연히 '자기이익 도모'이다. 물론 서로의 이익 도모의 결과는 Win/Win일 수도 있고 Win/Lose일 수도 있다.

이렇듯 오늘날 골프장이 모든 비즈니스가 시작되는 무대라면, 오랜 옛날에는 사냥터가 역사의 변곡이 이루어지는 무대가 되기도 했다.

■ 영국 왕조의 역사를 바꾼 사냥터에서의 비극

프랑스 노르망디에서 영국으로 건너가 윌리엄 왕조를 연 윌리엄 1세_{재위 1066~1087}는 왕위를 둘째 아들인 루푸스_{윌리엄 2세, 재위 1087~1100}에게 넘겨주었다. 왕위를 물려받고 재위 13년간 이렇다 할 실적이 없었던 루푸스는 어느 날 갑자기 의문의 죽음을 맞았다. 바로 왕실 소유 사냥터인 뉴 포리스트에서다. 동생인 헨리와 탁월한 사냥 솜씨를 가진 월터 티럴 남작과 동행한 사냥에서, 명사수 티럴 남작이 자신과 왕(루푸스) 사이에 나타난 사슴을 향해 날린 화살이 사슴이 아닌 왕의 가슴을 꿰뚫은 것이다. 그러자 가까이에 있던 왕의 동생 헨리는 말에서 굴러 떨어진 왕이 아닌 왕궁을 향해 말을 달렸고, 3일 뒤 웨스트민스터 대수도원에서 대관식을 치름으로써 형의 자리를 차지했다.

영국의 역사는 이 일을 두고 헨리_{헨리 1세, 재위 1100~1135}에 대해서는 아무런 언급이 없고, 티럴 남작만을 살해범으로 기록하고 있다.[206] 가까운 이들과 경계를 풀고 마음껏 사냥을 즐기는 사냥터가 천륜을 저버린 거대한 음모의 수단으로 이용되고 말았다.

■ **사냥 때문에 무너진 트로이 전쟁 영웅의 신화**

그리스로마신화에서 가장 많은 부분을 차지하는 내용은 《일리아드》와 《오디세이아》의 트로이 전쟁과 관련한 것들이다. 트로이를 중심으로 하는 소아시아 연합과 아테네를 중심으로 하는 그리스 폴리스 연합과의 동서양 대전大戰이었던 트로이 전쟁에서 그리스 폴리스 연합의 총사령관은 '아가멤논'이었다. 아가멤논은 2년여의 전쟁 준비를 마치고 나서 출정하기 직전에 사냥에 나섰다. 그런데 이 사냥에서 하필이면 달과 사냥의 신인 아르테미스 여신에게 바쳐진 숫사슴을 잡게 된다. 이 일로 아르테미스 여신의 노여움을 산 아가멤논은 자신의 귀한 딸인 이피게네이아를 흑해 북부 타우리스 신전의 여사제로 보내게 된다.

딸을 잃은 아가멤논의 부인 클리타임네스트라는 남편을 원망하게 되고, 10년 뒤 원정을 끝내고 돌아온 아가멤논을 정부 아이기스토스와 모의해 살해하고 만다. 그리고 7년 뒤, 클리타임네스트라는 아가멤논과의 사이에서 낳은 자신의 아들 오레스테스에 의해 정부 아이기스토스와 함께 죽임을 당하고 말았다.

동서양 대전을 눈앞에 둔 중대한 상황에서 사냥이라는 치명적 쾌락의 유혹을 물리치지 못한 아가멤논의 행위가 자신의 왕위는 물론 목숨까지 잃게 했고, 나아가 존속살인이라는 비극까지 초래하고 만 것이다.

2005년 3월 1일, 당시 부총리였던 이헌재 씨가 3.1절 기념식에 참석

---

206 이야기 영국사, 김현수 저, 2007, 청아출판사, 102~108면 참조

하지 않고 골프 라운딩을 나갔다. 이 일로 여론의 비난이 빗발쳤다. 이 듬해인 2006년 3.1절에는 이해찬 총리가 골프를 쳤다. 마침 이날은 철도노조가 파업을 시작한 첫날이기도 했다. 결국 이 일로 이해찬 총리는 총리직에서 물러났다. 그런가 하면 2001년에는 북한 상선商船의 영해침범 사건이 벌어져 군 작전이 진행되고 있는 상황에서도 국방장관, 합참의장, 해군참모총장 등 군 수뇌부가 계속 골프 라운딩을 하다 경고조치를 받는 사건이 벌어졌다.[207]

아가멤논이 전쟁이라는 대사大事를 눈앞에 두고 사냥의 유혹을 이겨내지 못한 것처럼, 역사의 의미를 되새겨야 하는 날에 또는 국가 안보가 흔들릴 수 있는 상황에서 고위 공직자들이 골프의 유혹을 이겨내지 못한 사건들이었다.

소수를 위해 넓은 땅을 쓰는 데 대한 부정적인 인식

고위 공직자가 골프를 치는 것을 금지하거나 경계하는 것은 지나친 골프 탐닉이 국가 일을 하는 데 지장을 주어서이기도 하지만, 또 다른 이유로 일반인들의 골프에 대한 부정적 인식 때문이기도 하다.

골프는 운동 중에서 즐기는 사람 대비 가장 넓은 땅을 필요로 하는

---

207 헤럴드경제, 2013년 7월 31일자 기사 참조

운동이다. 그것도 공들여 잔디를 깔고 잘 가꾸어진 땅이어야 한다. 게다가 우리나라와 같이 국토가 좁은 나라에서는 땅값이 비쌀 수밖에 없고, 땅값이 비싸면 골프를 즐기는 비용 역시 높아질 수밖에 없다. 결과적으로 모택동이 골프를 '백만장자를 위한 운동'이라고 비난한 것처럼, 골프는 '일부의 국민'을 위한 운동일 뿐 '다수의 국민'과는 아무런 관계없는 운동이 되고 만다. 그렇잖아도 인구밀도가 높은 나라인데 여기저기 늘어나는 골프 클럽이 다수의 국민들 눈에는 그들만을 위한 놀이터, 그들만을 위한 휴식장소로 인식되기 십상이다. 자신들과는 아무런 상관이 없는, 아니 상관이 없는 정도가 아니라 상대적 박탈감(?)을 갖게 하고 자연녹지 감소와 환경문제를 유발하는 부정적 존재로만 인식되기 쉽다.

그래서 '먹고 살 거리 마련'의 경제와 '국민 통합'의 정치를 함께 조화롭게 운영해야 하는 정부 입장에서는 국민 생활수준, 경제가치 창출, 고용 확대 등의 문제들을 고려하면서, 동시에 대다수 국민들이 함께 즐길 수 있는 퍼블릭 골프장 확대나 일반 골프장의 이용료 인하와 같은 정책 등을 고려하게 된다.

《맹자》에는 사냥터의 크기를 둘러싼 제나라 선왕과 맹자와의 다음과 같은 대화가 나온다.

제선왕이 "문왕이 소유했던 사냥터는 넓이가 평방 70리나 되었다는데 그렇습니까?" 하고 묻자, 맹자가 "그렇게 기록에 나와 있습니다"라고 대답한다. 그러자 왕이 "그렇게나 컸습니까?" 하고 되묻는다. 그러자 맹자가 "백성들은 오히려 작다고 여겼습니다"라고 대답했다.

다시 왕이 "과인의 사냥터는 평방 40리밖에 안 되는데도 백성들이 오히려 크다고 여기는데 그것은 어째서입니까?"라고 묻자, 맹자가 답했다.

"문왕의 사냥터는 평방 70리이지만 꼴과 땔감을 마련하는 백성들이 언제든지 들락거리고 꿩과 토끼를 잡는 자들이 자유롭게 들락거리는 등 백성들이 함께했으니 사람들이 그 사냥터가 작다고 여기는 것은 당연한 것 아니겠습니까?

(중략)

이 제나라 교관에 있는 사냥터가 평방 40리인데, 이곳에서 사슴을 죽이게 되면 사람을 죽인 것과 같은 죄로 다스려진다고 들었습니다. 이것은 곧 나라 한 가운데 평방 40리의 함정을 만들어 놓은 것과 같으니 사람들이 평방 40리의 사냥터가 크다고 여기는 것이 당연한 일 아니겠습니까?"

齊宣王 問曰文王之囿方七十里 有諸 孟子對曰於傳 有之 曰若是其大乎 曰民 猶以爲小也 曰寡人之囿 方四十里 民 猶以爲大 何也 曰文王之囿方 七十里 芻蕘者往焉 雉兎者往焉 與民同之 民以爲小不亦宜乎

(중략)

臣 聞郊關之內 有囿方四十里 殺其麋鹿者 如殺人之罪 則是方四十里 爲 阱於國中 民 以爲大不亦宜乎[208]

사냥터가 작더라도 왕 혼자서만 쓰는 것이라면 그것은 지나치게 넓은 것이고, 사냥터가 크더라도 모든 사람들이 함께 쓰는 곳이라면 그것은 결코 넓지 않다는 이야기다.

골프 라운딩 비용이 대다수 국민이 함께 즐길 수 있는 수준이 된다면, 또 퍼블릭 골프장의 일반화로 주말에 야구장을 찾듯이 또는 친구들과 당구를 즐기듯이 큰 부담 없이 골프 라운딩을 할 수 있다면, 한마디

---

208 맹자 1권, 2009, 학민문화사, 102~104면

로 많은 사람들이 '함께 즐길' 수 있다면 골프에 대한 일반의 부정적 인식이 많이 없어질 것이라는 메시지다.

정직하지 않으면 의미가 없는 자신과의 승부

골프와 사냥은 치명적인 재미가 있다는 것과 넓은 땅을 일부 사람들만이 사용함으로써 대다수 사람들에게는 부정적으로 인식되기 쉽다는 것 외에도 닮은 점이 있다.

골프는 다른 운동과 달리 심판이 없다. 심판이 있다면 그것은 자기 자신과 경기보조원(캐디)뿐이다. 따라서 경기 동반자들과 멀리 떨어져 볼을 칠 경우 플레이어가 볼의 위치를 좀 더 치기 편한 곳으로 살짝 옮겨도 동반자들이 알 도리가 없다. 그러므로 골프는 다른 어떤 운동보다도 정직이 우선시되며, 정직하지 않게 칠 경우 그 스코어는 아무런 의미가 없다.

사냥도 마찬가지다.《맹자》를 보면 이런 내용이 나온다.

옛날에 조간자가 왕량으로 하여금 자신이 총애하는 신하의 사냥 수레를 몰게 했는데, 종일토록 한 마리의 짐승도 잡을 수 없었다. 신하는 조간자에게 왕량은 천하에 형편없는 말몰이꾼이라고 비난했다. 이때 옆에서 어떤 사람이 이 말을 듣고 왕량에게 그대로 전했다. 그러자 왕량은 다시 사냥을 나갈 것을 요청하고, 힘들게 승낙을 받는다.

그런데 이번에는 아침나절에만 열 마리의 짐승을 잡았다. 신하는 조간자에게 왕량은 세상에서 가장 뛰어난 말몰이꾼이라고 칭찬했다. 조간자는 "앞으로 왕량이 너의 수레를 몰도록 해 주겠다"고 말하고, 이 말을 왕량에게 전했다. 그러자 왕량은 지시를 거부하면서 말했다.

"내가 그를 위해 원칙대로 말을 몰았더니 하루 종일 한 마리의 짐승도 잡지 못 하였고, 부정한 방법으로 말을 몰았더니 아침나절에만 열 마리의 짐승을 잡았습니다. 《시경》에서 말하기를 말몰이꾼은 말을 모는 원칙을 지키고 화살을 쏘는 이는 목표물을 깨트리듯이 활을 쏜다고 하였습니다. 저는 원칙을 지키지 않는 소인을 위해 말을 모는 것에 익숙치 않사오니 청컨대 이 일을 맡지 않도록 해 주십시오."

昔者 趙簡子使王良 與嬖奚乘 終日而不獲一禽 嬖奚反命曰天下之賤工也 或 以告王良 良 曰請復之 彊而後可 一朝而獲十禽 嬖奚反命曰天下之良工也 簡子曰我使掌與女乘 謂王良 良 不可曰吾爲之範我馳驅 終日不獲一 爲之詭遇 一朝而獲十 詩云不失其馳 舍矢如破 我 不貫與小人乘 請辭[209]

골프로 치면 왕량은 경기보조원이고 조간자가 총애하는 신하는 바로 골프 플레이어이다. 조간자의 신하는 왕량이 원칙대로 카트를 운전하며 경기를 보조할 때는 좋은 스코어를 내지 못 해 그를 비난하다가, 왕량이 정석을 벗어난 부정한 방법으로 카트를 운전하고 경기를 보조할 때는 금방 스코어가 좋아지자 그를 전담 보조원으로 요청한 것이다. 하지만 그런 부정한 방법으로 성과를 내고 희희낙락하는 사람을 위해 카트

---

209 맹자 1권, 2009, 학민문화사, 438~439면

를 몰고 경기를 보조하는 일은 할 수 없다는 것이 왕량의 입장이었다.
《중용》에는 이런 말이 나온다.

활쏘기는 군자와 닮은 데가 있으니 화살이 목표를 벗어나면 그 잘못된 원인을 자기 자신에게서 찾는다.
射有似乎君子 失諸正鵠 反求諸其身[210]

사냥에서 목표물을 명중시키지 못했을 경우 그 원인을 어느 누구도 아닌 바로 화살을 쏜 본인의 잘못으로 돌려야 한다는 이야기다. 골프를 치는 사람들은 좋은 스코어가 안 나왔을 때 흔히 그 원인을 클럽 탓, 날씨 탓, 동반자 탓, 배우자 탓, 스마트폰 탓, 하다못해 집에 있는 애완견(?) 탓 등등 오만가지로 돌린다. 그러지 말라는 가르침이다.

치명적 유혹을 좇는 인간의 태생적 DNA

사람들이 골프에 한 번 재미를 붙이면 좀처럼 헤어나지 못하는 이유가 무엇일까? 아마도 가장 큰 이유는 지금까지 이야기한 '사냥과의 유사성' 때문일 것이다.

---
210 대학중용, 2000, 학민문화사, 중용 118면

인류가 최초로 지구에 등장한 시기는 지금으로부터 약 400만 년 전이다. 현생 인류인 호모 사피엔스의 조상으로 여겨지는 크로마뇽인이 등장한 시기를 기준으로 하면 약 4만 년 전이다. 4대 문명 중 최초인 메소포타미아·이집트문명이 BC3천 년 무렵에 시작되었으니, 최초의 인류가 등장한 시기를 기준으로 보면 399만 5천 년, 호모 사피엔스(크로마뇽인)가 등장한 시기를 기준으로 보면 3만 5천 년 동안 인류는 다른 동물과 별 차이 없는 삶을 살았다. 야생동물의 생존방식과 다를 것 없이 사냥과 채집에 의존해 살았던 것이다. 만일 시간과 습관에 의해 인류의 DNA가 형성되어 왔다면, 지금 우리에게는 다름 아닌 '사냥 DNA'가 가장 강하게 남아 있을 수밖에 없다. 지금까지 인류가 살아온 대부분의 시간 동안 인류의 행동과 관심은 오로지 '사냥'이었기 때문이다.

따라서 오늘날처럼 문명화된 환경 속에서도 사람들은 가장 강력한 DNA의 지시대로 사냥을 할 때, 만일 사냥을 할 수 없다면 그와 가장 유사한 속성의 활동을 할 때 가장 짜릿하고 흥분되고 엔돌핀이 솟아날 수밖에 없다. 현대인들이 즐기는 여러 가지 활동 중 사냥의 속성과 가장 닮은 것이 '골프'이다. 사용하는 용어가 그렇고 활동하는 방식이 그렇고 중독성이 그렇다.

골프는 '팜므파탈Femme fatale'이다. 치명적 유혹이다. 그러기에 사람들은 한 번의 라운딩에 총리직을 걸고 장군 자리를 건다. 날카로운 가시를 숨긴 5월의 붉은 장미보다 더 지독한 치명적 유혹에 대한 경계는 일찍부터 있어 왔다. 바로 닮은꼴인 사냥 탐닉에 대한 경계를 통해서이다. 앞으로도 골프에 대한 경계가 그리 썩 잘 먹혀들 성싶지는 않다. 하긴 그래야 진정한 팜므파탈이긴 하다. 그리고 극한의 아름다움은 화려함보다는 오히려 극적 파멸이 제격이다.

18장
신화

우리는 지금 신화의
시대에 살고 있다

　21세기는 신화 르네상스의 시대이다. 소설과 게임, 영화 등에서 신화가 다시 부활하고 중요한 신화적 주제 중 하나인 굿이 무형문화재로서 새롭게 각광받기도 한다. 그런가 하면 젊은이들 간에 유행하는 점이나 궁합 또는 운세 보기 그리고 기업의 생산성 향상을 기원하는 세리모니에 등장하는 고사告祀와 같은 오래 전 신화의 흔적들이 별 저항감 없이 사람들에게 받아들여지기도 한다.

　결국 인간은 수천 년 전 아니 수만 년 전에도 신화 속에서 살았고, 옥토끼가 산다는 달에 발자국을 새기고 생명의 유전자 지도에 도전하는 오늘날에도 여전히 신화 속에 둘러싸여 살고 있는 셈이다. 아니 물질문명이 클라이맥스를 향해 속도를 올리는 만큼 자연과 인간의 원형을 간직한 신화에 대한 인간의 갈증도 함께 더해가고 있는지 모른다.

　신화의 본래 의미는 '신들에 관한 이야기'다. 하지만 오늘날의 신화는 좀 더 넓은 의미로 쓰인다. '샐러리맨의 신화'라고 표현하듯이 반드시 신에 관한 것이 아니더라도 인간의 보통 능력 또는 일반적 상식을 넘어서는 일에 대해 신화를 명사 또는 수식어로 사용한다. 따라서 여기서의 신화는 신들에 관한 이야기인 신화는 물론 전설 그리고 민담과 같은 것도 포함한다.

또한 오늘날의 환경에서 신화를 이해하는 데 있어서 자기 나라의 신화 또는 특정한 국가의 신화 하나에만 집착하는 것 역시 적절치 않다. 문화적, 경제적 심지어 정치적으로도 국경의 의미가 퇴색해 가는 21세기에는 신화 역시 글로벌 차원에서 이해해야 한다. 비즈니스를 하든, 여행을 하든, 창작활동을 하든, 사람을 만나든, 문화를 향유하든 이미 그와 관련된 모든 환경들이 글로벌 차원으로 확대되고 있다.

우리가 신화를 접할 때 기시감이 드는 이유

우리는 신화를 접할 때 기시감既視感, Dejavu을 가질 때가 많다. 언제 어디선가 본 듯한 느낌이 드는 것이다. 정확히 말하면 그것은 기시감이 아니다. 그냥 기시既視다. 지금 읽거나 듣는 것과 비슷한 내용이 자신이 오래전에 읽었던 또는 들었던 다른 나라의 신화에도 있었던 것이다. C. G. 융Carl Gustav Jung, 1875~1961은 신화에 대해 이렇게 정의했다.

인간의 가장 심층에 자리한 집단무의식에서 발로한 원형(Archetype)

이것이 바로 홍수신화, 뱀과 관련된 신화 또는 흙으로 사람을 만들었다는 내용과 같은 신화들을 장소와 민족 불문하고 여기저기서 볼 수 있는 이유이다.

주제에 따라 나누어지는 신화의 유형

글로벌 차원에서 신화를 이해하는 방식은 신화를 '횡으로 연결'해 보는 것이다. 이러한 연결을 통해 특정 장소나 특정 민족의 신화가 아닌 '인간 자체의 신화'를 이해할 수 있고, 나아가 특정 신화의 의미도 함께 따져 볼 수 있다.

신화는 주제에 따라 크게 창조신화, 건국신화, 영웅신화, 문명신화 그리고 기타 신화로 나누어 볼 수 있다.

■ 창조신화

창조신화는 우주 창조에 관한 신화이다. 인간이든 자연이든 모든 존재는 반드시 최초 원인이 존재해야 한다. 하지만 존재의 역사를 논리적으로 거슬러 올라가다보면 언제나 '무한대로의 소급'이라는 벽에 부딪치게 된다. 이때 필요한 것이 바로 '신神의 존재'이다. 무한대의 소급 어디쯤엔가 그 이상의 소금 대신 신을 세우면, 정확히 말해 신을 전제한다면, 아니 더 정확히 말해 신을 가정假定한다면, 그 이후의 결과는 논리적으로 문제가 없게 된다. 이 시점에서 필요로 하는 것이 원래의 의미의 신화神話, 즉 '신에 관한 이야기'이고 창조신화이다.

창조신화에는 '자연의 의인화擬人化' 내지는 '의신화擬神化'도 포함된다. 자연의 의인화·의신화는 자연에 대한 두려움, 자연의 위대함 또는 자연의 역할을 알기 쉽게 신화로 표현하기 위한 장치다. 바로 그리스로마신화에서 벼락을 제우스로, 사계절의 순환과 곡식을 여물게 하는 역할을 데메테르로 표현하는 식이다.

■ 건국신화

건국신화는 글자 그대로 나라를 세우는 것에 관한 신화이다. 건국신화는 건국 주도세력에 의해 만들어지는 만큼 당연히 이데올로기적이고, 그 핵심은 권력에 대한 정통성 강조이다. 따라서 건국신화는 흔히 앞서의 창조신화와 함께 섞여져 건국 주도세력이 이 세상을 창조한 신의 후손이거나, 신과 매우 관련이 깊은 인물이라는 식으로 묘사된다. 또 영웅신화와 연결되어 건국 주도세력의 비범성과 탁월성이 강조되기도 한다.

■ 영웅신화

영웅신화는 건국신화에 등장하는 건국 주도세력에 관한 신화이거나, 특정 인물의 어려움을 극복하는 여정 자체이다.

■ 문명신화

문명신화는 문명의 출발을 신화로 표현한 내용이다. 그리스로마신화에서의 프로메테우스의 불은 바로 문명 자체를 의미하고, 성경에서의 선악과 사건 역시 인간이 지혜를 갖게 되는 것을 의미하므로, 신화적 관점에서 볼 때 이런 이야기들이 바로 문명신화의 일종에 해당된다고 할 수 있다.

창조신화의 핵심은 천지창조

창조신화 중 핵심은 천지창조에 관한 신화이다.

■ 성경에서의 천지창조

먼저 성경 구약에 나오는 유대의 천지창조는 하느님의 말씀으로 6일 만에 이루어졌다. 하느님은 첫날 빛을, 이튿날 하늘을, 사흘째 육지와 바다와 식물을, 나흘째 해와 달과 별을, 닷새째 물고기와 새를, 마지막 엿새째 동물과 인간을 만들었다. 그리고 인간에게 자식을 낳고 번성하여 땅을 정복하고 모든 짐승을 부리라는 명령을 내렸다.

최초의 인간은 아담이다. 하느님은 진흙으로 사람을 빚고 코에 입김을 불어 넣어 생명을 주었다. 그리고 아담이 혼자 있는 것을 좋지 않게 생각하여 그의 일을 거들 짝으로 아담의 갈빗대 하나를 뽑아 하와를 만들었다. 아담과 하와는 인류의 조상이 된다.

그리스로마신화에서의 천지창조

그리스로마신화에서의 천지창조는 땅의 여신인 가이아로부터 시작된다. 혼돈인 카오스Chaos로부터 홀로 등장한 가이아는 우라노스와 폰토스 두 아들을 낳고, 큰 아들인 우라노스와의 사이에서 티탄Titan 아들 여섯, 티탄 딸 여섯, 외눈박이 거인인 키클로프스Cyclopes 셋, 머리 50개와 팔 100개를 가진 헤카톤케이르Hecatoncheires 셋을 낳았다. 그리고 둘째 아들 폰토스와의 사이에서는 태어날 때부터 노파인 그라이아이Graeae라는 딸 셋, 고르곤Gorgon이라는 딸 셋을 낳았다.

우라노스는 자신의 엄마이자 부인인 가이아와의 사이에서 태어난 헤카톤케이르 형제들을 흉측한 외모를 지녔다는 이유로 지하 세계인 타르타로스에 묻어 버렸다. 그러자 가이아는 티탄 형제 중 막내인 크로노스의 힘을 빌려 우라노스를 제거해 버렸다. 그런데 아버지인 우라노스를 제거한 크로노스는 타르타로스에서 헤카톤케이르 형제들을 꺼내주기는커녕 눈이 하나인 키클로프스마저도 땅속에 가두어 버렸다. 이 일로 화가 난 가이아는 크로노스의 막내아들인 제우스의 힘을 빌려 크로노스와 티탄들을 물리쳤다.

세상을 평정한 제우스는 티탄 형제인 프로메테우스와 에피메테우스를 불러서, 프로메테우스에게는 신의 모습을 본떠 진흙으로 사람을 만들 것을, 에피메테우스에게는 갖가지 동물들을 만들 것을 명령했다. 그리고 이후 헤파이스토스에게 최초의 여자인 판도라를 만들게 했다. 이렇게 해서 신의 제왕이자 인간의 지배자가 된 제우스는 올림퍼스 신전에 자신을 포함한 열두 명의 신으로 신의 정부를 꾸리고 신의 세계와 인간 세계를 다스리게 되었다.

■ 이집트신화에서의 천지창조

이집트신화는 태양신 아툼(또는 라)으로부터 시작된다. 아툼은 그리스 로마신화에서의 가이아처럼 혼돈의 물속에서 저 홀로 태어나서, 마찬가지로 짝 맺음 없이 저 홀로 공기이자 생명의 원리인 남신 슈와 습기이자 존재의 원리인 여신 테프누트를 낳았다.

이후 슈와 테프누트는 결혼하여 땅의 남신 게브와 하늘의 여신 누트를 낳았는데, 게브와 누트는 서로를 너무 사랑해 떨어지지를 않았다. 그러자 공기의 신인 슈가 둘 사이에 끼어들어 공간을 만들었는데, 그 공간이 세상이 되고 남신인 게브는 땅, 여신인 누트는 하늘이 되었다.

게브와 누트는 두 쌍의 쌍둥이, 즉 네 명의 자식을 낳았다. 바로 오시리스와 세트라는 남신 쌍둥이와 이시스와 네프티스라는 여신 쌍둥이였다. 이 중에서 오시리스와 이시스는 결혼하여 이집트를 다스렸는데, 네프티스와 결혼한 세트가 오시리스의 행복을 시기하여 형인 오시리스를 살해했다.

이시스는 흩어진 오시리스의 시신을 다시 모아 최초로 미라를 만들었고, 이 미라에 생명의 숨결을 불어넣어 관계를 맺고 아들인 호루스를 낳았다. 이후 오시리스는 다시 지하 세계로 돌아가 그곳의 왕이 되어 죽은 자들의 영혼을 심판하는 역할을 하게 되었고, 지상에 남은 이시스는 자식인 호루스를 홀로 어렵게 키웠다.

성장한 호루스는 아버지 오시리스를 살해한 세트에게 도전해 승리함으로써 마침내 상·하 이집트의 왕권을 되찾았고, 이시스는 하늘의 여신 누트의 계보를 이어 하늘의 왕이 되었다.

이렇게 해서 지하 세계는 오시리스가, 하늘은 이시스가, 둘의 아들인 호루스가 지상을 맡아 다스리게 되었다. 그리고 이후 이집트의 최고통치권자인 파라오들은 지상을 지배하는 신 호루스를 자처하게 되었다.

인간은 태양신인 아툼(라)의 눈물에서 탄생한다. 한 번은 어린 신들이 물에 휩쓸려 떠내려 간 적이 있었는데, 이때 아툼은 자신의 눈알 하나를 꺼내어 신들을 찾으러 보냈다. 눈알이 힘들게 어린 신들을 찾아 돌아와 보니 아툼의 눈에는 그 사이 다른 눈알이 생겨나 있었다. 그래서 어린 신들을 찾아 돌아온 눈알이 슬퍼서 울었는데, 이때 흘린 눈물에서 남자와 여자가 태어났다. 아툼은 그 눈알을 뱀의 형상으로 만들어 자신의 이마 한 가운데 붙이고 자신의 수호자로 삼았다.

■ 이슬람교 이전 조로아스터교의 창조신화

7세기에 이슬람교가 시작되기 전 중동의 종교는 페르시아(지금의 이란)를 중심으로 한 조로아스터교였다. BC6세기에 시작된 조로아스터교의 경전은 '아베스터'이다. 악한 영(앙그라 마이뉴)과 선한 영(스펜타 마이뉴)을 한 몸에 지닌 아후라 마즈다를 유일신으로 하는 조로아스터교의 천지창조신화는 후일 피르다우시920?~1020?라는 시인이 '아베스터' 내용에 근거해 쓴 '샤나메(왕의 이야기)'라는 신화를 통해 전해진다.

유일신 아후라 마즈다는 가장 먼저 수정으로 하늘을 만들었다. 그러고 나서 바다와 땅, 식물과 동물, 인간 그리고 마지막 일곱 번째로 불을 만들었다. 불에 앞서 만들어진 최초의 인간은 카유마르스였다. 아후라 마즈다는 카유마르스를 몸은 흙으로 정액은 불로 만들었다. 카유마르스는 악신 아흐리만의 공격을 받아 죽임을 당하는데, 죽은 후 그의 정액에서 마시에와 마사아네라는 남녀가 태어났다. 이때 태어난 남자와 여자 사이에서 계속 자손이 태어나서 훗날 이란인과 아라비아인의 시조로 이어졌다.

▪ 북유럽 게르만신화에서의 천지창조

 북유럽 게르만신화에서의 천지창조는 얼음덩이와 남쪽에서 불어오는 뜨거운 바람의 만남으로부터 시작된다. 얼음덩이가 몇 만 년 동안 뜨거운 바람을 만나 녹으면서 그 속에서 거인인 유미르와 암소 아우둠라가 태어났으며, 유미르는 아우둠라의 젖을 먹고 자랐다. 그리고 유미르의 땀에서 거인들이 태어났고, 아우둠라가 얼음을 핥는 과정에서 부리라는 신이 태어났다.
 부리의 아들 보르는 거인의 딸 에스틀라와 결혼해서 삼형제 오딘, 빌리, 베를 낳았다. 이후 오딘 삼형제는 힘을 합하여 거인 유미르를 죽였는데, 이때 베르겔미르만이라는 거인 한 명만을 제외하고 모든 거인이 유미르가 죽으면서 흘린 피에 빠져 죽었다. 그 뒤 오딘은 유미르의 시체로 대지를 만들었고, 두개골로는 하늘, 머리털로는 숲, 뼈로는 산, 피로는 바다와 호수, 뇌수로는 구름, 이빨로는 바위와 돌을 만들었다. 그리고 해변에 떠내려 온 나무로 사람을 만들어서 숨과 지혜를 불어넣은 다음 그들을 우주 한 가운데인 미드가르드에 살게 했다.
 게르만신화에서의 세상은 우주 한 가운데 있는 거목 위그드라실을 중심으로 존재한다. 그 세상은 신들이 사는 곳, 인간이 사는 곳, 거인들이 사는 곳, 난장이들이 사는 곳, 죽음의 나라를 비롯해 아홉 개의 영역으로 나누어진다. 신들의 세계인 아스가르드에 살고 있는 오딘은 전장에서 쓰러진 용사들을 아스가르드에 있는 자신의 집 발할라궁으로 오게 한다. 그리스로마신화의 제우스에 해당하는 오딘은 항상 외눈박이로 등장하는데, 더욱 많은 지혜를 얻기 위해 지혜의 우물을 지키고 있는 거인 미미르에게 우물물을 한 모금 얻어 마시는 대신 자신의 한쪽 눈을 주어버렸기 때문이라고 한다.

■ **중국신화에서의 천지창조**

중국 천지창조신화의 주인공은 반고盤古이다. 최초의 세상은 달걀처럼 생긴 혼돈이었고 반고는 그 속에서 태어났다. 태어나서 1만 8천 년 동안 반고의 몸이 커져 하늘과 땅을 머리로 떠받치고 발로 지탱하면서 알의 밝은 부분은 하늘, 어두운 부분은 땅이 된다.

반고가 죽은 뒤 그의 머리와 팔다리는 태산·화산·형산·항산·숭산 오악五嶽이 되었고, 피와 눈물은 강과 하천, 두 눈은 해와 달, 털은 풀과 나무, 입김은 비바람, 음성은 천둥, 눈빛은 번개와 벼락이 되었다.

중국신화에서의 인간은 여와女媧에 의해 만들어졌다. 여와는 진흙으로 정성껏 사람 모양을 빚어 생명을 불어넣다가 일이 너무 더뎌지자 끈에 진흙을 매달아 흔들어 한꺼번에 많은 사람들을 만들었다. 처음에 정성들여 만든 사람은 착하고 돈 많은 사람이 되었고, 나중에 대량으로 대충 만든 사람들은 악하고 궁핍한 인간이 되었다.

암수 창조원칙에 대한 신화들의 고민

창조신화는 글자 그대로 창조과정에 대한 신화이다. 창조에 있어 가장 중요한 것은 '생명'의 창조로서, 그것은 바로 암컷과 수컷의 만남으로 이루어진다. 그런데 가장 위대한 최초의 신은 당연히 완벽해야 한다. 완벽하다 할 때 그 주체는 둘이 아닌 하나일 수밖에 없다. 둘이 되는 순간 거기에는 약간의 차이라도 반드시 우열이 존재하기 때문이다. 따라서 혼돈의 상태에서 어느 순간 최초의 신이 불쑥 등장하는 것은 시원始原의 대전제상 어쩔 수 없다.

하지만 그다음에 이어지는 생명의 창조 단계에서는 어느 신화든지 반드시 고민을 하게 된다. 생명의 창조는 암컷과 수컷이 만남으로써 이루어지는데, 어느 신화든 최초의 신은 저 홀로 존재하기 때문이다.

■ **신화들이 암수 창조원칙을 풀어낸 방식**

이런 고민에 대해 먼저 그리스로마신화에서는, 앞서 이야기했듯이 최초의 신 가이아가 저 홀로 세상에 등장해서 저 홀로 두 아들을 낳았다고 되어 있다. 그리고 두 아들과의 사이에서 각각 자식들을 낳아 번식했다. 어머니와 아들이 성적으로 결합해 자손을 낳는 것은 인간의 윤리에 가장 배치되는 일이다. 암수 창조원칙을 지키려다 보니 불가피하게 나온 해괴한 결과이다.

이집트신화에서는 이런 비윤리를 회피하기 위해 암수 창조원칙의 문제를 자웅동체雌雄同體의 묘수로 해결했다. 최초의 신 아툼이 자신의 입을 여성의 성기로 사용해 자식을 낳은 것이다.

성경의 구약에서는 또 다른 장치가 나온다. 바로 먼저 만든 생명체(아담)의 일부(갈비뼈)를 새로운 생명체(하와)의 재료로 삼음으로써 이후의 암수 창조원칙을 준수함과 동시에 남녀는 한 몸을 지향한다는 생물학적 원칙 논리까지 마련했다.

중동의 샤나메신화나 북유럽의 게르만신화, 중국의 반고신화는 최초의 존재가 등장한 이후의 생명체 탄생에 대한 상세한 설명 자체를 생략함으로써 암수 창조원칙에 대한 논리나 고민 자체를 원천적으로 배제하고 있다.

자연과 인간 창조에 대한 신화들의 공통성

자연 창조에 대해, 성경의 구약과 중동의 샤나메신화에서는 최초의 신이 차례대로 하나씩 만들어 가는 것으로 설명하고 있다. 게르만신화와 중국신화에서는 최초로 등장한 거인이 죽어서 그 몸 부위들이 세상을 형성했다고 되어 있다.

성경의 구약과 중동의 샤나메신화의 유사성은 종교의 태생지가 지리적으로 근접해 있다는 점에서 충분히 수긍이 간다. 하지만 북유럽의 게르만신화와 중국의 반고신화의 닮은꼴은 의외이다. 신화를 '인간의 집단무의식의 발로'로 이해한 융의 입장을 떠올리게 한다.

창조신화의 마무리인 인간 탄생에 있어서 흙을 인간의 재료로 삼는 것은 대체로 공통성을 보인다. 성경이나 그리스로마신화, 중국신화에서 모두 흙으로 최초의 인간을 만들었다고 되어 있고, 중동의 샤나메신화에서는 흙과 불로 인간을 만들었다고 되어 있다. 이에 비해 이집트신화에서는 눈물로, 게르만신화에서는 나무로 인간을 만들었다고 되어 있다. 이집트에서는 나일 강의 강물이 자연환경상 중요한 의미를 지니고, 북유럽은 우거진 삼림환경으로 인한 나무에 대한 친근성이 작용했다고 생각해 볼 수 있다.

우리나라의 건국신화

건국신화는 신의 시대에서 인간시대로의 전환을 다루고 있다. 따라서 건국의 주인공은 신과 인간시대를 연결하는 역할을 맡는 만큼 신성神性과 인성人性을 함께 지니는 경우가 많다.

▪ 단군신화

우리나라의 건국신화는 하느님인 환인으로부터 이어진다. 환인의 아들인 환웅이 환인으로부터 천부인天符印 세 개를 받아 풍백風伯, 우사雨師, 운사雲師를 비롯한 무리 3천 명을 거느리고 태백산 신단수로 내려와 곡식, 생명, 질병 등 360여 가지 일을 주관한다.

환웅은 21일 동안 쑥과 마늘을 먹고 여자가 된 웅녀와 혼인하여 단군 왕검을 낳는다. 단군 왕검은 평양성에 도읍을 잡고 나라 이름을 조선이라 정한 뒤 1,500년간 나라를 다스리다가 1,908세가 되어 산신이 된다.[211]

▪ 고구려의 건국신화

고구려는 동명성왕 고주몽으로부터 시작된다. 주몽은 천제天帝이자 북부여의 왕인 해모수와 물의 신인 하백의 딸 유화 부인 사이에서 태어났다.

---

211 삼국유사, 일연 저, 김원중 역, 2008, 민음사, 19~21면 참조

해모수의 아들 해부루가 북부여를 다스리다 상제上帝의 지시로 나라를 동부여로 옮긴 뒤에 죽자, 동부여의 왕위가 해부루가 주워 온 아들 금와에게로 넘어갔다. 이때 해모수와 사통私通했던 유화 부인이 임신한 몸을 이끌고 동부여의 금와에게로 의지해 왔다. 얼마 뒤 유화 부인은 알을 낳았는데, 금와는 그 알을 짐승들에게 던져 주었다. 그러자 짐승들은 모두 그 알을 피하고 심지어 보호까지 했는데, 이 알을 깨고 태어난 아이가 바로 '주몽'이다.

주몽은 일찍부터 뛰어난 활솜씨를 보였다. 이를 시기한 금와의 아들들과 신하들이 주몽을 해치려 하자 유화 부인은 아들을 떠나보냈다. 이후 주몽은 아버지 해모수가 다스렸던 북부여의 전통을 이어받아 졸본주 비류수가에 나라를 세웠다. 고구려의 건국이다.[212]

■ 신라의 건국신화

신라는 박혁거세로부터 시작된다. BC69년 진한 땅에서 모두 하늘에서 내려온 시조를 둔 것으로 알려진, 여섯 마을의 촌장이 알천에 모여 군주를 옹립해 나라를 세울 것을 협의했다. 그러다 그들은 한 우물가 옆에서 백마가 보호하고 있는 자주색 알 하나를 발견하는데, 그 알을 깨자 사내아이가 나왔다. 그들이 아이를 목욕시키자 그 아이의 몸에서 빛이 나고 짐승들이 춤을 추고 해와 달이 맑아졌다. 그래서 그들은 그 아이의 이름을 '밝은 빛으로 누리(세상)를 다스린다'는 의미의 '혁거세赫居世'라 지었고, 성씨는 박과 같은 알에서 나왔다 해서 박朴이라 지었다.

박혁거세는 열세 살이 되었을 때 왕으로 옹립되었다. 신라503년 개명의

---

212 삼국유사, 일연 저, 김원중 역, 2008, 민음사, 43~49면 참조

전신인 서라벌의 건국이다. 박혁거세는 이후 61년 동안 나라를 다스리다 하늘로 올라갔고 그로부터 7일 후 시신으로 땅에 떨어졌다. 사람들은 박혁거세의 시신을 한 곳에 모시려다 큰 뱀의 방해를 받아 결국 머리와 사지를 다섯 군데로 나누어 오릉五陵(또는 사릉蛇陵)으로 모셨다.[213]

　신라 초기에 왕위에 올랐던 박朴, 석昔, 김金 세 성씨 중 석 씨는 4대 왕인 석탈해로부터 시작된다. 박혁거세에 이어 신라 2대 왕이 된 남해왕 때의 일이다. 아진포에 배가 한 척 닿았는데, 까치들의 보호를 받고 있던 그 배 안에 궤짝이 하나 실려 있었다. 그 궤짝 안에서는 사내아이 한 명과 함께 여러 가지 보석과 노비들이 나왔는데, 그 아이는 자신은 용성국 함달파왕의 아들인데 알로 태어나 해괴하다 하여 바다에 버려졌고 붉은 용의 보호로 아진포에 이르게 되었다고 밝혔다. 그러고 난 뒤 그 아이는 토함산에 올라가 오래 살 만한 곳을 살펴본 뒤, 계책을 써서 남의 집을 빼앗아 자기 것으로 만들었다.

　이 일을 비범하게 생각한 남해왕은 그 아이를 자신의 맏사위로 삼았고, 시간이 흘러 남해왕의 아들인 3대 유리왕이 죽은 뒤 그 아이가 왕위에 오르게 되었다. 바로 4대 왕 석탈해이다.

　석탈해는 왕위에 오른 지 23년째 되는 해인 79년에 죽었는데, 그가 죽은 뒤 사람들은 신神의 말씀에 따라 그의 뼈를 부수어 소상塑像을 만들어 대궐에 안치했다가, 또 다시 신神의 말씀을 좇아 그 뼈를 동악으로 옮겨 안치했다.[214]

　신라의 박·석·김 초기 왕가 성씨 중 김 씨의 계보는 김알지로부터 시작된다. 김알지는 60년에 월성의 숲속 황금상자 안에서 발견되었다.

---

213 삼국유사, 일연 저, 김원중 역, 2008, 민음사, 56~60면 참조
214 삼국유사, 일연 저, 김원중 역, 2008, 민음사, 67~71면 참조

그가 들어있던 황금상자는 자줏빛 구름 속에서 나뭇가지에 걸려 빛을 발하고 있었고, 나무 밑에서는 흰 닭이 울고 있었다. 이 사실을 보고 받은 왕은 달려가서 상자를 열어 사내아이를 발견해냈고, 그 아이를 수레에 싣고 대궐로 돌아왔다. 이때 새와 짐승이 뒤따르며 춤을 추었다. 왕은 이렇게 발견한 김알지를 태자로 책봉했지만, 김알지는 왕위를 파사왕에게 양보하고 왕위에 오르지 않았다. 그리고 김알지의 7대 손인 미추에 이르러서야 김 씨가 왕위에 오르게 되었다.[215]

■ **금관가야의 건국신화**

금관가야는 김수로왕으로부터 시작된다. 가야 땅에 나라도 없고 군신도 없던 42년에 아홉 명의 추장들이 구지봉에서 들려오는 의문의 소리에 따라 백성들과 함께 춤을 추고 노래를 불렀다. 그러자 붉은 보자기로 싸인 금상자가 하늘로부터 자줏빛 새끼줄에 묶여 내려왔다. 금상자에는 황금알 여섯 개가 들어 있었고, 12일이 지나 그 여섯 개의 알에서 여섯 명의 사내아이가 태어났다.

그로부터 다시 열흘이 지나자 사내아이들은 키가 아홉 자나 자랐고, 보름이 되어서는 여섯 아이들이 각각 여섯 가야의 임금 자리에 올랐다. 그 중에서 금관가야의 왕위에 오른 아이가 바로 '김수로金首露왕'이다. 그는 왕위에 오른 뒤에 신하들의 권유에도 결혼을 미루고 하늘의 뜻을 기다렸다. 그러다 아유타국의 공주로, 신의 뜻을 좇아 가야까지 배를 타고 찾아온 허황옥과 결혼했다. 허황옥은 189년에 157세로 세상을 떠났고, 수로왕은 199년에 158세로 세상을 떠났다.[216]

---

215 삼국유사, 일연 저, 김원중 역, 2008, 민음사, 72~73면 참조
216 삼국유사, 일연 저, 김원중 역, 2008, 민음사, 231~240면 참조

중국의 건국신화

중국은 삼황오제三皇五帝의 신화시대를 거쳐 역사시대로 들어간다. 삼황의 첫째 임금인 복희伏羲는 머리는 사람이고 몸은 뱀인 사신인수蛇身人首였다. 천위天位를 계승해 왕이 된 복희는 팔괘와 글자와 혼인제도를 만들었고, 백성들에게 새와 짐승, 물고기 잡는 법을 가르쳐 주었다. 두 번째 임금인 여와는 복희의 제도를 그대로 유지했고, 모습 역시 복희 임금과 같은 사신인수였다.

세 번째 임금인 신농神農은 머리는 소이고, 몸은 사람인 인신우수人身牛首의 모습이었다. 신농은 백성들에게 쟁기 사용법과 농사 짓는 법을 가르쳤고, 최초로 의약을 만들었으며, 오현의 비파와 64괘도 만들었다.

오제의 첫 번째 임금인 황제黃帝는 한민족에서의 단군처럼 중화민족의 시조이다. 황제는 판천 싸움에서 앞 임금인 신농을 물리치고, 탁록산 싸움에서 구려국九黎國의 군주인 치우를 죽임으로써 임금 자리에 올랐다.[217]

■ 삼황오제 이후 중국 왕조의 건국신화

중국의 역사는 신화시대를 거쳐 하夏·은殷·주周·진秦·한漢나라의 순서로 진행되었는데, 그 중에서 고고학 등에 의해 공식적으로 첫 번째 역사시대로 인정되는 은殷 왕조의 시조는 설契이다. 설은 삼황오제시대

---

217 사기 본기, 사마천 저, 박일봉 편역, 2000, 육문사, 13~20면 참조

의 오제 중 세 번째 임금인 제곡帝嚳과 그의 두 번째 비妃인 간적簡狄 사이에서 태어났다. 간적이 다른 여인들과 목욕을 하던 중 제비가 알 하나를 떨어트렸는데, 간적이 그 알을 삼킨 후에 태어난 아이가 바로 설이었다.[218]

은 왕조에 이은 주周 왕조의 시조는 후직后稷이다. 후직은 앞의 오제 중 세 번째 임금인 제곡帝嚳과 그의 정비인 신농神農의 후손 강원姜原 사이에서 태어났다. 강원이 들에서 거인의 발자국을 보고 기뻐하며 그 발자국을 밟는 순간 온몸에 짜릿한 기운이 퍼졌는데, 그로부터 1년 후 낳은 아이가 후직이었다.

강원은 이렇게 태어난 아이 후직을 상서롭지 못하다 하여 골목에 버리게도 하고, 개울 얼음 위에 버리게도 했지만 그때마다 지나가는 소와 말이 아이를 피해 다니고 새들이 얼음 위 아이를 날개로 감싸주었다. 이를 기이하게 여긴 강원은 아이를 다시 데려와 키우게 되었다. 이렇게 살아남은 후직은 어렸을 때부터 농사짓기를 좋아했고, 나중에 자라서 요임금 때는 농사 책임자로 임명되었다.[219]

진秦나라를 연 진시황제秦始皇帝의 선조는 삼황오제 중 오제의 두 번째 임금인 전욱顓頊의 먼 후손 손녀인 여수女修이다. 여수는 베를 짜다가 제비가 알을 떨어트리자 그 알을 먹고 아들 대업大業을 낳았다. 대업은 여화와의 사이에서 대비大費를 낳았다. 대비는 순임금 때 우禹의 치수사업을 돕고 새와 짐승들을 잘 길들여 임금으로부터 영嬴이라는 성씨를 하사받았다. 대비로부터 몇 대를 내려가 그의 후손인 양공襄公 때 이르러서는 주 왕조 평왕平王의 천도를 도와 봉토를 받게 되었고, 다시 5백 년

---

218 사기 본기, 사마천 저, 박일봉 편역, 2000, 육문사, 60면 참조
219 사기 본기, 사마천 저, 박일봉 편역, 2000, 육문사, 75면 참조

이상 대를 거듭해 진시황제에 이르게 되었다.[220]

한 왕조를 연 한고조 유방은 유태공과 유온 사이에서 태어났다. 유온은 어느 날 호숫가에서 잠깐 쉬던 중 잠이 들었는데, 이때 천신과 교합하는 꿈을 꾸었다. 이때 마침 갑자기 날씨가 험악해져서 아내 유온을 찾아 나섰던 유태공은 호숫가에서 교룡蛟龍 한 마리가 아내의 몸을 휘감고 있는 것을 발견했다. 이 일로 유온이 임신하여 태어난 아이가 바로 한고조 유방이었다.[221]

일본의 건국신화

일본의 건국신화는 그들의 주장에 따르면 만세일계萬歲一係이다. 신화상의 건국자가 현재의 일본 왕으로까지 대가 끊이지 않고 이어졌다는 주장이다.

하늘과 땅이 처음 나누어졌을 때, 천상 세계에 최초의 신인 아메노미나카누시天御中主가 등장했고, 이어 여러 신들의 탄생을 거쳐 마지막으로 오누이 신인 이자나기伊邪那岐와 이자나미伊邪那美가 등장했다.

이자나기와 이자나미는 창을 들고 하늘에서 바다를 휘저어 땅을 만든 다음 이 땅으로 내려와 부부가 되었다. 이자나미는 여러 자식을 낳

---

220 사기 본기, 사마천 저, 박일봉 편역, 2000, 육문사, 114~147면 참조
221 사기 본기, 사마천 저, 박일봉 편역, 2000, 육문사, 240면 참조

고, 서른다섯 번째로 불의 신을 낳던 중 화상을 입어 죽었다. 이자나기는 이자나미를 찾기 위해 황천에 찾아갔으나, 이자나미는 자신이 이미 황천의 음식을 먹어 밖으로 나갈 수는 없지만 일단 황천의 왕에게 부탁해 보겠다고 했다. 그러면서 이자나기에게 밖으로 나갈 때까지 절대로 자신의 모습을 보아서는 안 된다는 다짐을 받았다.

하지만 아내의 모습이 너무 궁금했던 이자나기는 구더기가 낀 아내의 모습을 보게 되었고, 결국 아내를 황천에 둔 채 혼자 지상 세계로 되돌아오고 말았다. 황천을 다녀온 이자나기는 강에서 몸을 씻었는데, 이때 그의 몸에서 태양의 여신인 아마테라스오오미카미天照大神, 밤의 신인 츠쿠요미, 바다의 신인 스사노오가 태어났다. 그리고 아마테라스오오미카미는 손자인 니니기노미코토로, 고노하나와 결혼한 니니기노미코토는 증손자인 진무神武천황으로 이어진다. 이 진무천황이 일본 1대 왕이다. 그리고 지금의 아키히토明人 일왕은 진무천황으로부터 이어진 125대 일본 왕이다.

로마의 건국신화

로마의 건국신화는 두 단계로 나누어 진행된다. 첫 번째는 예비 단계인 아이네이아스의 라비니움 건국이고, 두 번째인 본 단계는 로물루스의 로마 건국이다.

아이네이아스는 트로이 주변 소국의 왕이었던 안키세스와 미의 여신인 아프로디테 사이에서 태어났다. 아이네이아스는 그리스 폴리스 연합군의 공격으로 트로이 성이 불바다가 되었을 때, 새로운 나라를 건국하라는 제우스의 명을 좇아 트로이를 떠났다. 이후 8년 동안 아이네이아스는 지하 세계를 다녀오는 등의 고생 끝에 로마의 테베레 강가에 도착해 라비니움이라는 나라를 건국했다. 라비니움은 아이네이아스의 아들 아스카니오스 때 알바롱가로 천도하고, 4백여 년이 지난 BC753년에 로물루스의 로마 건국으로 이어진다.

로물루스는 알바롱가 왕가의 공주와 전쟁의 신 마르스 사이에서 태어난 쌍둥이 중 한 명이다. 공주는 왕인 자신의 아버지가 죽은 다음 왕위를 찬탈한 작은 아버지에 의해 무녀가 되어 있던 상태에서 쌍둥이를 낳았다. 아이가 태어난 것을 알게 된 왕은 공주에게서 쌍둥이 아들 로물루스와 레무스를 빼앗아 바구니에 담아 테베레 강에 흘려보냈다. 다행히 두 아이는 늑대들에게 발견되어 늑대와 함께 자라다 양치기에게 발견되고 나중에 양치기의 우두머리가 되었다.

성장해서 자신들의 태생의 비밀을 알게 된 로물루스와 레무스는 알바롱가를 공격해 들어가서 왕을 죽이고 원수를 갚았다. 이후 이들 형제는 도시를 세워 각자 분할 통치를 하던 중 세력권 다툼을 벌이게 되었고, 이 과정에서 형인 로물루스가 동생 레무스를 죽이고 자신의 이름을 딴 나라를 건국했다. 로마의 탄생이다.

이후 39년간 로마를 다스리던 로물루스는 어느 날 비와 천둥 속에서 갑자기 모습을 감추었다. 사람들은 로물루스가 신의 부름을 받고 하늘로 올라갔다고 믿었다.[222]

건국 주도세력의 정통성 확보를 위한 건국신화의 여러 장치들

건국신화의 의미는 건국 주도세력의 정통성 확보이다. 정통성을 확보하는 데는 건국자의 신성화, 만세일계의 대물림, 건국 시점의 최대한 이른 시기로의 소급 등이 주요 수단으로 쓰인다.

■ **건국자를 하늘의 신과 연결하는 방식**

우리나라의 단군신화나 일본의 이자나기·이자나미신화는 건국신화인 동시에 창조신화이다. 따라서 두 신화는 건국자가 하늘의 신과 연결되어 있고, 하늘의 신과 연결되어 있는 만큼 신성성神聖性이 강하다. 그런 신성성은 단군 왕검이 1,908년이나 살고 나서 산신이 되었다는 내용이나, 이자나기·이자나미로부터 이어진 진무神武천황의 자손이 오늘날의 일본 왕으로까지 이어진다는 주장으로 마무리된다.

■ **건국자의 신비로운 태생**

건국자의 신성성을 드러내는 가장 보편적 수단은 건국자의 신비로운 태생과, 그들이 태어났을 때 했던 동물들의 특이한 행동을 통한 신의 가호이다. 신비로운 태생의 가장 보편적 스토리는 난생卵生이다. 고구려의 시조 동명성왕 주몽, 신라의 시조 박혁거세와 석탈해, 금관가야의 김수로왕이 모두 난생이고, 중국 창조신화의 주인공인 반고 역시 난

---

222 로마인이야기 1권, 시오노 나나미 저, 김석희 역, 1996, 한길사, 19~40면 참조

생이다. 그리고 난생 자체는 아니지만 중국 은 왕조의 시조인 설은 어머니인 간적이 제비의 알을 삼키고 낳았고, 진시황제의 선조인 여수 역시 제비의 알을 먹고 아들 대업을 낳아 난생과 긴밀히 연결되어 있다.

난생 다음으로 쓰이는 수단은 반인반수半人半獸의 탄생이다. 중국 신화시대의 복희와 여와는 사람 머리와 뱀의 몸이 섞인 사신인수蛇身人首로 그리스로마신화에서의 기가스와 닮은 모습이고, 신농은 소의 머리와 사람의 몸이 더해진 인신우수人身牛首로 그리스로마신화에서의 미노타우루스와 닮은 모습이다.

그밖에도 중국 주 왕조의 시조 후직과 같이 거인의 발자국을 밟고 난 뒤 태어나거나, 한 왕조의 한고조 유방과 같이 인간과 용 사이에서 태어나는 경우도 있고, 로마의 로물루스처럼 인간과 신 사이에서 태어나는 경우도 있다.

■ **태어난 건국자를 보호하는 동물들**

태어난 건국자를 동물이 보호하는 상황은 거의 모든 신화에서 공통적으로 등장하는 신성화 장치다. 이런 장치는 주몽·박혁거세·석탈해·김알지의 탄생신화에서뿐만 아니라 로마의 로물루스신화에서도 등장한다.

■ **건국자의 죽음에 두는 신성화 장치**

때로는 탄생뿐 아니라 건국자의 죽음에까지 신성화 장치를 두기도 한다. 단군 왕검과 김수로왕은 각각 1,908년, 158년이나 살았고, 박혁거세는 승천했다 다시 시신으로 떨어져 다섯 조각으로 나누어져 묻혔다. 또 석탈해는 죽은 뒤 신의 말씀이 있었고, 로마의 로물루스는 죽은 뒤 하늘로 올라갔다.

▪ 건국시기의 소급을 이용한 정통성 확보

정통성을 확보하는 데는 건국자의 신성화뿐만 아니라 건국의 시기도 중요하다. 시간의 크기, 역사의 길이가 바로 정통성의 크기이기 때문이다. 로마는 건국을 예비 단계와 본 단계로 나누어 로마의 연원을 BC12세기까지 끌어올렸다. 그리스를 극복(지중해 패권은 이제 그리스가 아닌 로마에 있음을 주장)하면서 동시에 그리스를 긍정(로마 역사를 최대한 소급하기 위해 그리스 역사까지도 자신의 역사로 편입해야 할 필요성)해야 하는 애매한 입장을 아이네이아스 스토리(363쪽 참조)로 절묘하게 해결하면서 역사의 길이를 400년 가까이 소급 확장시킨 것이다.

영웅신화는 고난 극복의 이야기

영웅신화는 주로 고난 극복의 이야기로 전개된다.

▪ 가장 오래된 영웅신화, 길가메시 서사시

영웅신화 중 가장 전형적이면서도 가장 오래된 것은 BC3천 년 무렵 메소포타미아의 도시국가 우룩을 다스린 길가메시왕을 소재로 한 '길가메시 서사시'다. 반신반인의 길가메시는 적으로 만났다 친구가 된 엔키두와 함께 숲속의 괴물 훔바바를 죽이고 하늘의 황소까지 죽였다. 화가 난 하늘의 신들은 둘 중 하나에게 죽음의 벌을 내리기로 하고 엔키두를 선택했다.

길가메시는 친구의 죽음을 애통해 하며 죽지 않는 비결을 찾아 여행을 떠났고, 마침내 성자인 우트나피시팀을 만나 불로초를 구해 돌아왔다. 하지만 돌아오던 중 잠시 쉬는 사이 뱀이 그만 불로초를 먹어 버리고 만다. 길가메시는 결국 빈손으로 처음 떠났던 자리로 되돌아온다. 그리고 마침내 본인도 죽음을 맞이한다. 니체의 초인을 떠올리게 하는 영웅적 모험에 더해, 생명 존재에 대한 깊은 성찰까지 담고 있는 이야기다.

■ 그리스로마신화에 나오는 다양한 영웅신화

영웅 이야기가 가장 풍부한 신화는 역시 그리스로마신화이다. 미케네의 창건자 페르세우스 이야기, 이름의 유명세만큼 고통의 삶을 산 헤라클레스 이야기, 낭만과 새드 엔딩의 이아손 원정대 이야기, 모험과 아픔이 함께하는 테세우스 이야기, 슬픈 사랑과 역사의 질긴 인연이 함께하는 아이네이아스 이야기, 해피 엔딩으로 마무리되는 대표적인 고난 극복 이야기인 오디세우스 영웅담이 바로 대표적인 영웅신화들이다.

■ 우리나라의 영웅신화

우리나라 신화에서는 무속신화인 '바리데기'에서의 '바리 공주'나 '원천강본풀이'에서의 '오늘이' 이야기가 영웅신화에 해당된다고 볼 수 있다. 무속신화의 핵심은 이승과 저승의 연결이다. '바리데기'와 '원천강본풀이'의 주제 역시 이승의 인간이 저승을 다녀오는 구조로 되어 있다. 두 이야기 모두 주인공이 여자로, 그다지 영웅적 이미지는 아니다. 하지만 아버지의 불사약을 찾으러 저승 세계와 신선 세계를 찾아가서 여러 가지 어려운 일을 겪는 바리 공주 이야기나, 여러 사람들과 자연물의 고민을 듣고 또 도움을 받아가며 부모가 있는 원천강을 찾아가는 오늘이 이야기는 그리스로마신화에서의 오르페우스·아이네이아스·오디세우스 이야기나 일본 건국신화에서의 이자나기가 저승을 다녀오는 이야기와 서사구조가 매우 닮았다.

■ **모세와 여호수아 이야기**

신화 관점에서 본다면, 성경 구약에서의 모세와 여호수아 이야기도 영웅신화에 해당된다. 열 가지 기적을 일으켜 이집트의 압제로부터 민족을 구한 다음 40년간 광야를 헤매면서 온갖 어려움을 겪고 마침내 젖과 꿀이 흐르는 가나안 땅에 이르는 모세와 여호수아는 전형적인 고난 극복의 주인공이자 영웅이다.

영웅신화는 다양한 의미를 지닌다. 단순한 재미부터 시작해 영웅으로서 감당해야 할 운명적 고통, 바리데기나 길가메시 이야기에서와 같이 죽음과 삶에 대한 깨달음, 모세 이야기와 같이 자기 민족에 대한 신의 가호 및 인간의 신에 대한 충실 의무 강조 등 여러 가지 의미를 지닌다.

문명창조신화는 인간만의 속성을 부여하는 장치

인간을 다른 동물로부터 구분하는 문명창조신화는 직·간접적 천명天命, 사건 또는 인간에 대한 특별한 속성 부여 등의 방식을 통해 전개된다.

직접적 천명을 통한 문명창조신화로는 바로 구약에서의 십계명 이야기를 들 수 있다. 모세는 유대민족을 이끌고 광야로 나온 뒤 얼마 지나지 않아 시나이 산에서 야훼로부터 십계명을 받는다. 십계명은 신과의 관계 정립과 사회를 형성하는 데 최소한으로 필요한, 사람들의 역할 규정에 관한 내용을 담고 있다. 열 가지 계명 중 신과의 관계를 규정하고 있는 것은 '나 이외의 다른 신을 섬기지 말라' 등 네 가지에 불과하다. 나머지 여섯 가지는 '부모를 공경하라' 등 모두 동물 세계와 구분되는 인간 세계만의 문명적 기초에 관한 내용들이다.

간접적인 천명을 대표하는 것으로는 중국의 하도河圖와 낙서洛書를 들 수 있다. 하도는 신화시대의 복희 임금 때 황하에서 나온 용마의 등에 실렸던 그림을 말하고, 낙서는 하夏 왕조 때 낙수라는 강에서 나온 거북이의 등에 새겨진 아홉 개의 숫자를 말한다. 음양오행陰陽五行, 신언서판身言書判 등 우리가 익히 알고 있는 동양의 철학이나 큰 원칙들이 바로 이 하도와 낙서에서 시작되었다. 한마디로 하도와 낙서는 중국문화·중국문명의 출발이다.

그리스로마신화에서의 문명창조신화는 다름 아닌 프로메테우스의 불이다. 프로메테우스가 제우스에게서 훔쳐다 준 불을 사용하게 됨으로써 인간은 다른 동물과 달리 문명·문화를 이룰 수 있었다. 지금의 눈부신 물질문명과 정신문명이 모두 프로메테우스의 불로부터 시작된 것이다.

크게 보면 성경에서의 선악과를 먹은 사건 역시 문명창조신화에 해당된다. 모습만 신과 닮은 형상일 뿐 아직 선악에 대한 판단 능력과 부끄러움을 알지 못했던 인간에게 선악을 구분할 줄 알고 부끄러움을 알게 한 것이야말로 동물이 아닌 인간으로서의 삶, 즉 문명과 문화가 가능하게 한 가장 중요한 계기이기 때문이다.

최초의 시원(始原), 신화를 향해 치닫는 현대인

신화는 현대인에게 여러 가지 의미로 다가온다. 삶의 환경이 시원始原에서 멀어지면 멀어질수록 인간의 정신은 오히려 시원을 향해 치닫는다. 작용과 반작용의 법칙이 자연에서뿐만 아니라 인간의 정신에서도 작동하는 것이다. 신화는 인간의 의식에 대해서든 자연에 대해서든 바로 그 최초의 시원始原을 다루고 있다. 그 시원을 쫓아가다 보면 결국 그 끝에서 신화를 만나게 된다. 그래서 신화는 인간이 가장 편히 쉴 수 있는 안식처이고, 어머니의 자궁이다.

신화는 미래지향적 고수익 산업의 텃밭이기도 하다. 스토리텔링의 수원지水源地이고 펀Fun 산업의 출발이다. 수많은 사람들에 의해 수천 년 동안 보완되어 온 스토리가 신화이고, 역시 수많은 사람들에 의해 수천 년 동안 활용되어 온 무형자산이 신화이다. 플라톤과 공자가 활용했던 신화 스토리를 21세기를 사는 한 서생이 여전히 활용하고 있다. 보완의 시간은 인간 공유의식의 깊이를 의미하고, 활용의 시간은 사람들의 신화에 대한 친근성의 검증을 의미한다. 시간이 흐를수록 신화가 생명력을 더하는 이유이다.

나가는 말

한 권의 책을 탈고하고 나면 항상 시원섭섭하다. 생각을 하고 글을 쓰는 과정의 고통이 끝났다는 것이 사람을 시원하게 하고, 좀 더 치열하게 파고들지 못한 것과 의도한 것을 제대로 담아내지 못했다는 것이 사람을 아쉽게 한다. 꼭 10년 만에 내는 두 번째 독서론이다. 첫 번째는 첫 번째대로, 두 번째는 두 번째대로 쉽지 않았다. 10년이 지나도 글 쓰는 재주나 과욕 모두 그대로이기 때문일 것이다.

이 책《오래된 책들의 생각》은 '독서론'이긴 하나 독서와 관련된 내용들을 '직접적으로' 다루고 있지 않다. 책을 읽어 가는 도중에 독서에 대한 관심, 독서의 필요성 또는 특정 주제의 의미에 대해 생각해 볼 수 있도록 '간접적으로' 독서에 관한 내용을 다루고 있다.

따라서 이 책에 담긴 열여덟 가지 주제들은 횡적으로는 일정한 관계나 특별한 구분기준이 없다. 각각이 독립된 주제, 독립된 내용이다. 그동안 저술과 강의활동을 해 오면서 '책'과 관련해 한 번쯤 생각해 보아야겠다고 느꼈던 주제들을 정리한 내용이다.

나를 행복하게 하는 심리학이 무엇인지를 아는 것, 단 260자로 2,600년간 축적된 진리의 핵심을 어렴풋이나마 깨닫는 것, 나와 궁합이 맞는 행복론을 아는 것 등은 독서의 목적 및 개인의 행복 실현과 관련이 깊다. 그리고 경제현상에 대한 기본 메커니즘의 배경을 아는 것, 스토리텔링의 수원지인 신화를 글로벌 차원에서 이해하는 것, 지금까지 존재했던 여러 창의적 아이디어들이 사실은 고전에 바탕하고 있다는 사실을 아는 것 역시 독서의 의의 및 나의 경쟁력 향상과 관계가 있다. 각각의 내용들이 추출된 에센스가 아니라 종적 횡적 흐름으로 연결되어 있어, 독자들의 주도적·확장적 독서에 도움이 될 것으로 기대한다.

서문을 시로 시작했으니 발문도 시로 매듭짓는 것이 괜찮을 듯싶다. 성리학을 일으킨 남송시대의 주희1130~1200는 '우연히 짓다'라는 시에서 이렇게 읊었다.

소년은 늙기 쉽고 학문은 이루기 어려우니　少年易老學難成
잠시의 시간이라도 가벼이 여길 수 없구나.　一寸光陰不可輕
못가 봄풀은 아직 꿈에서 깨어나지도 않았는데　未覺池塘春草夢
섬돌 앞 오동잎 떨어져 벌써 가을을 알리네.　階前梧葉已秋聲

사람의 노력은 더디고 시간은 빠르다. 독서가 그 간극을 조금은 메울 수 있지 않을까?

이 책을 기획하는 데 도움을 준 아틀라스북스의 송준화 편집장과 박진규 본부장에게 감사드린다.

그리고 사랑하는 두 딸 태영, 서영과 아내 이민신, 형 순옥을 비롯한 형제들의 평소 격려에 작은 지면을 빌려 고마운 마음을 전한다.

　　　　　　　　　　　　　　　　　　　　　　　　　신동기

인용 및 참고자료

- 고문진보 전집, 황견 엮음, 이장우 외 역, 2004, 을유문화사
- 국부론 1권, 아담 스미스, 최호진·정해동 역, 2002, 범우사
- 그리스인 조르바, 니코스 카잔차키스, 이윤기 역, 2002, 열린책들
- 근사록, 주희·여조겸, 최대림 역해, 2012, 홍신문화사
- 금강경, 최대림 역해, 2007, 홍신문화사
- 네이버 사전
- 논어 1권, 2003, 학민문화사
- 논어 2권, 2003, 학민문화사
- 논어 3권, 2003, 학민문화사
- 대학중용, 2000년, 학민문화사
- 도덕감정론, A. 스미스, 박세일·민경국 역, 2010, 비봉출판사
- 동호문답, 이이, 정재훈 역해, 2014, 아카넷
- 로마인이야기 1권, 시오노 나나미, 김석희 역, 1996, 한길사
- 로마인이야기 5권, 시오노 나나미, 김석희 역, 2001, 한길사
- 로마인이야기 6권, 시오노 나나미, 김석희 역, 2001, 한길사
- 로마인이야기 13권, 시오노 나나미, 김석희 역, 2001, 한길사
- 맹자 1권, 2009, 학민문화사
- 맹자 2권, 2009, 학민문화사
- 명심보감, 황병국 역해, 2002, 혜원출판사
- 문화일보 기사
- 미국의 민주주의, A. 토크빌, 임효선·박지동 역, 2005, 한길사
- 반야심경, 현장법사 원역, 지뿌 저, 김진무 역, 2015, 일빛
- 법의 정신, 몽테스키외, 하재홍 역, 2012, 동서문화사
- 법철학, 헤겔, 임석진 역, 2012, 한길그레이트북스
- 불교와의 만남, 강건기, 2002, 불지사
- 사기 본기, 사마천, 박일봉 편역, 2000, 육문사
- 사기열전 1, 사마천, 박일봉 편역, 2003, 육문사

- 사기열전 2, 사마천, 박일봉 편역, 2003, 육문사
- 사회계약론, 장 자크 루소, 이환 옮김, 2002, 서울대학교출판부
- 삼국유사, 일연, 김원중 역, 2008, 민음사
- 생각여행, 신동기, 2014, 티핑포인트
- 서경, 권덕주 역해, 혜원출판사
- 서울경제 기사
- 성 토마스 아퀴나스의 신학대전 요약, G. 달 사쏘·R. 꼬지 편찬, 이재룡 외 역, 2001, 가톨릭대학교 출판부
- 성경
- 성찰, 르네 데카르트, 이현복 옮김, 2011, 문예출판사
- 세계일보 기사
- 소학, 이기석 역해, 2002, 홍신문화사
- 순자, 최대림 역해, 1991, 홍성신서
- 시경, 김학주 역, 2002, 명문당
- 신통기, 헤시오도스, 김원익 역, 2009, 민음사
- 실천이성비판, 임마누엘 칸트, 백종현 역, 2009, 아카넷
- 연합뉴스 기사
- 예기, 이상옥 역저, 2003, 명문당
- 왕초보 반야심경 박사 되다, 김명우, 2012, 민족사
- 윤리학, 아리스토텔레스, 최민홍 역, 2001, 민성사
- 음양오행으로 가는 길, 전창선·어윤형, 2005, 세기
- 이야기 영국사, 김현수, 2007, 청아출판사
- 자본론 1권, 칼 마르크스, 김수행 역, 2002, 비봉출판사
- 자본론 2권, 칼 마르크스, 김수행 역, 2002, 비봉출판사
- 장자 외편, 권오석 역해, 2012, 홍신문화사
- 전습록, 왕양명, 김동휘 평역, 2010년, 신원문화사
- 정관정요, 오긍 편찬, 최호 역해, 2001, 홍신문화사
- 조계종 홈페이지 통합정보사이트
- 주역, 김경탁 역저, 2012, 명문당
- 중국철학사(상), 풍우란, 박성규 옮김, 2005, 까치글방
- 중국철학사(하), 풍우란, 박성규 옮김, 2005, 까치글방
- 칼 맑스 프리드리히 엥겔스 저작 선집, 최인호 외 역, 2003, 박종철출판사
- 통치론, 존 로크, 강정인 등 역, 2006, 까치
- 프랑스혁명에 관한 성찰, 에드먼드 버크, 이태숙 역, 2012, 한길사

- 플루타르크 영웅전, 이성규 역, 2000, 현대지성사
- 한 권으로 읽는 팔만대장경, 진현종, 영담스님 감수, 2007, 들녘
- 한비자, 이운구 역, 2011, 한길그레이트북스
- 향연 · 파이돈 · 니코마코스 윤리학, 플라톤 · 아리스토텔레스, 최명관 역, 2001, 을유문화사
- 헌법
- 헤럴드 경제 기사
- 혁명의 시대, 에릭 홉스봄, 정도영 · 차명수 옮김, 2009, 한길그레이트북스
- 홉스의 사회정치철학, 김용환, 1999, 철학과 현실사
- 회남자(中), 유안 편저, 안길환 편역, 2013, 명문당
- The History of Western Philosophy, Bertrand Russell, 1972, A Touchstone Book
- Thus spoke Zarathustra, Friedrich Nietzsche, Translated by R. J. Hollingdale, 2003, Penguin books